BAEDEKER

U
USEDOM

»

Hier auf der Insel bleibe ich – für immer.

«

Otto Niemeyer-Holstein

▮ DAS IST … USEDOM

▮ TOUREN

LEGENDE

Baedeker Wissen
● Textspecial, Infografik & 3D

Baedeker-Sterneziele
★★ Top-Reiseziele
★ Herausragende Reiseziele

▰▰ ZIELE
VON A BIS Z

HINTERGRUND

ERLEBEN & GENIESSEN

PRAKTISCHE INFORMATIONEN

ANHANG

PREISKATEGORIEN

Restaurants		Hotels	
Ein Hauptgericht ohne Getränke		Doppelzimmer mit Frühstück	
€€€€	über 25 €	€€€€	über 180 €
€€€	15 – 25 €	€€€	120 – 180 €
€€	10 – 15 €	€€	75 – 120 €
€	unter 10 €	€	bis 75 €

MAGISCHE MOMENTE

ÜBERRASCHENDES

Langsam gleitet die »Weisse Düne« in die Abendsonne, die sich glitzernd über die Wellen legt ...

D
DAS IST ...

... *Usedom*

Die großen Themen
rund um die grüne Sonneninsel.
Lassen Sie sich inspirieren!

Die magischen Sonnenuntergänge am
Achterwasser vergisst man nicht. ▶

DREI-
KLANG

Nirgendwo in Deutschland ist so viel Pracht hinter den Dünen verborgen wie auf Usedom. Das Rauschen der Ostsee im Ohr, fällt der Blick immer wieder auf Wunderwerke der Bäderarchitektur um 1900. Nostalgische Seebrücken und schmucke Gründerzeitvillen mit Erkern, Türmchen und Balkonen zeugen in Ahlbeck, Heringsdorf und Bansin vom einstigen Glanz und laden an der breiten Strandpromenade zu langen Spaziergängen oder Radtouren ein.

◄ Deutschlands älteste Seebrücke in Ahlbeck war schon zu Zeiten der Hohenzollernkaiser ein Besuchermagnet.

9

WARUM es auf Usedom so schön ist? Weil die grüne Ostseeinsel mit breiten Sandstränden, Sonne satt und idyllischen Winkeln im Achterland begeistern kann. Weil der Horizont so unendlich weit scheint und die frische Seeluft wunderbar mit Strandkörben, reetgedeckten Häusern und gebratenem Fisch harmoniert. Und weil Sie Ihren Urlaub wie die gekrönten Häupter Europas in einem der **drei Kaiserbäder** verbringen können. Entschleunigung oder Trubel? Natur oder Kunst und Kultur? Auf Usedom haben Sie immer wieder die Wahl.

Zeugnisse goldener Zeiten

Mitte des 19. Jahrhunderts reisten Adel und gut betuchte Bürger zur Sommerfrische in die aufstrebenden Badeorte Swinemünde, Ahlbeck, Heringsdorf und Bansin. Mit der Bäderbahn, die Preußens High Society ab 1875 von der Hauptstadt nonstop bis nach Usedom brachte, setzte ein wahrer Boom ein, der die vorpommersche Insel zur »**Badewanne Berlins**« machte. Herrschaftliche Promenaden und Prunkvillen im Stil der **Bäderarchitektur** verwandelten die einfachen Fischerdörfer in kurzer Zeit in Schmuckstücke. Klassizistische Sommerresidenzen, Jugendstilpaläste und florentinische Palladio-Villen erinnern an die goldenen Zeiten, als Kaiser Wilhelm persönlich auf Stippvisite kam und man noch im Badekleid durch das kühle Nass der Ostsee watete. Am breiten Sandstrand tobten Kinder zwischen gestreiften Umkleidezelten, im Warmbad entspannten Gäste in Wannen mit erwärmtem Meerwasser – die Anfänge der Wellnessoasen.

Auch die **Seebrücken** der Kaiserbäder ragen seit dem Ende des 19. Jahrhunderts prachtvoll ins Meer. Ob Sie auf der ältesten Seebrücke Deutschlands in Ahlbeck stehen oder auf der längsten Seebrücke Europas in Heringsdorf – unvergessliche Momente sind garantiert.

Europas längste Strandpromenade

Usedoms weitläufige Strandpromenade verbindet die Kaiserbäder **Ahlbeck, Heringsdorf** und **Bansin** und macht Lust auf lange Spaziergänge am Meer. Der Ostteil der Insel fiel nach dem Zweiten Weltkrieg an Polen – mitsamt Usedoms größter Stadt. Aus Swinemünde wurde **Świnoujście**. Nach dem Beitritt Polens zur EU baute man den Grenzzaun ab. Seit 2011 können Gäste auf der mit 12 Kilometern längsten Strandpromenade Europas entspannt zwischen den Ländern bummeln und radeln. Lediglich ein markierter Streifen und eine Art Denkmal in den Dünen zeugen von der Zeit der Trennung.

Sehnsuchtsarchitektur

Je nach Geschmack und Geldbeutel des Bauherrn entstanden in den Seebädern um 1900 unterschiedlichste Gebäude im Stil von Renaissance, Barock und Jugendstil. Zum Auftakt der »**Woche der Bäderarchitektur**«, die Mitte September von den Kaiserbädern veranstaltet wird, werden beim »**Tag des offenen Denkmals**« am ersten Sonntag zwei besondere Prunkvillen, Künstlerateliers oder Museen in den Fokus gerückt. Zum Programm gehören Vorträge, Film- und Führungen, Rundgänge, Konzerte, Wind- und Lichtinstallationen. Informationen und Tickets unter www.kaiserbaeder-auf-usedom.de und www.usedom-exclusiv.de.

PURE ROMANTIK

Als »Schloss Dorothea« 1896 in Heringsdorf von einem Hohen-
zollernprinzen für seine Angebetete erbaut, vermittelt das Jugend-
stilhotel Esplanade bis heute den Zauber jener Zeit (▶S. 93).

EIN STÜCK UNSTERB- LICHKEIT

Der Stein, von dem es heißt, er habe magische Kräfte, faszinierte die Menschen schon immer. Bernstein besitzt einen sanften Schimmer, eine wohltuende Wirkung und einzigartige Einschlüsse, die Geschichten erzählen – von versteinerten Sommern und den Anfängen der Zeit ...

Nach stürmischen Nächten mit auflandigem Wind steigen die Chancen, Bernsteine am Strand zu finden. ▶

WER Bernstein mag, wird Usedom lieben, denn die Gegenden um Ückeritz, Loddin, Koserow und Zempin sind hervorragende Fundorte. Sie werden daher auch **Bernsteinbäder** genannt.

Am besten ist richtig schlechtes Wetter. Wenn heftige Stürme der Windstärke elf mit mehr als hundert Stundenkilometern über die Ostsee fegen, den Meeresboden aufwühlen und mächtige Wellen auf den Strand prügeln. Das ist die Stunde der **Bernsteinfischer**. Seit dem frühen Morgen stehen sie in Anglerstiefeln, Watthose und Ölzeug knietief in der Brandung. Ausgerüstet mit Stirnlampe und Keschern suchen sie nach einem Blinken auf den Schaumkronen. Nur für den Bruchteil einer Sekunde wird das goldgelbe Blitzen der Bernsteine in der Gischt sichtbar, bevor die See ihre Schätze wieder verschlingt.

Schwere See reißt Tang und Gras vom Meeresboden los. In den Algen verfängt sich der Bernstein und wird bei auflandigem Wind an die Küste getragen. Während der **Herbst- und Winterstürme** haben Strandbesucher die größten Chancen, ein Stück »Gold des Meeres« zu finden. Da Wasser bei 4 Grad Celsius seine höchste Dichte erreicht, beginnt Bernstein bei dieser Temperatur sogar zu schwimmen. Meist versteckt er sich zwischen Tang, Holz, Steinen und Muschelschalen im Spülsaum am Strand.

Fossiles Harz

Kaum ein anderer Rohstoff wird so sehr mit der Ostsee verbunden wie die Jahrmillionen alten Harztropfen, die erstaunliche Ausmaße annehmen können. Schon in der Bronzezeit war Bernstein Schmuck und wichtige Handelsware. Über weit verzweigte **Bernsteinstraßen** gelangte die wertvolle Ware bis nach Südfrankreich, Italien und Griechenland. Selbst im alten Ägypten legte man den Sonnenstein den Pharaonen mit ins Grab. Goldgelbe, rotbraune, durchsichtige Steine, die süßlich harzig nach Weihrauch duften, wenn man sie anzündet. Den ätherischen Substanzen wurden besondere Kräfte zugesprochen. Kaum eine Krankheit, die nicht angeblich mit Bernstein zu heilen wäre. Auch heutige Esoteriker schätzen ihn als **Heil- und Schutzmittel**. Besonders wertvoll sind Stücke mit **Einschlüssen** von Pflanzen und Insekten, die genau in dem Augenblick, als der Harztropfen sie traf, konserviert wurden. Steine, die so schön sind, dass es heißt, sie seien als Tränen der Götter auf die Erde gefallen. Tatsächlich handelt es sich um Baumharz, das aus prähistorischen Koniferen tropfte und sofort erstarrte. Bis daraus Bernstein wurde, dauerte es gut 40 Millionen Jahre. Heute wird das fossile Harz abgebaut oder angeschwemmt, zu Schmuck geschliffen, poliert und in die ganze Welt verkauft.

Das Bernsteinzimmer

Dass Bernstein in größeren Mengen verfügbar und leicht zu verarbeiten ist, war sicher ein Grund für Preußenkönig Friedrich I., ein ganzes Zimmer samt Wandverkleidungen und Möbeln aus dem Edelstein für das **Berliner Stadtschloss** anfertigen zu lassen. Friedrich Wilhelm I. verschenkte das Bernsteinzimmer 1716 an Zar Peter den Großen. Zarin Elisabeth sorgte für die dauerhafte Bleibe im Katharinenpalast bei St. Petersburg. Im Zweiten Weltkrieg auf dem Transport verschollen, ziert nun seit 2003 eine detailgetreue Rekonstruktion den **Katharinenpalast**.

OBEN: Mit etwas Glück entdeckt man an Usedoms Stränden selbst einen Bernstein. Genau hinschauen! UNTEN: Edler Bernsteinschmuck

BERNSTEIN-REICH

Thomas Reich ist ein Inselkind und leidenschaftlicher Bernsteinjäger. In seiner Werkstatt in Zinnowitz macht er Schmuck und Kunst aus dem »Gold der Ostsee«. Außerdem bietet er fachkundige Bernsteinwanderungen und Schleifkurse an und gibt Tipps, wann und wo man an Usedoms Stränden am ehesten fündig wird (Zu den Weiden 2, Zinnowitz, Tel. 0174 769 00 11, tgl. außer So. 11 –13, 15 –17.30 Uhr, https://bernsteinreich.jimdofree. com/).

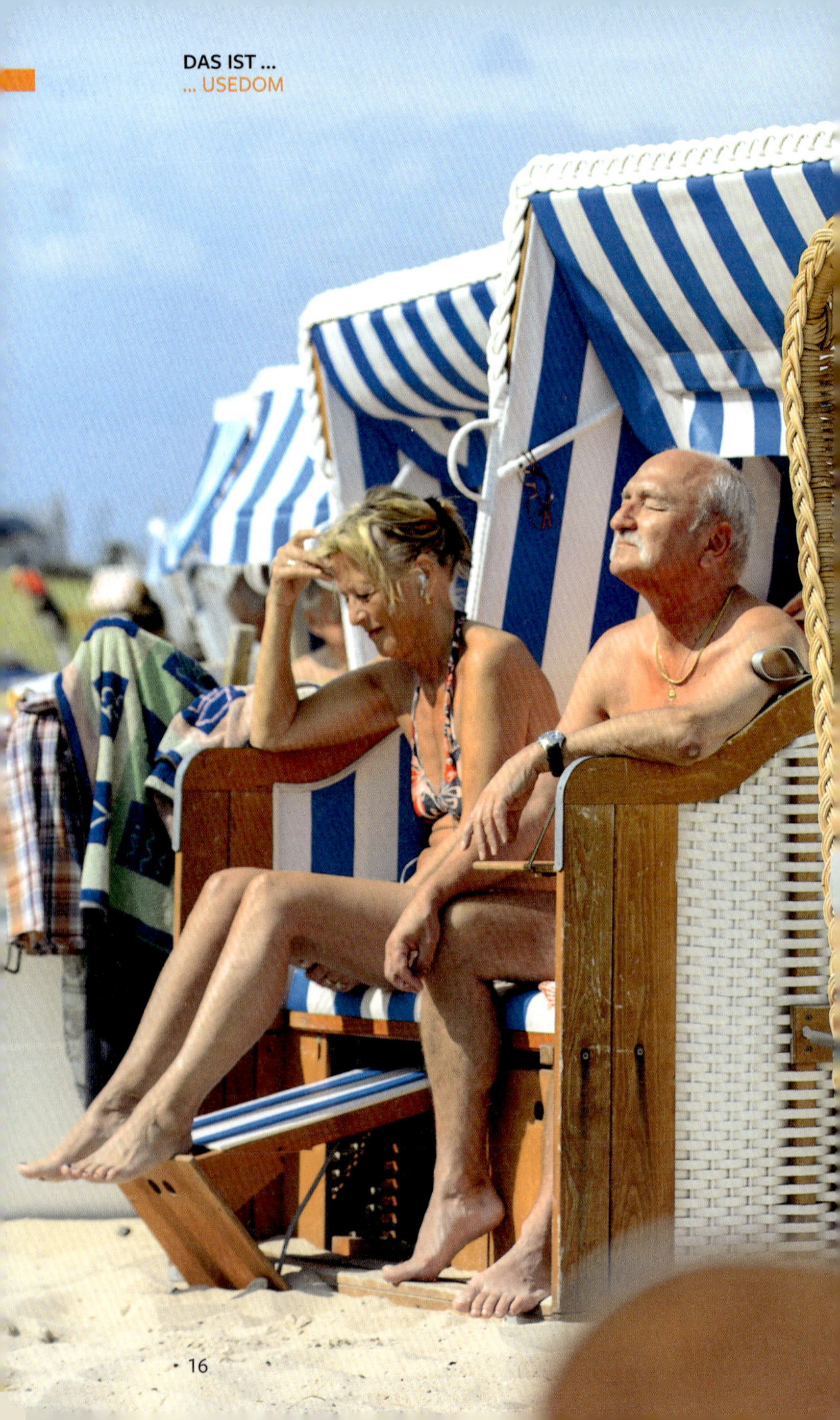

GENIALE IDEE

Strandkörbe sind der reinste Genuss. Sie schützen vor steifer Brise, praller Sonne und neugierigen Blicken, sind weich gepolstert und mobil, ein gemütliches Möbel am Meer, das keiner missen möchte. Erfunden wurden die guten Stücke Ende des 19. Jahrhunderts an der Ostsee, und ihre Form hat sich seitdem nicht wesentlich verändert.

◄ Der Herr in Jeans und Hemd ist Andreas Bartelmann, Nachkomme des Strandkorb-Erfinders. Er sitzt in einem der ersten Modelle.

Mobile Inseln: Strandkörbe finden Sie nicht nur in Ahlbeck, sondern an allen Stränden Usedoms.

STRANDKÖRBE stehen für Sommer, Sonne und Erholung am Meer. Doch nicht jeder landet am Strand. In Privatgärten, auf Hotelterrassen und sogar in den Skigebieten der Alpen sind sie zu finden. Aber wer hat eigentlich den Strandkorb erfunden?

Auch wenn es im 18. Jahrhundert bereits geflochtene Weidensessel mit hohem Rückenteil gab, gilt der Rostocker Hofkorbmacher **Wilhelm Bartelmann** als Erfinder des Strandkorbs. Im Frühjahr 1882 fertigte er auf Wunsch einer betuchten Adligen, die an schwerem Rheuma litt, aus Weiden und Rohr einen überdachten Strandstuhl. So konnte die Dame – Elfriede von Maltzahn – trotz Krankheit den Sommer vor Wind und Wetter geschützt am Strand von Warnemünde genießen. Andere Badegäste bestaunten den »aufrecht stehenden Wäschekorb« und rasch folgten weitere Aufträge. Bartelmann entwarf daraufhin einen Zweisitzer, den er noch mit Fußstützen, Seitentischen und einer kleinen Markise versah – der Prototyp des heutigen Strandkorbs. Seine Ehefrau Elfriede hatte die kluge Idee, dass sich saisonale Strandmöbel besser vermieten als verkaufen lassen, und trug mit der ersten Strandkorbvermietung wesentlich zum Erfolg des Unternehmens bei. Auch viele Nordseebäder wurden beliefert. Da Bartelmann es versäumte, ein Patent anzumelden, gab es bald zahlreiche Nachahmer, die sich neue Varianten ausdachten und den Strandkorb weiterentwickelten. Heute stehen im Sommer schätzungsweise 70 000 Körbe an den deutschen Stränden von Ost- und Nordsee.

▌ Feine Unterschiede

Wenn Sie genau hinsehen, werden Sie feststellen, dass Strandkorb nicht gleich Strandkorb ist. Denn es gibt die weichere Form der **Ostseevariante**, die an den abgerundeten, geschwungenen Seitenteilen und der gebogenen Haube zu erkennen ist. Die **Nordseeform** mit gerader Haube und rechtwinkligen Seitenteilen ist auf das eher rauere Nordseeklima abgestimmt. Beide Varianten gibt es mit verstellbarer Rückenlehne als Halblieger bis 45° bzw. Volllieger bis 90° Neigungswinkel. In der Hochsaison liegen die Mietpreise für einen Strandkorb pro Tag bei 8–10 Euro, für eine ganze Woche bei rund 40 Euro.

Made in Heringsdorf

Sehr Instagram-tauglich ist der **größte Strandkorb der Welt**, den Sie an der Strandpromenade von Heringsdorf bewundern können. Er misst sechs mal vier mal drei Meter und hat Licht und WLAN. In mehr als 1000 Stunden wurden dafür vom **Korbwerk** 3,5 Kubikmeter Holz, 85 Quadratmeter Stoff und drei Kilometer Flechtband verarbeitet. Die einzige verbliebene Korbmanufaktur an der Ostsee fertigt jedes Jahr gut 4000 Strandmöbel – ab rund 900 € und in Handarbeit. Jeder Korb hat eine solide Basis aus Holz und feuerverzinktem Metall. Das Geflecht besteht heute aus UV-stabilem PE-Rattan, der Markisenstoff aus Polyester, pflegeleicht, wetterbeständig und leicht zu verarbeiten. Den Billigsegmentmarkt bedient inzwischen längst Ostasien. Bei einem Gang durch die Fabrik darf man Flechtern, Nähern, Polsterern und Schreinern zuschauen. »Der Strandkorb ist etwas, das es traditionell nur in Deutschland gibt«, erklärt Dirk Mund, Geschäftsführer von Korbwerk. Deshalb sucht man ihn auch an englischen, spanischen oder französischen Stränden vergebens.

Einer der wenigen Strandkörbe, die es sogar bis nach Amerika schafften, bekam in Billy Wilders Kultfilm »**Manche mögen's heiß**« eine Statistenrolle. Tony Curtis sitzt am Strand von San Diego in einem Strandkorb und versucht, Marilyn Monroe zu imponieren. Eine Erklärung dafür, warum Wilder in Kalifornien eine Szene im Strandkorb drehte, mag sein, dass er vor seiner Emigration wiederholt an der Ostsee Urlaub machte.

Und noch ein Strandkorb war weltweit in den Medien zu sehen: Beim **G8-Gipfel in Heiligendamm** bat Kanzlerin Angela Merkel 2007 die Regierungschefs zum gemeinsamen Abschlussfoto in einen Riesenstrandkorb.

ALTE SCHULE, NEUES DESIGN

Standkorbklassiker, Bestseller oder eigenes Design? Mit Sitzheizung, LED-Beleuchtung und Soundanlage, Bullauge oder Bistrotisch? Wer selbst gern einen Strandkorb hätte, kann sich im **Korbwerk Usedom** informieren. Deutschlands älteste Strandkorbmanufaktur in Heringsdorf fertigt individuell nach Kundenwünschen (Waldbühnenweg 2, Tel. 038378 46 50 50, Mo.–Fr. 10–18, Sa. 10–17 Uhr, Werksführung n. V., www.korbwerk.de).

VON KOPF BIS FUSS

Endlose Sandstrände und frische Seeluft, sanftes Meeresrauschen, Vogelgezwitscher und verträumte Winkel am Achterwasser – Usedom ist von Natur aus ein Wellnessparadies. Zwei tolle Thermen und viele Hotels mit eigenem Spa verwöhnen Körper und Seele. Nehmen Sie sich Zeit für Beautybehandlungen, Biosauna und Bernsteinmassagen. Und für das Nichtstun.

Endlich wieder an der Ostsee! ▶

SIE brauchen eine Auszeit von Großstadt und Onlinewelt? Sie wollen wieder sonnenwarmen Sand unter den Füßen spüren, salzige Seeluft schmecken und sich so richtig verwöhnen lassen? Dann kommen Sie nach Usedom!

Work-Life-Balance

In den Dünen wird die Zeit bedeutungslos. Oft reicht bereits ein verlängertes Wochenende auf der **Sonneninsel** mit langen Strandspaziergängen, um die Work-Life-Balance wieder in die Waage zu bringen oder dem Winterblues etwas entgegenzusetzen. Usedom besitzt außerdem die höchste Dichte an **Wellnesshotels** in Europa. Hier rückt der Alltag in weite Ferne, kann man entspannen, auftanken und sich wieder in Form bringen lassen. 18 Hotels, viele in prachtvollen Villen der Gründerzeit, sind vom **Deutschen Wellness Verband** zertifizierte Häuser mit tollem Spa, Wassererlebnis, Saunavarianten, professioneller Beautyabteilung und leckerer Vitalküche.

Kraft tanken an der See

Schon in der Antike wusste man um die Heilkraft des Meeres. Das griechische Wort dafür heißt **Thalasso** und umfasst so ziemlich alles, was aus dem Meer kommt und der Gesundheit förderlich ist. Bei Thalassokuren in den Kaiserbädern und der **Ostseetherme** kommen Mineralien, Salze, Sand, Algen und Plankton in Form von Bädern, Packungen und Peelings auf den Körper. Sie haben straffende, entschlackende und aktivierende Wirkung. Hot-Stone- und Ganzkörpermassagen lösen gezielt Verspannungen, Reflexzonenmassagen tun strapazierten Füßen gut, hawaiianische Lomi Lomi-Massagen bringen den Organismus auf sanftem wie intensivem Weg zurück ins Gleichgewicht. Klassiker sind die Rügener Heilkreide und die heimische Heringsdorfer Jodsole. Vitalisierend wirken sie alle. Und verwöhnen tun sie obendrein. Highlight der **Bernsteintherme** in Zinnowitz ist eine Strandsauna mit Blick auf die offene See. Einige Wellnesshotels ermöglichen vom verglasten Pool oder der Saunaterrasse freie Sicht aufs Meer, in anderen sieht man schon morgens im Bett durchs Fenster auf die Ostseewellen.

Auszeit vom Alltag

Um es sich richtig gutgehen zu lassen, kann schon ein Tag im **Day Spa** genügen mit belebendem Saunagang, wohltuender Massage und Beautybehandlung, die müde Haut im Handumdrehen wieder munter macht. Fast alle Hotels bieten ihr Wellnessprogramm auch Tagesgästen an. Packen Sie Handtücher, Bademantel und Flip-Flops ein und los geht's. Bildschön ist die Wellnessoase im **Ahlbeck Hotel & Spa** (▶S. 23). Highlight im **Strandhotel Heringsdorf** ist die Panoramasauna, wo es besonders gemütlich wird, wenn stürmischer Wind die See aufpeitscht (www.strand hotel-heringsdorf.de). Wundervoll wirken Wellnesstage im Meerness Spa des **Strandhotels Ostseeblick** (▶Magischer Moment S. 209).

>>
Entspanne Dich.
Lass das Steuer los.
Trudle durch die Welt.
Sie ist so schön.
<<
Kurt Tucholsky

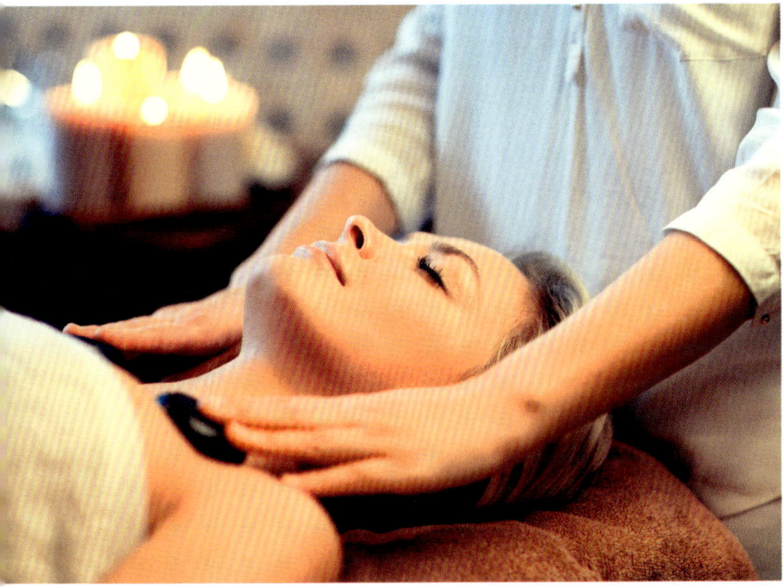

Sanfte Massagen und wohltuende Wellnessprodukte vertreiben auf Usedom den Alltagsstress.

SPA & MEER
Das Ahlbeck Hotel & Spa mit
Biosauna, Solebad und Infinity-
Pool ist eine Wellnessoase.
Hier können Sie Verspannungen
lösen, Stress abbauen und neue
Energie tanken. Buchen Sie ein
sanftes Meersalz-Peeling mit
Aloe Vera und Avocado-Öl, eine
Hot Stone-Massage mit heißen
Lavasteinen oder ein pflegendes
Bad in Stutenmilch, das Endor-
phine freisetzt und glücklich
macht. Auch Tagesgäste sind
willkommen (▶S. 43).

in Stück
ifenglück

ss is a bar of soap

onddorn

anddorn

KLEINE BEEREN, GROSSE WIRKUNG

Leuchtend orange glänzt der gesunde Sanddorn im Herbst an meterhohen Dornbüschen entlang der Ostseeküste. Heiß serviert, wärmt er herrlich nach einem winterlichen Strandspaziergang. Mit Eiswürfeln stillt er den Durst an heißen Sommertagen. Die säuerliche Beere steckt voller Vitamin C und ist auf Usedom überaus beliebt.

◄ Öl aus Sanddornfruchtfleisch färbt die Seifen ganz natürlich orange.

PUR probiert, schüttelt es einen – zu sauer, zu pelzig auf der Zunge, auch der Duft überzeugt nicht gerade. Aber mit Zucker und heißem oder kaltem Wasser gemischt, entwickelt Sanddornsaft ein einzigartiges **Aroma**. Für viele Feriengäste gehören die orangefarbenen Beeren, die in den Dünen der Naturschutzgebiete auf Usedom leuchten, einfach zum Urlaub dazu. Besonders häufig wachsen die Sonne liebenden Büsche an der Ostsee. Dort wurden sie oft als **Windschutz** auf die Dünen gepflanzt, auch um die Küste zu befestigen, da ihre genügsamen, weit verzweigten Wurzeln sich tief in den humusarmen Sand eingraben. Dass der Sanddorn dort nicht eingeht, verdankt er einem Trick: Bakterien, die er an seinen Wurzeln leben, gewinnen Stickstoff aus der Luft und versorgen ihn damit. Daher kann Sanddorn selbst auf nährstoffärmsten Sandböden gedeihen und übersteht sogar sengende Hitze, heftige Stürme oder klirrende Kälte problemlos.

Powerbeere

Zudem enthält die »**Zitrone des Nordens**« mehr Vitamin C als Zitrusfrüchte und beachtliche Mengen Provitamin A, Vitamin E und Vitamin B12, Carotinoide, Kalzium, Magnesium, Mangan, Eisen und wichtige Fettsäuren. Die kleine aber feine Frucht ist nicht nur ein guter Muntermacher, sondern wird oft auch als Erkältungskiller oder für Kosmetika eingesetzt. Naturheilkundler schwören ebenso auf Sanddorn: Kerne und Fruchtfleisch der Beeren werden zu Öl verarbeitet, das bei Wundheilung hilft und trockene, stark beanspruchte Haut erfrischt und belebt.

Dekorativ, dornig und teuer

Für die **Sanddornernte** braucht es Geduld, denn die dekorativen Perlen im Dornenbusch wollen erobert werden. Zur Erntezeit von September bis Dezember sind Kratzer und Dornenduelle angesagt, wenn die meterlangen Triebe mit den Beeren von den Sträuchern geschnitten werden. Sanddornplantagen gibt es auf Rügen, in Ludwigslust und Friesland, wo auch die Usedomer Hersteller ihre Beeren beziehen, da der Sanddorn in den großen Naturschutzgebieten der Insel nicht geerntet werden darf. Sorgen bereitet die mysteriöse **Sanddorn-Fruchtfliege**, die 2020 erhebliche Schäden anrichtete. Sie legt

TREIBGUT

Urlaub riecht immer ein wenig anders, schmeckt anders, weckt andere Sinne. Bei Treibgut im Seebad Bansin bekommen Sie nicht nur dekorative maritime Mitbringsel, sondern auch viele Sanddornspezialitäten von Fruchtaufstrichen, Tee und Öl bis zu Seifen, Sonnencreme, Likör, Senf und Süßigkeiten (Seestr. 3, tgl. geöffnet, www.treibgut-usedom.de).

ihre Eier in die Beeren, die daraufhin faulen. Leider gibt es bislang kein Gegenmittel. Das aufwendige Einsammeln der Früchte erklärt auch den **Preis**: 1 Liter Direktsaft ist selten unter 12 Euro zu bekommen, weshalb der Spitzname Inselgold treffender nicht sein könnte.

▌ Genießen und Mitnehmen

Sanddornprodukte eignen sich bestens, um zu Hause in Erinnerungen an die schöne Zeit auf Usedom zu schwelgen. In vielen Inselläden finden Sie schmackhafte und pflegende Souvenirs der Kraftbeere. Die meisten Gasthöfe haben heißen oder kalten Sanddornsaft und -liköre auf der Karte. Und was verbirgt sich hinter einem **kalten Engel**? Sanddornsaft auf Vanilleeis. Köstlich!

OBEN: Sanddorn ist im September sonnengereift zur Ernte bereit. UNTEN: Vitaminreich und lecker sind Sanddorn-Holunder-Bonbons.

27

T
TOUREN

Durchdacht, inspirierend, entspannt

Mit unseren Tourenvorschlägen
lernen Sie Usedoms beste Seiten kennen.

Ostsee, Achterwasser oder Peenestrom – alle Wege
auf Usedom enden irgendwann am Wasser. ▶

UNTERWEGS AUF USEDOM

Mehr als ein Strand Es ist der gleiche, unglaublich weiße, feinkörnige Sand, den die Wellen an die Strände der Ostseeküste Usedoms spülen. Und doch ist jeder Strand anders, unterscheiden sich die Seebäder, gibt es Woche für Woche täglich Neues zu entdecken. Ruhige Oasen mit Rake-

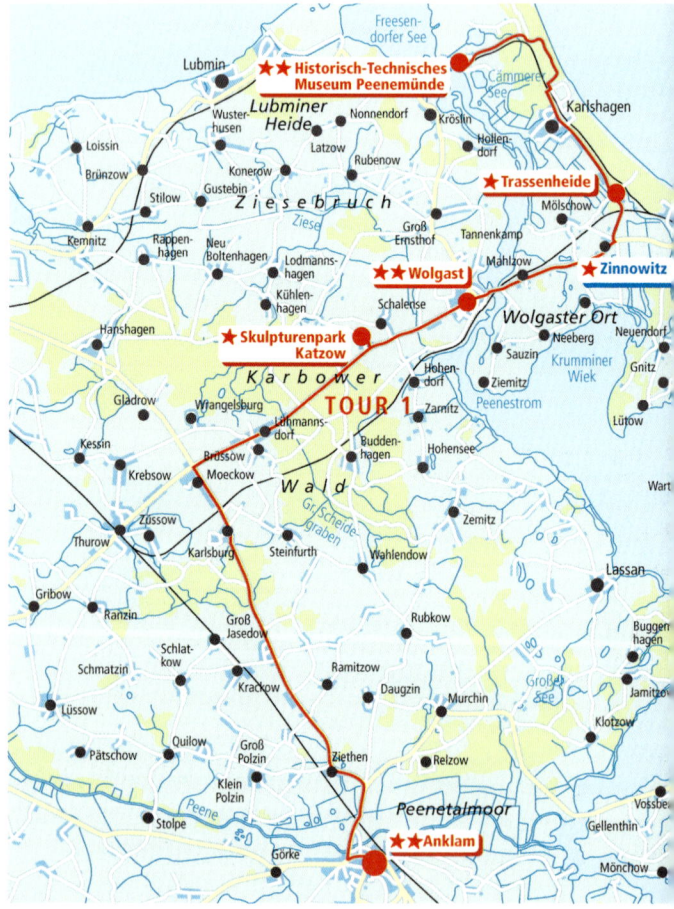

tenvergangenheit sind die Inselbäder im Norden, doppelgesichtig präsentieren sich die Bernsteinbäder, wo Ostsee und Achterwasser miteinander konkurrieren. Und in den drei Kaiserbädern Ahlbeck, Heringsdorf und Bansin im Süden der Insel wetteifern Seebrücken und Fassaden der Bäderarchitektur um die Gunst der Gäste.

Dazu gibt es das weite Achterland, eine Mischung aus Dorfidylle und naturbelassenen Landschaften. Auf den ruhigen Halbinseln des Lieper Winkels und des Gnitz scheint die Zeit stillzustehen, während Sie in Peenemünde in die bewegte Vergangenheit eintauchen.

Mehr als Wasser

Der Kaiserbäder-Express pendelt zwischen Ahlbeck, Heringsdorf und Bansin.

**Bahn, Bus,
Auto, zu Fuß
oder per Rad**

Jede halbe Stunde fährt die **Usedomer Bäderbahn (UBB)** im Sommer die Seebäder von Peenemünde bis nach Swinemünde an. Sie fährt über Wolgast sogar bis Stralsund. Die Bahnhöfe liegen allerdings ein gutes Stück weit hinter den Dünen. Die **UBB-Busse**, die häufiger fahren, bringen Sie bis ins Zentrum der Seebäder (www.ubb-online.com). Alle 30 Minuten pendelt täglich der **Kaiserbäder-Express** zwischen den Seebädern Ahlbeck, Heringsdorf und Bansin (www.kaiserbaeder-express.de).

Fast alle Ziele auf Usedom sind außerhalb der sommerlichen Rushhour am Vormittag und in den Abendstunden **innerhalb einer Stunde mit dem Auto** zu erreichen. Flächendeckend sind Parkscheinautomaten aufgestellt, zudem gibt es zentrale Parkhäuser. Mit Blitzkisten ist allerorts zu rechnen und auch die Parkwächter machen fleißig ihren Dienst. Die 12 km lange **Strandpromenade**, die die Kaiserbäder Bansin, Heringsdorf und Ahlbeck grenzüberschreitend mit Swinemünde verbindet, ist in einen Rad- und einen Fußweg unterteilt. Autos sind hier nicht zugelassen. Viele Wege und Pfade an idyllischen Seen, durch Wald und Feld und entlang der Küste laden zu **Radtouren und Wanderungen** ein. Und dann gibt es noch die Möglichkeit, Insel und Leute zu Pferd, bei Rundflügen, auf einer Insel-Safari (▶Magischer Moment S. 39), im Kanu oder an Bord von Ausflugsschiffen und traditionellen Zeesenbooten kennenzulernen (▶S. 207, 208).

SEGELN, FLIEGEN UND DIE ENDEN DER PARABEL

Länge: 80 km | **Dauer:** 1 Tag | **Start:** Anklam | **Ziel:** Peenemünde

Rund um Achterwasser und Peenestrom können Sie pures Segelvergnügen erleben und Zeugnisse des Menschheitstraums vom Fliegen bestaunen: Ab Wolgast setzt die »Weisse Düne« Segel, in Anklam dreht sich alles um den großen Flugpionier Otto Lilienthal. »Fortschritt um jeden Preis« ist eine der Kernfragen im Historisch-Technischen Museum von Peenemünde, wo Wernher von Braun seinen Raketentraum in den Dienst der Nazis stellte.

❶ ★★ **Anklam** atmet am frühen Morgen um den Marktplatz noch das Flair einer alten Hansestadt. Gleichzeitig signalisieren junge Cafés und Boutiquen Veränderung. In der Nikolaikirche soll das faszinierende ★★ **Otto-Lilienthal-Museum** in naher Zukunft als »Ikareum« eine neue Bleibe erhalten und der krisengebeutelten Region den Bilbao-Effekt bescheren. Ums Fliegen geht's auch im Erlebnispark Aeronauticon am Flugplatz. Bis zum eigenwilligen ❷ ★ **Skulpturenpark Katzow**, der kurz vor Wolgast rund um die Uhr kostenlos zugänglich ist, hat man eine halbe Stunde Zeit, in einer unaufgeregten Landschaft die gewonnenen Eindrücke zu sortieren. ❸ ★★ **Wolgast** ist das Tor zu Usedom und Heimathafen des Topsegelschoners ★ »**Weisse Düne**«, der von April bis Oktober samstags von der Schlossinsel zu Tagestouren und Sunsettörns ablegt – am Ruder steht eine Kapitänin

Tour 1

(▶Magischer Moment S. 154). Im ★★ **Geburtshaus von Philipp Otto Runge** widmet sich eine gelungene Ausstellung dem romantischen Maler und Multitalent. Attraktion und Stauursache zugleich ist die **blaue Brücke** über den Peenestrom, die bis zu sechsmal am Tag die Fahrbahn hochklappt, um Schiffe durchzulassen. Die ganze Entwicklung von der Raupe zum Schmetterling, farbenprächtige Orchideen und riesige Bambussträucher können Sie dann in Europas größter ★**Schmetterlingsfarm** in ❹ ★**Trassenheide** erleben, wo mehr als 2000 Falter frei durch die schwüle Tropenhalle flattern.

Das ❺ ★★**Historisch-Technische Museum Peenemünde** dokumentiert im Kraftwerk der Versuchsanstalt, die 1936 bis 1945 das größte militärische Forschungszentrum Europas war, wie sie zur Wiege der Raumfahrt, Hölle für Zwangsarbeiter und Fabrik tödlicher Raketen wurde. Die Dauerausstellung »Die Enden der Parabel« will auch zur Diskussion anregen, was die Geschichte uns über Chancen und Risiken des Fortschritts lehrt. »Anfassen erlaubt« heißt es bei den physikalischen Experimenten gegenüber in der **Phänomenta**. Im Hafen am Peenestrom liegen das sowjetisc **U-Boot U 461**, das Jahrzehnte für die Sowjetflotte unterwegs war, und ein **Raketenschnellboot** der Volksmarine der DDR. Die urige **Hafenbar zum dünnen Hering** steht für süffiges Störtebeker, leckeren Fisch, Torf-Whisky und eine sehr nette Bedienung (www.halbinsel-peenemuende.de).

OSTSEEKÜSTE, LAND-LEBEN & ACHTERWASSER

Länge: ca. 100 km | **Dauer:** 1 Tag | **Start und Ziel:** Zinnowitz
---

Tour 2 *Von prachtvoller Bäderarchitektur am Ostseestrand reisen Sie durch ländliche Idylle zum fischreichen Achterwasser mit dem Lüttenort, Otto Niemeyer-Holsteins Lieblingsplatz. Weiter geht es zum Krimidrehort Morgenitz und dem stillen Lieper Winkel, um über das charmante Loddin nach Zinnowitz zurückzufahren. Dazu ein wenig Konditionstraining, Kunst und köstliche Kuchen – alles an einem Tag, der allerdings vor Sonnenaufgang beginnt.*

Seeluft, Schloss-romantik und sensible Bilder Kommen Sie zum Sonnenaufgang an die Seebrücke in ❶ ★ **Zinnowitz**. Wellen klatschen an die Pfähle, die Möwen erwarten sich noch nichts. Die ersten Sonnenstrahlen bringen die Prachtfassaden der Gründerzeitvillen an der Strandpromenade förmlich zum Glühen. Die morgendliche Frische kann man sich danach beim kurzen aber steilen

Aufstieg auf den **2** ★ **Streckels-berg** im nahen Seebad ★**Koserow** aus den Gliedern laufen. Als direkter Fußweg auf den 58 m hohen Berg empfiehlt sich die Verlängerung der Meinholdstraße. Die Mühe lohnt: Weit schweift der Blick über das Achterwasser und den noch leeren Strand mit der neuen Seebrücke von Koserow über die drei Kaiserbäder bis zum polnischen Swinemünder Hafen. Jenseits der B 111 können Sie im reetgedeckten **Forsthaus Damerow** ausgiebig gut frühstücken (▶S. 101).

Nächster Halt ist **3** ★★**Lüttenort**, wo Sie mit den Augen des Inselmalers Otto Niemeyer-Holstein die Faszination der Ostseelandschaft entdecken. In **4** ★ **Ückeritz** können Sie anschließend beim ausgedehnten Spaziergang am Achterwasser den Kopf freibekommen und am **Café Knatter** den Kitern beim wilden Ritt übers Wasser zusehen.

Eine halbe Autostunde südlich verbindet **5** ★★**Schloss Stolpe** im Stil des Historismus Romantik mit kulinarischen Genüssen im **Restaurant Remise** (▶S. 149). Krimifans kennen das reetgedeckte Atelier der Keramikkünstlerin Astrid Dannegger in **6** ★ **Morgenitz** als »Mörderhus« aus den **Usedom-Krimis** im Ersten. Im verwunschenen Garten des 250 Jahre alten Bauernhauses begrüßt Besucher ein riesiger Bacchus zwischen wilden Weinreben. Vielleicht nehmen Sie zur Erinnerung ein paar blau-weiße Teetassen aus der Keramikwerkstatt mit nach Hause.

Am Ende der Halbinsel lädt eine Rundtour durch den **7** ★★ **Lieper Winkel** ein, eine der stillsten Ecken auf Usedom mit reetgedeckten Häuschen und alten Obstbäumen in winzigen Weilern an schilfge- **Ländliche Idyle**

35

säumten Buchten. Das **Hofcafé Landlust** in Grüssow gehört zu jenen wunderbaren Orten, an denen man sich auf Anhieb zu Hause fühlt. Schmuddelwetter? Bestellen Sie einfach ein Stück Gewittertorte und lassen Sie die Seele baumeln.

Zurück geht es über ⑧★ **Benz** mit der markanten **Holländermühle** auf dem Mühlenberg, dessen ländliche Idylle die Maler Lyonel Feininger und Otto Niemeyer-Holstein inspirierte. 135 Sternbilder in Gold, Weiß und Blau schmücken die **St.-Petri-Kirche**. ⑨★**Loddin** gefällt nicht nur durch den Charme reetgedeckter Katen am kleinem Hafen, viele kommen auch wegen der hervorragenden Fischküche im **Waterblick**. Im Biergarten von **Kiki's Bootsverleih** an der Dorfstraße wird man mit Heringsvariationen, Ostseescholle und Kasslerkammsteak verwöhnt, im Sommer auch mit Livemusik und Lagerfeuer zur untergehenden Sonne (▶S. 100). Nur eine Viertelstunde Fahrt und schon sind Sie wieder in ①★ **Zinnowitz**.

RADTOUR DURCH FEININGERS WELT

Länge: 56 km | **Dauer:** 1 Tag | **Start und Ziel:** Bansin

Mit Rad, Stift und Zeichenblock erkundete Lyonel Feininger vor mehr als 100 Jahren jeden Winkel Usedoms. Himmel, Wasser und Strand, Kirchen, Deiche und Windmühlen inspirierten ihn. Mit modernen Tourenrädern und E-Bikes können Radfreunde heute auf dem weiß-blau markierten Feininger-Radweg die Usedomer Perspektiven des Künstlers nochmal abfahren. Rund vier Dutzend Bronzeplaketten am Rande des Radwegs markieren den genauen Standort Feiningers, inklusive einem Pfeil für die Blickrichtung.

Lyonel Feininger (▶Interessante Menschen) kam 1908 bis 1921 jeden Sommer für einige Wochen nach Usedom. Mehr als 1300 »Naturnotizen« entstanden während seiner Touren über die Insel mit einem amerikanischen Fahrrad der Marke Cleveland Ohio. Im Gegensatz zu den heute asphaltierten Straßen war damals das Fahren auf buckligem Kopfsteinpflaster und sandigen Wegen vermutlich nicht immer leicht. Feininger wohnte vornehmlich in Heringsdorf, aber auch in Neppermin und Benz. Der New Yorker Sohn deutscher Musiker entwickelte sich in dieser Zeit vom gefragten Karikaturisten für amerikanische, französische und deutsche Zeitschriften zum anerkannten Maler der klassischen Moderne. Durch seine regelmäßigen Briefe an seine Frau Julia und die genau datierten Zeichnungen lässt sich gut nachvollziehen, wann, wo und wie lange er sich auf Usedom aufhielt. Danach wurde der Reiseführer »**Papileo auf Usedom**« verfasst, der alle Stationen mit Kommentaren von Pfarrer Bartels aufführt (www.papileo.de). Papileo wurde Feininger liebevoll von seiner Familie genannt, eine Kurzform von Papi Leonell. Mit dem Buch lassen sich während der Radtour gut die Motive von damals mit den Aussichten von heute vergleichen. Es gibt **zwei Feininger-Touren:** Die kürzere führt über 15 km von Benz durch Neppermin und Balm nach Mellenthin und zurück. Die 40 km lange Strecke verläuft von Benz über Sallenthin und die Kaiserbäder an der Küste entlang bis ins polnische Swinemünde, dann durch das Hinterland über Zirchow, Korswandt und Gothof wieder zurück nach Benz.

Am besten leiht man sich in ❶★★ **Bansin** ein Rad vom zentralen **Usedomer Fahrradverleih** (Waldstr. 33, März – Okt. tgl. 9–11, 18–19 Uhr, Tourenrad 6 €/Tag, E-Bike 22 €/Tag, https://usedom-fahr radverleih.de) und fährt über die schmucke Bergstraße zur Strandpromenade, die über 12 km bis ins polnische Swinemünde führt. Frühmorgens gehört der Ort Ihnen, später wird es auf der Promenade enger, auf der Radfahrer und Fußgänger getrennte Wege benutzen. Die Seebrücke mit dem besten Blick auf die Strandpromenade sollten Sie auf keinen Fall auslassen.

Im Sommer 1912 muss Lyonel Feininger sehr glücklich gewesen sein. Am 12. August schrieb er seiner Frau Julia von Heringsdorf nach Weimar, wo sie mit den drei kleinen Söhnen geblieben war:

>>

Ich befinde mich inmitten der Motive,
die ich mag und die mich inspirieren.

<<

In ❷★★ **Heringsdorf** stößt man nahe der längsten Seebrücke Kontinentaleuropas auf die **Villa Oppenheim**, eines der Lieblingsmotive Feiningers. Über Jahre verbrachte er ab 1908 den Sommer in einer nahen Pension: »17. Mai: der Tag, an dem wir zum ersten Mal

Tour 3

Naturnotizen per Rad

nach Heringsdorf kamen und uns bei Zanders einmieteten«, lautet die Notiz unter der Skizze eines angewinkelten Fußes, mit der heute für die Feininger-Radtour geworben wird, auf deren Stationen sich diese Tour teilweise bewegt. Bummeln kann man gut durch die Kulmstraße mit der Eis Villa Stein (Nr. 4), dem Terrassenkaffee mit Ostseeblick (Nr. 29) und dem Traditionshaus Lutter & Wegner – unwiderstehlich ist hier der karamellisierte Kaiserschmarrn (▶S. 93).

Bevor Sie ❸★★ **Ahlbeck** erreichen, fällt die Entscheidung, ob das Wetter Ihnen ein Erfrischungsbad in der See erlaubt oder ob die Ostseetherme am Ortseingang die bessere Wahl ist. Danach tut ein gebratenes Zanderfilet oder ein Burger vom pommerschen Weiderind im Pavillon auf Deutschlands ältester **Seebrücke** gut (▶S. 43).

Wieder auf dem Rad, geht es über **Korswandt**, wo der Künstler die Dorfstraße skizziert hat, nach ❹★ **Zirchow**. Eine Bronzeplakette im Boden markiert den Standort, von dem aus Feininger die St.-Jakobus-Kirche auf einer Anhöhe gemalt hat. Beim Bauerndorf **Jachlin** am Rande des im 18. Jh. entwässerten Niederungsmoors zweigt der Weg nach links ab zum ❺★ **DDR-Museum** in **Dargen**.

Von dort sind es nur 7 km bis zum ❻★ **Wasserschloss Mellenthin** mit Restaurant, Kaffeerösterei, Brauerei und frisch gebackenen Waffeln. Ein **Schnupperflug** vom nahen Flugfeld des **Usedomer Fliegerclubs** lässt Sie die Insel aus einer ganz anderen Perspektive erleben (www.usedomerfliegerclub.de).

Immer wieder skizzierte Feininger 1910 »Peppermint« und »Nevermind«, wie er das Dorf ❼★ **Neppermin** gern nannte, wo er für zwei Monate wohnte. Den Blick von der Uferpromenade auf das Achterwasser und die kleinen Vogelinseln Werder und Böhmke malte er in unterschiedlichen Stimmungen zu verschiedenen Tageszeiten. Noch neun Jahre später in Weimar hielt er seine Erinnerungen im Ölgemälde »Dorf Neppermin« fest. Keine 2 km weiter liegt ❽★ **Benz**. Ein Jahr vor seinem Tod, malte Feininger 1955 die Benzer Kirche dreimal in seinem New Yorker Atelier, einmal in Öl, zweimal als Aquarell. Am Friedhof mit den Gräbern des Malers Otto Niemeyer-Holstein und der Journalistin Carola Stern bleibt das Rad stehen. Zu Fuß geht es auf den Hügel mit der **Holländermühle**, deren gewaltige Flügel sich dunkel gegen den Himmel abzeichnen. Ist der Mühlenberg einmal erklommen, eröffnet sich ein herrlicher Ausblick übers Land. Ein bisschen suchen muss man allerdings schon, bis man die Bronzeplakette im Gras findet, Feiningers Standort.

Nach Ihrer Rückkehr und Abgabe des Fahrrads in ❶★★ **Bansin** sind es keine 500 m bis zum Meer, Feiningers zeitlosem Vorbild für klare Horizontale aus Himmel, Wasser und Strand. Ein Spaziergang am **Strand** tut immer gut. Hunger? Im Steakhouse Grillhus an der Strandpromenade kommt Dry Aged Beef auf den Teller, im Fischkopp sitzen Sie gemütlich und bekommen immer fangfrischen Fisch (▶S. 61).

ANDERS SEHEN

Die Sonne scheint und Usedom präsentiert sich von seiner besten Seite. Ein perfekter Tag für die **Insel-Safari**! Abseits der Touristenströme zeigt Gunnar Fiedler Ihnen auf verschlungenen Wegen das Usedomer Achterland. Rehe, Seeadler und Kraniche, Wisente mit knuffigem Nachwuchs. Gunnar versteht es, die Augen für die Schönheit der Natur zu öffnen und mit Witz und Charme pommersche Eigenheiten seiner Heimat zu vermitteln. Abenteuerlich, romantisch und unkonventionell eröffnet die 6- bis 10-stündige Tour im Land Rover ungewohnte Perspektiven zwischen Achterwasser, Stettiner Haff und Peenestrom. Inklusive sind Picknick und Getränke, selbst gebackener Kuchen und frischer Fisch, der überm Feuer gemeinsam gegrillt wird (6-Std.-Tour 97 €, Drosselweg 3, Wolgast, Tel. 03836 237 98 90, https://insel-safari.de).

Z
ZIELE

Magisch, aufregend,
einfach schön

Alle Reiseziele sind
alphabetisch geordnet. Sie haben
die Freiheit der Reiseplanung.

Strandwandern und schlemmen
können Sie in Heringsdorf an und auf
der längsten Seebrücke Deutschlands. ▶

★★ AHLBECK

Einwohner: 3400

Stilvolle schneeweiße Strandvillen, ein breiter Sandstrand und Deutschlands älteste Seebrücke verleihen dem östlichsten der drei Kaiserbäder (▶Das ist Usedom S. 10) einen Hauch von Luxus. Flanieren Sie, wie einst Kaiser Franz Joseph, an der herrlichen Strandpromenade, die heute als längste in Europa auf 12 km von Bansin über Ahlbeck bis nach ▶Świnoujście führt.

Ein Hauch von Luxus

Vor seinem Aufstieg zum Modebad war Ahlbeck ein Fischerdorf, das 1771 am Flüsschen Beek gegründet wurde, in dem die Aalkästen standen. Nachdem der Lehrer und Kantor Johann Koch 1852 erstmals Zimmer vermietete, bestimmten bald Feriengäste den Sommer im Ort, der mehr und mehr auf Fremdenverkehr setzte. Zwischen 1900 und 1930 war Ahlbeck das meistbesuchte Bad an der Ostseeküste Vorpommerns. Da es vor den Toren der deutschen Hauptstadt lag, traf sich dort halb Berlin – als »**Badewanne Berlins**« hatte Ahlbeck bald seinen Ruf weg.

Mittlerweile ist es das **größte Seebad auf Usedom** und offiziell – wie auch Bansin – Teil der Gemeinde Heringsdorf. Es gibt viele hübsche alte Pensionen mit kleinen Gärten und Glasveranden im Bäderstil. Dass Familien hier gern Urlaub machen, ist am Trubel am

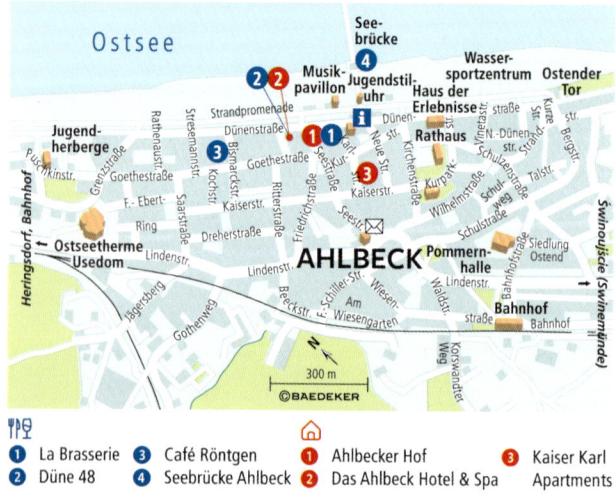

| ❶ La Brasserie | ❸ Café Röntgen | ❶ Ahlbecker Hof | ❸ Kaiser Karl |
| ❷ Düne 48 | ❹ Seebrücke Ahlbeck | ❷ Das Ahlbeck Hotel & Spa | Apartments |

AHLBECK ERLEBEN

TOURISTINFORMATION
Dünenstr. 45, Seebad Ahlbeck
Tel. 038378 49 93 50
www.kaiserbaeder-auf-usedom.de

AHLBECKER SOMMERFEST
Ende Juli lockt das Sommerfest mit buntem Markttreiben und Kunsthandwerkerständen entlang der Promenade und schwungvollem und abwechslungsreichem Programm auf dem Konzertplatz.
www.ostseetherme-usedom.de

❶ LA BRASSERIE IM AHLBECKER HOF €€€
Rumpsteak, Ostseedorsch oder Elsässer Flammkuchen? Gegrilltes und leichte Gerichte stehen im Mittelpunkt der offenen Showküche in der charmanten Brasserie mit Sommerterrasse an der Promenade.
Dünenstr. 47, Tel. 038378 620
www.seetel.de

❷ DÜNE 48 €€€/€€
Daniel Schnitzer und Danilo Bernstein kochen in der gläsernen Showküche mit durchweg frischen, größtenteils regionalen Zutaten. Das Brot kommt aus der hauseigenen Bäckerei.
Dünenstr. 48, Tel. 038378 49 940
www.das-ahlbeck.de

❸ CONDITOREI-CAFÉ RÖNTGEN €€
Im lichtdurchfluteten Wintergarten sollten Sie die Sanddorntorte, Apfelstrudel oder die Eissorten probieren.
Bismarckstr. 1-2, Tel. 038378 2410
www.auguste-viktoria.de

❹ SEEBRÜCKE AHLBECK €€
In dem maritim dekorierten Restaurant gibt es Fangfrisches aus dem Meer und Herzhaftes aus Wald und Wiesen – und einfach den besten Blick auf das Kommen und Gehen an der Seebrücke.
Dünenstr. 37, Tel. 038378 2 83 20
www.seebruecke-ahlbeck.de

❶ AHLBECKER HOF €€€€
Das Flaggschiff der Seetelhotels. Edle Hölzer, feinste Stoffe und Kristallleuchter entführen in eine Zeit, als selbst der Kaiser hier gern logierte. Die Gourmetküche im Blauen Salon, die Brasserie und das authentische Suan Thai versprechen kulinarische Hochgenüsse. Im Kinnaree Spa können Sie den Alltag weit hinter sich lassen.
Dünenstraße 47, Ahlbeck
Tel. 038378 6 20, www.seetel.de

❷ DAS AHLBECK HOTEL & SPA €€€/€€€€
Elegantes Design, perfekte Strandlage und toller Spa mit Infinity-Pool und Panorama-Saunen (▶Das ist Usedom, S. 23, ▶Abb. S. 227). Zur Showküche der Düne 48 gehört eine Terrasse mit Ostseeblick, s. links.
Dünenstraße 48, Ahlbeck
Tel. 038378 49 940
www.das-ahlbeck.de

❸ KAISER KARL APARTMENTS €€
Zentrale, 2020 aufwendig sanierte, schöne Ferienwohnung mit Parkett, Walk-in-Dusche, toller Küche und Parkplatz, 300 m vom Strand
Karlstr. 8, Ahlbeck
Tel. 030 40005898
https://ostkueste.com

Schmuckstück Ahlbecks ist die älteste Seebrücke in Deutschland.
Mieten Sie sich einen Strandkorb mit Blick auf die Ostsee.
Und an heißen Sommertagen gehört natürlich noch ein Eis dazu.

breiten Sandstrand zu erkennen. Die prachtvollsten Gründerzeitvillen finden Sie an den Straßen parallel zur Strandpromenade, wo die Seebrücke seit Ende des 19. Jh.s ins Meer hinausführt.

▌ Wohin in Ahlbeck?

Seebrücke

▶Abb.
S. 44/45

Wahrzeichen am Meer

Ein Spaziergang über den 280 m langen Steg ist ein Muss. Die 1898 erbaute Seebrücke ist die älteste erhaltene ihrer Art in Deutschland. Ihre Holzkonstruktion hat allen Sturmfluten widerstanden. Vier verspielte Türmchen zieren den Pavillon der Brücke, die unter Denkmalschutz steht. In vielen Filmen war sie der heimliche Star. Loriot war so hingerissen, dass er ihr – statt des DDR-Brauns – den weißen Anstrich zurückgab und in seinem Kultklassiker »Pappa ante Portas« unsterblich machte. Heute ist die Seebrücke Wahrzeichen, **Restaurant** (▶S. 43) und Eventlocation samt schönstem Blick auf Meer und Strand. Beim **Winterbaden** im Februar stürzen sich Hunderte verkleideter Wasserratten in die eiskalten Ostseefluten.

Vom Fischerdorf zum Seebad

Rathaus Das Rathaus im ehemaligen Warmbad von 1896 dokumentiert mit einem Heimatmuseum die **Lokalgeschichte**.
Kurparkstr. 4 | Mo. – Do. 9 – 12, Di. auch 14 – 17 Uhr | Eintritt frei

Strandpromenade

Wo die Welt sich trifft

Die breite Strandpromenade ist der Treffpunkt schlechthin. Zahlreiche Geschäfte, Restaurants und Cafés sorgen für Abwechslung. Nehmen Sie an einem der kleinen Tische Platz, bestellen Sie einen Kaffee und beobachten Sie das bunte Treiben. 1911 machte ein begeisterter Kurgast dem Seebad die gusseiserne **Jugendstiluhr** am Beginn der Seebrücke zum Geschenk. Ein paar Schritte nördlich befindet sich die **Konzertmuschel**, umgeben von Bänken, Springbrunnen und Blumenanlagen. Die besten Fischbrötchen hat »**Uwes Fischerhütte**« an der Strandpromenade 12 (▶S. 179).
Entlang der **Dünenstraße** lassen sich prachtvolle **Gründerzeitbauten** bewundern wie die repräsentative Nobelherberge **Ahlbecker Hof**, wo schon Kaiser Franz Joseph I. gern logierte (▶S. 43). Zwei Häuser weiter liegt die **Touristinformation**, wo Tagesgäste auch die Kurtaxe entrichten können. An der Ecke zur Schulzenstraße entsteht derzeit nach Abriss vom »Haus der Erholung« (HDE) aus DDR-Zeiten das neue »**Haus der Erlebnisse**«, in dem eine Kunstgalerie, die Touristinformation und mehrere Ausstellungsbereiche einziehen werden. Ausstellungsthemen sollen Menschen, Bäderarchitektur, Genuss und Erholung sein. Schlendert man die Dünenstraße weiter in östlicher Richtung, stößt man auf schmucke Häuser mit klangvollen Na-

men wie »Villa am Meer«, »Seeperle« oder »Inselparadies«. Den Schlusspunkt dieser Prachtmeile der Bäderarchitektur setzt das **Hotel Kastel** von 1908. Hier geht die Strandpromenade in einen Waldweg über, der nach etwa 2,5 km die **polnische Grenze** erreicht. Auf einer Düne im Grenzstreifen zwischen Deutschland und Polen symbolisiert eine Klammer aus Edelstahl auf Höhe des ehemaligen Kontrollstreifens das Zusammenwachsen beider Nationen.

Das Maß aller Dinge war der eigene Geschmack

Mit attraktiver Bäderarchitektur präsentiert sich auch die **Seestraße**, heute belebte Einkaufsmeile mit Modeboutiquen, Weinladen (Nr. 1) und Standbuchladen (Nr. 19). In den Sommerresidenzen um 1900 spielte Geld keine Rolle. Je schicker, umso besser. Großer Salon, Gartenzimmer, edle Bäder nebst Boudoir und natürlich die Seeterrasse, jeder baute sich sein Traumdomizil nach eigener Fasson. Entlang der Bismarck- und der Goethestraße kann man viele größere und kleinere Villen mit Türmchen und Erkern, Glasveranden und Balkonen bewundern wie die »Villa Bismarckshöhe« oder »Schloss Hohenzollern«. Die Karl-, die Kur- und die Neue Straße charakterisieren hübsche ein- und zweistöckige Gründerzeithäuser, die mit viel Liebe zum Detail als Ferienwohnungen renoviert worden sind (►S. 43).

Bäderarchitektur und Shopping

Wellness mit Panorama

Die **Bade-, Wellness- und Saunawelt** der Ostseetherme ist bequem mit der Bäderbahn zu erreichen: Die Station Ahlbeck-Ostseetherme wurde eigens für deren Besucher errichtet. Der **Aussichtsturm** ist eine markante Stahlkonstruktion und das Erkennungszeichen der Therme. Zur 20 m hohen Aussichtsplattform fährt ein Fahrstuhl oder nehmen Sie sportlich per Treppe. Bei gutem Wetter reicht der Blick bis Swinemünde und zur Odermündung.

Ostseetherme

Lindenstraße 60 | tgl. 10 – 21/22, So. bis 20 Uhr | Tageskarte mit/ohne Saunawelt Erw. 17,60/14,70 € | www.ostseetherme-usedom.de

▌ Rund um Ahlbeck

Zu Fuß oder mit dem Fahrrad ...

... geht es ab Bahnhof Ahlbeck zum **Wolgastsee**, der in der letzten Eiszeit entstanden ist. An seinem Ufer brüten und rasten viele Seevögel. Der Wolgastsee ist fast vollständig von Buchenwald umgeben, der richtige Ort für eine kleine Pause und ein Bad an warmen Sommertagen. Rund um den See führt ein 3,8 km langer Wanderweg, der mit einem grünen Punkt markiert ist. Über den **Zirowberg** geht es dann zurück nach Ahlbeck. Der Aufstieg auf den 59 m hohen Hügel ist zwar etwas steil, doch die Mühe wird mit einer wunderbaren Aussicht auf die Pommersche Bucht belohnt.

Ahlbecker Forst

 ANKLAM

Einwohner: 12 500

*Der Weg nach Usedom führt über die einst wohlhabende Hafen-
und Hansestadt Anklam, in der 1848 der Luftfahrtpionier Otto
Lilienthal geboren wurde. Vielleicht war es der weite Himmel
über der flachen Landschaft am Unterlauf der Peene, der seinen
Wunsch zu fliegen weckte. Die Störche seiner pommerschen
Heimat waren ihm dafür zeitlebens Inspiration.*

D 10/1

Hanse-
stadt mit
Visionen

Dem See- und Binnenhandel verdankte die Hafenstadt nahe der
Odermündung ihren Aufstieg im Mittelalter. 1283 trat sie der **Hanse**
bei. Bis zu deren Niedergang zählte Anklam zu den reichsten und
prachtvollsten Städten Pommerns. Auf dem **Marktplatz** erinnern
die »Jahrhundertbänder« an wichtige Ereignisse der Geschichte. Da
Anklam Sitz der Arado-Flugzeugwerke war, wurde es im Zweiten
Weltkrieg schwer bombardiert und versank in Schutt und Asche. Fast
80 % der gotischen Giebelhäuser, Kirchen und Stadtmauern wurden
durch Luftangriffe zerstört. Heute mischen sich authentisches Fach-
werk, Kopfsteinpflaster und Klinker mit moderner Architektur, die Sie
auf ausgewiesenen Rundgängen erkunden können.
Lange galt Anklam als schmuddelige Hochburg der Rechtsextremen
in der strukturschwachen Provinz. Fast jeder Dritte war ohne Arbeit.
Wer konnte, ging weg. Inzwischen zeugen inhabergeführte Boutiquen, Cafés und neue Fassaden davon, dass es aufwärts geht. Zum
2018 beschlossenen »**Anklamer Dreiklang**« gehören ein neuer
Schulcampus, eine neue Schwimmhalle und der Umbau der Nikolaikirche zum **Ikareum** – Lilienthal Flight Museum. Der spektakuläre
Museumstempel soll der Region wieder Ansehen, Touristen aus aller
Welt und den Bilbao-Effekt bescheren: Die baskische Industriestadt
wurde durch das Guggenheim-Museum zum kultuellen Hotspot.

▌ Wohin in Anklam?

Museum mit Diebesgut

Steintor

Vom 32 m hohen mittelalterlichen Steintor mit Staffelgiebel der Backsteingotik haben Sie einen weiten Blick ins Peenetal. Hier ist das **Heimatmuseum** eingerichtet. Sein Glanzstück ist der **Anklamer Münz-
schatz** aus dem Dreißigjährigen Krieg, der seinerzeit offenbar Die-
besbeute war und versteckt wurde – man entdeckte ihn erst 1995!
Schulstr. 1 | Mai - Sept. Di. - Fr. 10 – 17, Sa., So. 13 – 17, Okt. – April
Mi. - Fr. 11 – 15.30, So. 13 – 15.30 Uhr | Eintritt 4,50 €
www.museum-im-steintor.de

OBEN: Unter der Kuppel des Lili-
enthal-Museums schwebt der
Nachbau des Hängegleiters,
mit dem Otto Lilienthal 1891 der
erste erfolgreiche Flug gelang.
UNTEN: Zu den fantastischen
Flugmodellen im Museum
gehört die große Postkugel
Minerva von 1784. Sie war der
Vorschlag für eine »Luftreise
nach China bei Konzert, Ball
und Kapitänskost«, geplant für
den 10. März 2440 – eine Satire
auf die Ballon-Manie des
18. Jahrhunderts.

ANKLAM UND UMGEBUNG ERLEBEN

TOURISTINFORMATION
Rathaus, Am Markt 3, Anklam
Tel. 03971 83 51 54
www.anklam.de
Auf der Website können auch drei
verschiedene Stadtrundgänge
runtergeladen werden.

MÖBEL KRÜGER & CAFÉ
Wohnwelt mit schönen Lifestyle-
Dingen, hübschem Hofcafé mit
tollen Torten und kreativen Näh-
und Holzbearbeitungskursen
Pasewalker Str. 41, Anklam
www.moebelkrueger-anklam.de

GUTSHAUS STOLPE €€€€
In der Gutsherrenküche des 10 km
westl. von Anklam gelegenen Relais &
Châteaux-Hauses bringt Sternekoch
Stephan Krogmann elegante Aromen-
vielfalt leicht und modern auf den
Teller – 2020 vom Gourmetführer
Gusto als »Newcomer des Jahres«
ausgezeichnet. In den stilvollen
Zimmern des Gutshauses können
Sie auch wunderbar ein paar ruhige
Tage verbringen (€€€/€€€€).
Peenstr. 33, Stolpe, Tel. 039721
55 00, www.gutshaus-stolpe.de

STOLPER FÄHRKRUG €€
Im 350 Jahre alten reetgedeckten
Wirtshaus am Anleger der Personen-
fähre über die Peene hat schon der
Dichter Fritz Reuter gern Hering und
Bratwurst bestellt. Unser Tipp:
gebratener Zander mit geröstetem
Spitzkohl, Drillingen und Speckstippe.
Peenstr., am Fähranleger, Stolpe
Tel. 039721 522 25

www.gutshaus-stolpe.de
In der Hauptsaison tgl. ab 12 Uhr
Juli, Aug. Di., Sept. – April
Di. und Mi. geschlossen

FLUSS-CAFÉ €
Gemütliches kleines Café mit Selbst-
bedienung am Hafen, wo die Boots-
touren von »Flusslandschaften«
starten und Kanus vermietet werden.
Werftstr. 6, Anklam
Tel. 03971 24 28 39, www.
abenteuer-flusslandschaft

ANKLAMER HOF €€€
Schickes neues Hotel im ehemaligen
Post- und Telegrafenamt von 1875
im Zentrum, 100 m vom Steintor entfernt. Work-Life-Balance auf Anklamer Art verspricht das Spa & Moor.
Buchen Sie ein Detox-Salz-Peeling
oder eine Entspannungsmassage.
Seit 2021 werden Gäste im Otto's,
der Postmeisterei, Amtsstube und im
Hansekeller mit Traditionellem und
Trends, kleinen Leckerbissen und
neuer pommerscher Küche, fangfrischen Meerestieren und Wild aus
heimischen Wäldern verwöhnt.
Steinstr. 7, Anklam, Tel. 03971
83 68 30, https://anklamer-hof.de

SCHLOSS NEETZOW €€/€€€
Hinter hohen Bäumen versteckt sich
20 km westl. von Anklam das im Stil
englischer Landsitze erbaute Schloss,
auf dem 1803 – 1945 die Familie von
Kruse residierte. Das Hotel begeistert
mit romantischen Himmelbetten, Kaminrestaurant, Sommerterrasse und
einem traumhaften Landschaftspark
mit eigenem See.
Am Schlosspark 4, Neetzow
Tel. 039721 56 60
www.schloss-neetzow.de

Gotische Schönheit

Die Marienkirche ist eine der schönsten Backsteingotikkirchen in Mecklenburg-Vorpommern. Sie wurde im 13. Jh. gebaut, der Westturm 1450 ergänzt. In der dreischiffigen Hallenkirche sind Wandmalereien aus dem 14. Jh. und das frühgotische Taufbecken aus gotländischem Kalkstein erhalten. Die **Apostelglocke**, die größte aus dem Mittelalter erhaltene Glocke in Mecklenburg-Vorpommern, wurde aus der Nikolaikirche übernommen und wird nur an wichtigen Feiertagen geläutet.

Marienkirche

Überflieger mt Bodenhaftung

Hauptattraktion von Anklam ist das Museum über den Traum vom Fliegen und seine Verwirklichung durch **Otto Lilienthal** und andere, die ihren Forscherdrang oft ebenso mit dem Leben bezahlten (▶Baedeker Wissen S. 52). Das Museum erzählt auch von Ottos Bruder, dem Bauingenieuer, Künstler, Sozialrefomer und Unternehmer **Gustav Lilienthal**. Mit der Schwester Marie gründete er eine Kunstschule und wanderte 1880 nach Australien aus. An Versuchsaufbauten, die anschaulich Auftrieb und andere physikalische Gesetze des Fliegens vermitteln, können Besucher aktiv eingreifen. Im Flugsimulator wird eine Landung simuliert – probieren Sie es selbst! Neben dem originalgetreuen **Nachbau des Gleiters**, mit dem Lilienthal der erste Flug gelang (▶Abb. S. 49, 55), beeindruckt noch ein gutes Dutzend seiner anderen Apparate, die mit ihren stoffbespannten Flügeln mehr an Fledermäuse als an frühe Flugzeuge erinnern. Lilienthal nannte sein Flugzeug ein »Kulturelement«, das zu weltumspannenden Luftverkehr, Völkerverständigung und Frieden führen sollte – Letzteres blieb eine Vision. Die Brüder setzten aber soziale Visionen um wie Volkstheater, Gartenstadt, Arbeiter- und Gewinnbeteiligung. Echte Hingucker sind die Exponate der Ausstellung »**Flugträume**« mit fantastischen Flugmodellen aus unterschiedlichen Zeiten, darunter eine große Postluftkugel von 1784 (▶Abb. S. 49), der französische Entwurf für ein lenkbares Luftschiff von 1837 und ein Muskelkraft-Hubschrauber aus dem 19. Jahrhundert. Kinder begeistert die Außenstelle des Museums, das **Aeronauticon** auf Anklams Flugplatz, mit (Flug-)Technik zum Ausprobieren – Eintritt frei!

★★ Otto-Lilienthal-Museum

Ellbogenstr. 1; | Juni – Sept. tgl. 10 – 17, Mai, Okt. Di. – Fr. 10 – 17, Sa., So. 13 –17, Nov. – April Mi. – Fr. 11 – 15.30, So. 13 – 15.30 Uhr
Eintritt 4,50 € | www.lilienthal-museum.de

Weltlich und himmlisch zugleich

Die lange sich selbst überlassene **Nikolaikirche** – einst Wahrzeichen der Hansestadt und Kirche der Seeleute – wurde im Zweiten Weltkrieg fast komplett zerstört. Bürgerengagement ließ das gotische Gotteshaus, in dem Otto Lilienthal getauft wurde, ab 1994 wiedererstehen. 2014 wurden Glasfenster mit Lilienthal-Motiven einge-

Projekt Ikareum

FLIEGEN WIE EIN VOGEL

Im späten 19. Jahrhundert machten sich viele Erfinder und Tüftler daran, ihren Traum vom Fliegen zu verwirklichen. Die Brüder Montgolfier hatten knapp 100 Jahre zuvor gezeigt, dass der Mensch fliegen kann. Allerdings glaubte man, dass man nur Fluggeräte konstruieren und sicher steuern könne, die leichter seien als Luft, also Ballons und Luftschiffe. Otto Lilienthal war jedoch überzeugt, dass auch Apparate fliegen können, die schwerer sind als Luft – und begann, die Vögel zu studieren.

▶ **Theoretische Pionierarbeit**
Otto Lilienthal veröffentlichte 1889 »Der Vogelflug als Grundlage der Fliegekunst«. Er war der Überzeugung, dass ein Fluggerät zu bauen nur möglich ist, wenn man genau versteht, wie Vögel fliegen. Die Zeichnung entstammt diesem Buch.

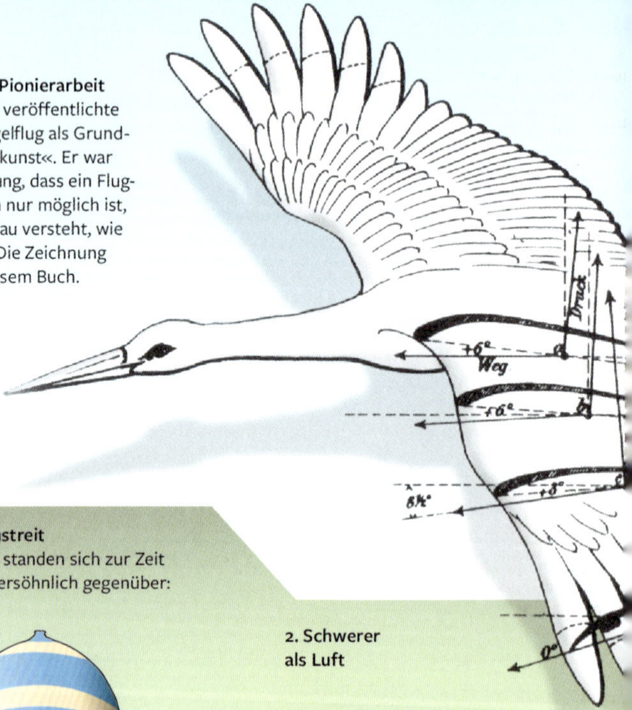

©BAEDEKER

▶ **Der Prinzipienstreit**
Zwei Konzepte standen sich zur Zeit Lilienthals unversöhnlich gegenüber:

1. Leichter als Luft

2. Schwerer als Luft

Ballons waren bereits erprobt, Luftschiffe galten als Technologie der Zukunft. Das Prinzip ist einfach: Gas, das leichter als Luft ist, erzeugt Auftrieb.

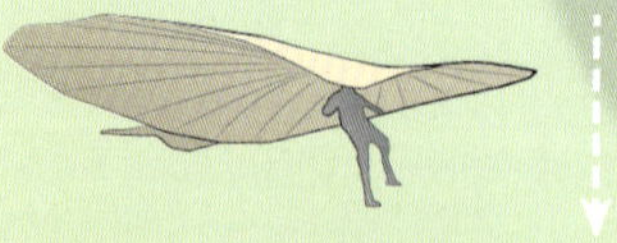

Der Gleitflug funktionierte schon bei kleinen Modellen, galt aber als unkontrollierbar. Auftrieb mit Muskelkraft zu erzeugen, erschien vollkommen unmöglich.

784	⬤ Carl Friedrich Meerwein	Er studierte an Vögeln die Prinzipien des Fliegens und entwarf einen Gleiter, der jedoch keinen Erfolg hatte.
807	⬤ Jakob Degen	
811	⬤ Albrecht Berblinger (»Schneider von Ulm«)	
856	⬤ Jean Marie Le Bris	Er konstruierte seinen Gleiter nach dem Vorbild eines Albatros und erfand die Steuerung durch Veränderung des Anstellwinkels der Flügel.
1874	⬤ **OTTO LILIENTHAL**	
1899	⬤ Gustav Weißkopf	Ihm soll der erste stabile Motorflug über eine halbe Meile gelungen sein.
1903	⬤ Karl Jatho	
1903	⬤ Orville und Wilbur Wright	Den Gebrüdern Wright wird der erste kontrollierte Motorflug zugeschrieben. Sie erfanden auch das Seitenruder.

▶ **Gedenken an Lilienthal**
Mehrere Stätten erinnern an Otto Lilienthal:
ein großes Denkmal in Anklam, eines in Krielow/
Derwitz und zwei in Berlin (Steglitz, Flliegerberg
Lichterfelde), wo auch auf dem Friedhof
Lankwitz sein Grab zu finden ist.

Lilienthal-
Denkmal
in Anklam

Der Hügel in Berlin-Lichterfelde, den
Lilienthal für seine Experimimente
aufschütten ließ, ist heute ein Denkmal.

▶ **Lilienthals Antwort:**
die Praxis

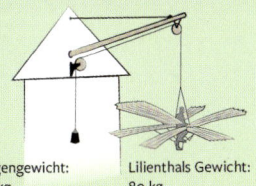

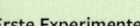

Gegengewicht:
40 kg

Lilienthals Gewicht:
80 kg

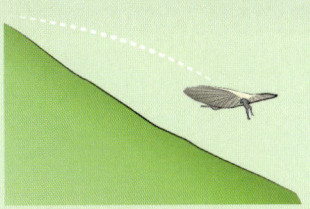

Erste Experimente
Bereits in seiner Heimatstadt Anklam
begann Lilienthal zu experimentieren.
Es gelang ihm mit dieser Vorrichtung,
40 kg durch Flügelschlag zu heben.

Praktische Flugversuche
In sieben Jahren führte Lilienthal
etwa 2000 Flugversuche durch.
Aus bis zu 60 m Höhe flog er bis
zu 250 m weit im Gleitflug.

LILIENTHALS GLEITER

Als erster erfolgreicher Flieger der Menschheit gilt Otto Lilienthal. Seine grundlegenden Berechnungen, Messungen an Modellflügeln und seine erfolgreichen Flugversuche von 1891 bis 1896 führten ein Jahrzehnt später zur Verwirklichung des Motorflugs durch die Gebrüder Wright. Das Museum in Anklam zeigt eine Vielzahl seiner spannenden Apparate.

Otto Lilienthal wird 1848 als ältestes von acht Kindern eines Anklamer Tuchhändlers geboren. Nur Otto, seine Schwester Marie und der ein Jahr jüngere Bruder Gustav wachsen heran. Otto ist 12, als der Tod des Vaters die geplante Auswanderung nach Amerika verhindert. Dass die Kinder trotzdem eine gute Ausbildung erhalten, wird zur Lebensaufgabe der Mutter. Bergbaumaschinen, Fertigteilhäuser, Flugapparate und Dampfmaschinen – Otto und Gustav sind ein vielseitiges Erfinderpaar. Moderne Systembaukästen wie LEGO und Fischertechnik haben Lilienthalsche Vorbilder. Lilienthal stirbt 1896, als er bei einem Flugversuch eine Windböe nicht aussteuern kann.

❶ Normalsegelapparat

Sein 1889 veröffentlichtes Buch »Der Vogelflug als Grundlage der Fliegekunst« enthält 30 daraus abgeleitete Voraussetzungen für die Konstruktion eines Flugapparates, denn man kann »das Fliegen ohne sich den Hals zu brechen nur üben (...), wenn man das Fliegen versteht!«. 1891 realisiert Lilienthal mit dem Derwitzer Apparat das erste Fluggerät der Geschichte. Insgesamt 11 verschiedene Konstruktionen sind fotografisch belegt; von weiteren sind nur Pläne erhalten. Mehr als 2000 Flugversuche Lilienthals sind verbürgt. Das hier abgebildete Modell ist der sogenannte Normalsegelapparat von 1895. Dieser wurde in Serie produziert und an Flugverrückte in der ganzen Welt verkauft.

❷ Fledermausflügel

Bei der Suche nach der optimalen Form für eine Tragfläche von ausreichender Größe übernimmt er zuerst die Wölbung des Storchenflügels; später erweitert er diese um die Form des Fledermausflügels. Als Material dienen ihm Weidenzweige, die elastisch und leicht zugleich sind.

❸ Schweif

Den hinteren Teil des Flugapparates nennt Lilienthal »Schweif«. Ein Bambusstab führt hier zum Leitwerk. Bei seinen früheren Entwürfen fehlt der Schweif noch vollständig.

❹ Seitenleitwerk

Das Seitenleitwerk dient zur besseren Ausrichtung am Wind, ein Element, das man bs heute an fast jedem Flugzeug findet.

❺ Prellbügel

Bereits Lilienthal dachte an die Sicherheit: Der Normalsegelapparat wurde teilweise auch mit einem (hier nicht dargestellten) Prellbügel hergestellt, der den Piloten bei einem Sturz schützen sollte.

Fliegerberg

Zunächst dient Lilienthal ein 4 m hoher Schuppen als Absprungrampe. Später lässt er sich in Berlin-Lichterfelde extra einen 15 m hohen Hügel aufschütten, den sogenannten »Fliegerberg«, dessen Spitze er gleichzeitig als »Garage« nutzt.

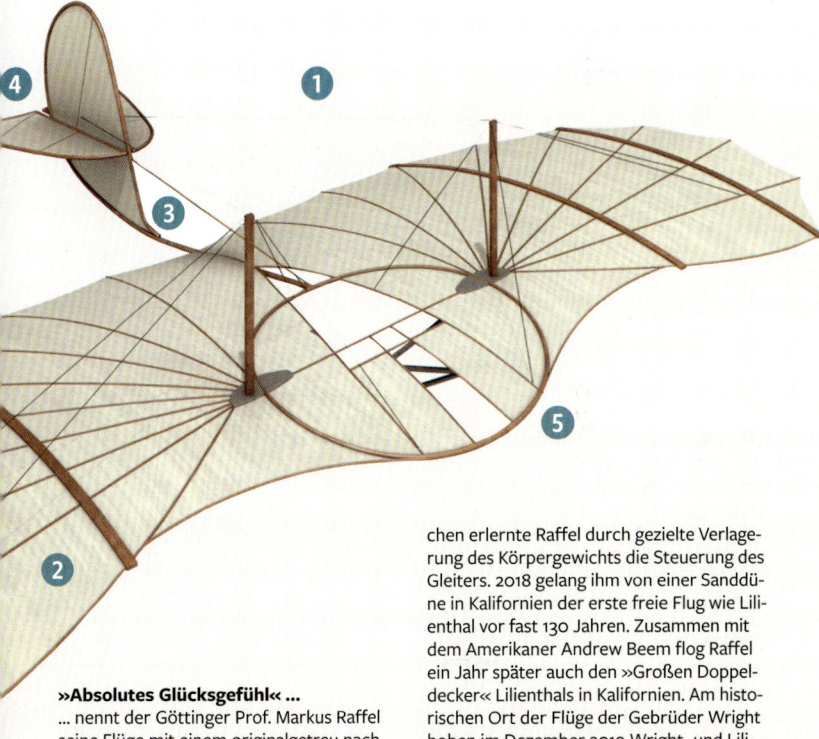

»Absolutes Glücksgefühl« …

… nennt der Göttinger Prof. Markus Raffel seine Flüge mit einem originalgetreu nachgebauten Lilienthal-Gleiter. Nach Experimenten im Windkanal und Schleppversuchen erlernte Raffel durch gezielte Verlagerung des Körpergewichts die Steuerung des Gleiters. 2018 gelang ihm von einer Sanddüne in Kalifornien der erste freie Flug wie Lilienthal vor fast 130 Jahren. Zusammen mit dem Amerikaner Andrew Beem flog Raffel ein Jahr später auch den »Großen Doppeldecker« Lilienthals in Kalifornien. Am historischen Ort der Flüge der Gebrüder Wright hoben im Dezember 2019 Wright- und Lilienthal-Gleiter Seite an Seite in den Sanddünen von Kitty Hawk ab.

setzt. Inzwischen hat das Projekt Ikareum deutlich an Kontur gewonnen und ist ab 2023 der neue Standort für das Lilienthal-Museum. Das nördliche Seitenschiff soll ein Abbild der norddeutschen Backsteingotik bleiben, das südliche erhält neue Emporen und wird zu Ausstellungsbereichen umgestaltet. Das Mittelschiff fungiert als experimenteller Zwischenraum, der das Aufsteigen und Schweben – den Traum vom Fliegen – erlebbar macht. Die Fahrt im Aufzug zum 103 m hohen Turmhelm mit Skylounge und Schwalbennest eröffnet Panoramablicke über die Peene. Ein Ergänzungsneubau wird touristisches Infozentrum für die Region und Entree zum Museum.

Nikolaikirchstr. 7 | Mai – Sept. Di. - Fr. 10 – 17, Sa., So. 13 – 17 Uhr Turmbesteigung bis 16.30 Uhr, 2 € | www.nikolaikircheanklam.de, www.ikareum.de

▌ Rund um Anklam

Naturpark Flusslandschaft Peenetal

Unterwegs im endlosen Moor

Der Naturpark Flusslandschaft Peenetal schützt das größte zusammenhängende Niedermoorgebiet Westeuropas. Am »Amazonas des Nordens« haben Silberreiher, Wildgänse, seltene Orchideen, Seeadler und Fischotter einen Lebensraum. Knüppelburgen am Ufer weisen auf Biber hin, die hier nach Umsetzung von der Elbe schnell heimisch wurden. Auch das Peenetal-Moor östlich von Anklam und Teile des Anklamer Stadtwaldes sind geschützt. Gute Startpunkte für Ausflüge sind Anklam und Relzow. Am Peenestrom verkürzt eine Rad- und Personenfähre den Weg nach Usedom. An der **Kanu-Station** in Anklam können Sie stunden-, tage- oder wochenweise Kanus, Kajaks und Hausboote leihen. Hier starten auch geführte Wasser- und Wikingertouren sowie die abendliche **Peene-Safari.**

www.naturpark-flusslandschaft-peenetal.de
www.abenteuer-flusslandschaft | www.kanustation-anklam.de

Lassaner Winkel

Fernab der Touristenströme

Das verschlafene Landstädtchen **Lassan** 18 km nordöstlich diente zu Hansezeiten als Hafen von Anklam. Nehmen Sie sich eine Auszeit und schlendern Sie durch Kopfsteinpflastergassen zum Hafen, um den Möwen zuzuschauen. In Lassan wurde um 1435 der **Maler Bernt Notke** geboren, der den berühmten »Totentanz« für die Lübecker Marienkirche schuf. Seine Werke bzw. die seiner Werkstatt – Notke war ein gefragter und viel beschäftigter Mann – sind in ganz Nordeuropa verbreitet. Ihm ist ein Teil des Museums **Lassaner Wassermühle** gewidmet, das auch die Stadtgeschichte präsentiert. Leuchtend blau glitzern rund um Lassan kleine, von Bäumen umstandene Teiche, die typisch für die Grundmoränen der letzten Eiszeit sind. Die Einheimischen nennen die Sölle liebevoll »**Himmelsaugen**«. Alte

AMAZONAS DES NORDENS

Im Uferdickicht zwitschert ein bunt schillernder Eisvogel, hoch im Baum ruft ein Kuckuck, von einem kahlen Ast überwacht ein Fischadler den Fluss. Gemächlich fließt die **Peene** dahin, in der sich Erlen und Weiden spiegeln. Kein Blatt bewegt sich. Windstille. Ideale Voraussetzung für eine **Bibersafari** auf der »Ida vom Peendamm«, die gegen Abend von Anklam ablegt. Biber werden erst mit Einbruch der Dämmerung aktiv. Nicht selten schwimmen die putzigen Nager direkt neben dem Boot. (3-Std.-Tour, 35 € p. P., Werftstr. 6, Kanustation Anklam, Tel. 03971 24 28 39, www.abenteuer-flusslandschaft.de).

Alleen säumen die Straßen, immer wieder wird der Blick auf den Peenestrom frei. Im **Duft- und Tastgarten Papendorf** lernen Sie den Wert von Heilkräutern für Küche und Hausapotheke kennen, werden Wildkräuterwanderungen und Kochseminare angeboten. Drachenglut, Sonnengruß, Sternenklang – die Bio-Teemanufaktur **Kräutergarten Pommerland** in Pulow zaubert mit altem Kräuterwissen und viel Handarbeit erfrischende Mischungen, die auch zu Hause noch wunderbar nach Urlaub schmecken.

Lassaner Mühle: Mühlenstr. 2 | Juni – Sept. Mo. – Fr. 10 – 12, 13 – 16, Sa. 10 – 12, 14 – 16, So. 10 –12 Uhr | Eintritt 2,50 € | www.museum-lassaner-muehle.de | **Duft- und Tastgarten:** Am Weiher 9, Papendorf | tgl. 10 – 17 Uhr, Mai, Juni, Sept. Mo., Di. geschl. | Eintritt 3,50 €, Kinder frei | https://mirabellev.de | **Kräutergarten:** Am Sonnenacker 3, Pulow | Führung n. V. | https://kraeutergarten-pommerland.de

Festung für das flache Land

Burg Spantekow

Die Festung 15 km südwestlich von Anklam wurde 1558 – 1567 von Ulrich von Schwerin erbaut. Im Schutz von Wassergraben und dicken Mauern liegen Wirtschaftsgebäude und das Herrschaftshaus, das seit dem Erwerb durch den Erben Freiherr Kaspar von Harnie vor 25 Jahren aus seinem Dornröschenschlaf erwachte. Das älteste erhaltene **Renaissance-Wasserschloss** Norddeutschlands wird derzeit komplett saniert und ist daher nicht zu besichtigen.
www.burg-spantekow.de

Ruhe und Natur

Schlosspark Zinzow

Eine Oase der Ruhe ist der denkmalgeschützte Landschaftspark bei Schloss Zinzow in der Nähe von Boldekow, 20 km südwestlich von Anklam. Anfang des 20. Jh.s vom schwedischen Gartenbaumeister Karl Gustav Svensson entworfen, erfreut der Park mit schönem alten Baumbestand und weiten Wiesen. Eine reiche Tierwelt ist in der Nähe zu beobachten, neben Schafen grasen hier auch Wasserbüffel. In der **Gutsbrennerei** wird Obst zu erlesenen Bränden verarbeitet.
Brennerei: Mo. – Fr. 8 – 12.30, 13.30 – 17, Sa., So. 14 – 17 Uhr. Der Park ist jederzeit zugänglich. | Im Schloss gibt es außerdem Ferienwohnungen. | www.ostseeschloss.de

Auf den Spuren der Wikinger

Menzlin

Radeln Sie zum Dörfchen Menzlin, wo auf einer Binnendüne **Hünenbetten** zu bestaunen sind. Entdeckt wurden die schiffsförmigen **Steingräber** erst in den 1960ern. Zeitgleich wurde eine bedeutende Wikingersiedlung des 9./10. Jh.s freigelegt. Zu den Grabfunden gehörten Reste eines Bootsanlegers, Keramikscherben, Handwerksgeräte sowie Schmuck aus Bernstein und Silber. Man erreicht den westlich von Anklam gelegenen frühgeschichtlichen Siedlungsplatz, wenn man in Ziethen auf die B 109 in Richtung Gützkow abbiegt.

 # BANSIN

Einwohner: 2500

In den kleinen Läden und Lokalen von Bansin pulsiert das Leben, doch auch im jüngsten der drei Kaiserbäder, das 1897 gleich als Seebad gegründet wurde, fallen elegante Villen und Holzhäuser ins Auge. Einzigartig ist die Bergstraße. Nirgendwo sonst auf der Insel finden Sie so viele Ikonen der Bäderarchitektur – hier hat man den begehrten Meerblick auch aus der zweiten Reihe.

Ostseeblick
auch aus
der zwei-
ten Reihe

Der Geschäftsmann Dellbrück, Hauptaktionär der bereits in Ahlbeck und Heringsdorf aktiven »Aktiengesellschaft Seebad Heringsdorf«, hatte ursprünglich den unfruchtbaren Ostseedünenstreifen jenseits des damaligen Bauerndorfes Bansin gekauft. Als die Bansiner, die ihre Höfe ans Nordufer des Gothensees gebaut hatten, am benachbarten Heringsdorf den Erfolg der Badeidee erkannten, kauften sie das Land teuer zurück und errichteten in aller Eile eine Handvoll von Pensionen, um 1897 die erste Badesaison zu eröffnen. Die besondere Qualität der Lage sprach sich herum, und entlang der nicht zufällig »**Bergstraße**« genannten, zum Strand parallel verlaufenden Hauptachse entstanden **vornehme Gründerzeitvillen**. Sie wurden so geschickt zweizeilig in den Hang der Düne auf Lücke gebaut, dass man den Ostseeblick auch aus der zweiten Reihe hatte – bis heute. Schnell avancierte Bansin zum Bad des Adels und der Hochfinanz, in dem auch Kaiser Wilhelm II. und Mitglieder seiner Familie logierten. Bansin bekam 1923 als erstes deutsches Seebad die **Freibadeerlaubnis**, so dass man ohne Badekarren vom Frühstückstisch der Pension über die Promenade direkt zum Strandkorb schlendern und sich im modischen Einteiler frei in den Ostseewellen vergnügen konnte. Noch heute stehen links und rechts der Konzertmuschel die originalen Umkleidewagen aus der Kaiserzeit.

Urlaub in Bansin, der gefällt: feiner Sand, klares Wasser und strahlende Sonne

Wohin in Bansin?

Blick auf Bäderarchitektur

Seebrücke
Zentraler Treffpunkt ist die 1994 erbaute, 285 m lange Seebrücke, deren Vorgängerbau ein Opfer der Sturmfluten wurde. Der Seesteg ist vergleichsweise schlicht ohne repräsentative Aufbauten wie in ►Heringsdorf oder ►Ahlbeck. Dafür blickt man auf prachtvolle Bäderarchitektur und kann hier an Bord eines der **Adler-Ausflugsschiffe** gehen, um die anderen Kaiserbäder, Rügen oder Swinemünde anzusteuern (www.adler-schiffe.de). Im Mai findet das **Anbaden** in historischen Kostümen statt, im Juli das **Seebrückenfest**.

Bäderarchitektur der Bergstraße

Wahr gewordene Träume

Entlang der **Strandpromenade** und der **Bergstraße** findet man eines der schönsten Bäderarchitektur-Ensembles auf Usedom. Sorgsam sanierte Hotels der Gründerzeit wechseln ab mit verspielten Villen und hölzernen Schmuckstücken, mit hübschen Balkonen, Erkern und Balustraden. Die **Seestraße**, die im Schatten mächtiger Bäume vom Strand Richtung Bahnhof verläuft, ist die belebte **Einkaufsmeile** Bansins mit kleinen Cafés, Restaurants und Geschäften. Auch auf dem stellenweise nur 200 m breiten Streifen, der Ostsee und **Schloonsee** trennt, sind Ikonen der Gründerzeit erhalten.

BANSIN ERLEBEN

TOURISTINFORMATION
An der Seebrücke, Seebad Bansin
Tel. 038378 470 50, www.
kaiserbaeder-auf-usedom.de

Bansins Einkaufsmeile ist die **Seestraße**. Im **Treibgut** (Nr. 3) bekommen Sie maritime Mitbringsel und Sanddornspezialitäten, ▶Das ist Usedom S. 26. In der Villa Paula, dem Elternhaus von Hans Werner Richter, können Sie in der **Buchhandlung Runne** entspannt nach Urlaubsschmökern suchen (Nr. 68).

❶ STEAKHOUSE GRILLHUS €€€
Fleischliebhaber? In einem speziellen Reifeschrank hängt »Dry Aged Beef« für saftige Steaks, die in einem 800°-Ofen gegrillt werden.
Strandpromenade 21
Tel. 038378 49 60, www.seetel.de

❷ SCHLOON IDYLL €€€/€€
Idyllisch gelegene Pension im Stil der Bäderarchitektur mit Restaurant und Café, Garten und Sonnenterrasse am See. Probieren Sie die Sanddorntorte, die der Chef persönlich backt.
Bergstr. 60a, Tel. 038378 338 40
www.schloon-idyll.de

❸ FISCHKOPP €€
Krebsschwänze in Hummersoße auf gebratenem Zanderfilet oder lieber Black Tiger Garnelen an knusprigem Reibekuchen? Im Fischkopp sitzen Sie gemütlich und bekommen immer besten, fangfrischen Fisch.
Seestr. 66, Tel. 038378 806 23
www.fischkopp-bansin.de

❹ CAFÉ ASGARD €
Bansin war das Bad der großen UFA-Stars. Schauspieler wie Heinz Rühmann und Hans Albers trafen sich in den 1920ern im Asgard, dem ältesten Café der Insel, wo es wie damals Torten und gutbürgerliche Küche gibt.
Strandpromenade 15, Tel. 038378 294 88, www.asgard-cafe.de

❶ KAISERSTRAND BEACHHOTEL €€€/€€€€
Junges, zentrales Haus in modernem Design direkt am Strand mit Tiefgarage, mehreren Restaurants und großem Spa. Im Kunstsalon ist die **Lyonel-Feininger-Galerie** aus Benz eingezogen, im Foyer steht das berühmte Fahrrad des Bauhaus-Künstlers, der ab 1908 die Insel auf Motivsuche abradelte, ▶Tour 3, S. 36.
Strandpromenade 21, Bansin
Tel. 038378 49 60, www.seetel.de

❷ STRANDVILLA IMPERATOR €€€
Schöne Gründerzeitvilla mit großzügigen Ferienwohnungen und Komfortzimmern mit Veranda und Meerblick, 80 m vom Ostseestrand. Unser Tipp: Buchen Sie eine traditionelle hawaiianische Lomi Lomi-Massage!
Bergstraße 12, Bansin
Tel. 038378 33 58 90
www.villa-imperator.de

❸ STRANDHOTEL MÖWE €€
Familiär geführte, liebevoll restaurierte Villa 20 m vom Stand, mit Wellnessbereich, Sauna, kostenlosem Parkplatz und Greenfee im 10 km entfernten Golfclub Balmer See
Strandpromenade 29, Bansin
Tel. 038378 272-0
www.strandhotelmoewe.de

Hans-Werner-Richter-Haus

Spuren im Sand

Berühmtester Sohn von Bansin ist der Schriftsteller **Hans Werner Richter** (▶Interessante Menschen), Begründer der »**Gruppe 47**«, zu der Heinrich Böll, Marcel Reich-Ranicki, Siegfried Lenz, Ingeborg Bachmann und Günter Grass gehörten. Im Roman »Spuren im Sand« beschreibt Richter autobiografisch die Geschichte einer Jugend auf Usedom. »Mag die Zeit, von der der Autor erzählt, auch vorbei sein, verloren ist sie keineswegs«, schreibt Siegfried Lenz im Nachwort. Im ehemaligen Feuerwehrhaus widmet sich das **Literaturhaus** dem prominenten Autor, der in der »Villa Paula« an der Seestraße seine Kindheit verbrachte. Im Erdgeschoss können Sie das Arbeitszimmer besichtigen und an Lesungen teilnehmen. Im »Günter-Grass-Zimmer« sind Original-Grafiken des Literatur-Nobelpreisträgers zu sehen. Eine kleine Ausstellung erinnert auch an die Publizistin Carola Stern (▶Interessante Menschen).

Waldstr. 1 | Mai – Sept. Di. – So. 10 – 12, 14 – 18, sonst Di. – So. 12 – 16 Uhr | www.kaiserbaeder-auf-usedom.de/hans-werner-richter-haus

Tropenzoo

Klein, aber oho

Was tun bei Regenwetter? Ab in den **kleinsten Zoo Deutschlands**, zu dem Volieren mit tropischen Vögeln gehören, Streichelzoo, Terrarien, Weißgesichtsseidenäffchen und ein eindrucksvolles Paar Baumwarane. Zu sehen sind auch Drachenbäume und Dattelpalmen.

Goethestr. 10 | Mai– Sept. 10 – 18, Okt. – April 10 – 16 Uhr Eintritt 8 € | https://tropenzoo-bansin.de

Rund um Bansin

Usedomer Schweiz

Wildgänse, Störche und Fischotter

Beschaulich gibt sich jenseits des Bahnhofs das **Bauerndorf Bansin** direkt am **Gothensee**, dem größten Gewässer auf Usedom und Rückzugsgebiet für Wildgänse, Graureiher, Störche und Fischotter. Nur wenige Hundert Meter Land trennen Gothensee, Großen und Kleinen **Krebssee** und **Schmollensee**, die sich schön zu Fuß und per Rad zwischen Buchenwäldern und Mooren umrunden lassen.

Ausflug zum Mümmelkensee

Still ruht der See

Kontrastprogramm zum Strandleben ist eine Wanderung zum 2 km entfernten Mümmelkensee, einem stillen **Moorsee**. Seinen Namen verdankt er den **Teichrosen** (Mummeln), die im Sommer blühen. Ein **Naturlehrpfad** führt zu seltenen Pflanzen wie Lebermoosen, Wollgräsern, Sumpfporst und Rundblättrigem Sonnentau. In der warmen Jahreszeit brüten hier Kraniche, Graugänse, Zwergtaucher und Eisvögel. Am Rande des Areals befinden sich eine Schutzhütte und ein Beobachtungsturm. Auf der Südseite verläuft ein langer Holzsteg zum

6x
FÜR KINDER

Langeweile verboten!

1.
TROPENZOO
Äffchen, Streichelzoo und Baumwarane – der kleinste Zoo Deutschlands in **Bansin** ist nicht nur bei Schmuddelwetter eine gute Idee. (▶**S. 62**)

2.
ÜBERFLIEGER
Dem Traum vom Fliegen widmet sich das **Otto-Lilienthal-Museum** in **Anklam.** Im Flugsimulator wird eine Landung mit dem nachgebauten Lilienthal-Gleiter simuliert – jedes Alter darf probieren!
(▶**S. 51**)

3.
TIERISCH GUT
Um 10.30 und 14.30 Uhr werden im **Wisentgehege** bei **Prätenow** die zotteligen Bison-Verwandten gefüttert, die über 2 m hoch und bis zu 1000 kg schwer werden können. (▶**S. 69**)

4.
INSTAGRAM-TAUGLICH
Usedom hat viele Strandkörbe und auch den größten der Welt! Er steht in prominenter Lage direkt an der **Heringsdorfer Strandpromenade** mit Licht, WLAN und buntem Sommerprogramm.
(▶**S. 91**)

5.
MIT KINDERAUGEN
In **Karlshagen** haben Kinder das Kommando! Als einziger Ort der Ostseeküste hat das jüngste Seebad Usedoms eine Kinderkurdirektorin für tolle Programme für Kids und ein sensationelles **Drachenfestival** zum Mitmachen
(▶**S. 95**)

6.
LEINEN LOS
Auf einem Törn mit der »Weissen Düne« ab **Wolgast** oder Peenemünde darf beim Segeln mit Hand angelegt werden – am Ruder steht Kapitänin Jane Bothe.
(▶**S. 154**)

Wasser. Der Pfad schlängelt sich auf den 54 m hohen **Langen Berg** zum Forsthaus Langenberg, das wegen Renovierung bis 2022 geschlossen bleibt. Aber das Panorama lohnt trotzdem. Die Steilküste ist hier besonders bedroht und wurde in den letzten 100 Jahren bereits um mindestens 40 m abgetragen. Am Kliff kann man bei gutem Wetter sogar die Inseln Ruden, Greifswalder Oie und Rügen erkennen.

★ BENZ

Einwohner: 290

Reetgedeckte Häuschen, eine Holländerwindmühle, die St.-Petri-Kirche und der Schmollensee machen Benz zu einem hübschen Ausflugsziel im Achterland. Die Maler Lyonel Feininger und Otto Niemeyer-Holstein, die hier eine Zeit lang lebten, ließen sich von der ländlichen Idylle der »Usedomer Schweiz« gern inspirieren.

Der Maler Otto Niemeyer-Holstein richtete sich in der Holländerwindmühle ein Atelier ein.

BENZ & USEDOMER SCHWEIZ ERLEBEN

CAFE BERNSTEINHEXE €€
In historischem Ambiente werden hausgemachte Kuchen und herzhafte Häppchen serviert – im Sommer unter prächtigen, uralten Bäumen.
Schloss Pudagla, Schlossstr. 8
Tel. 038378 47 06 80
www.schloss-pudagla.de

GALERIE WERTH
Unterm Reetdach zeigt Susanne Werth ausgewählte Künstler in temporären Austellungen, finden Sie hochwertige Keramik und originelles Kunsthandwerk. Außerdem werden hier inspirierende Mal-, Ton- und Aquarell-Kurse angeboten.
Kirchstraße 13, Benz
Tel. 038379 28 87 77
https://galerie-werth.de

GOLFHOTEL BALMER SEE €€€
Drei aussichtsreiche Golfplätze warten am Balmer See. Buchen Sie ein Balkonzimmer oder reetgedecktes Apartment. Zum Hotel gehören Panoramarestaurant, Steakhaus und italienische Küche, Pools, Sauna,

Dampfbad, Salzgrotte und Thaimassagen im Asia Pavillon.
Drewinscher Weg 1, Benz
Neppermin-Balm, Tel. 038379 280
www.golfhotel-usedom.de

APFELGARTEN €€
Träumen unter Apfelbäumen können Sie abseits des Trubels in den idyllischen Ferienwohnungen im Landhausstil mit Kamin und Sauna.
Steinstraße 4, Benz
Tel. 0446 538 66, https://apfelgarten-usedom.de

PENSION SCHWALBENNEST €€
Familiär geführte Pension mit guter Hausmannskost und sieben Ferienhäusern. Hunde sind herzlich willkommen!
Fritz-Behn-Str. 33-35, Benz
Tel. 038379 203 03, www.usedom-schwalbennest.de

REIT- UND FERIENHOF BENZ €€
Die Zimmer und 18 Ferienwohnungen unterhalb des Mühlenbergs eignen sich besonders für Reiter und Familien mit Kindern. Denn hier gibt es Ausritte, Schnupperreiten, Kutschfahrten, Pool und Wellnessbereich.
Labömitzer Str. 3, Benz
Tel. 038379 25 30
www.reiterhof-benz-usedom.de

▌Wohin in Benz und Umgebung?

Die markante **Holländerwindmühle** auf dem Mühlenberg von Benz wurde 1863 erbaut und war bis 1972 in Betrieb. Vier Jahre zuvor verfilmte die DEFA hier den Fontane-Roman »Effi Briest«. Für die Duellszene wurden die Flügel vergrößert, doch sie hielten nur bis zum nächsten großen Sturm. 1974 kaufte **Otto Niemeyer-Holstein**

Künstler-domizil

(▶Interessante Menschen) die Mühle und machte daraus ein Atelier für sich und junge Nachwuchskünstler. Meister und Schüler fanden Motive in der herrlichen Landschaft der »**Usedomer Schweiz**« zwischen Achterwasser und Schmollensee. 1910 ließ sich **Lyonel Feininger** (▶Interessante Menschen) zu einem Gemälde der Windmühle inspirieren. Die Mühle wird heute vom Kulturverein betreut, der im Sommer Lesungen, Ausstellungen und das **Mühlenfest** veranstaltet, für das auch der Steinofen im Backhaus hinter der Mühle aufgeheizt wird, um Brot zu backen.

Labömitzer Str. | April – Okt. Di. – Sa. 10 – 17 Uhr | www.muehle-benz.de

Ihre letzte Ruhe ...

Friedhof

... fanden **Otto Niemeyer-Holstein** und seine Frau auf dem stimmungsvollen Friedhof unterhalb der Mühle. Besucher erkennen es an der Skulptur eines Knaben von dem befreundeten Bildhauer Waldemar Grzimek, der wie der Maler einen Sohn im Zweiten Weltkrieg verloren hatte. Auch der DEFA-Schauspieler Rolf Ludwig und die Publizistin **Carola Stern** (▶Interessane Menschen) sind hier begraben.

Himmlische Augenweide

St.-Petri-Kirche

In seinem letzten Lebensjahr malte **Lyonel Feininger** in seinem New Yorker Atelier die Benzer Kirche einmal in Öl und zweimal als Aquarell. Eines der Aquarelle ist in der Lyonel-Feininger-Galerie im Hotel Kaiserstrand in Bansin zu sehen (▶S. 61). Die bereits 1229 urkundlich erwähnte, mittelalterliche Renaissancekirche mit einem barocken Turm aus Feldsteinen erhielt ihr heutiges Aussehen nach dem Dreißigjährigen Krieg. Die Haube wurde 1740 aufgesetzt. Das wirklich Besondere befindet sich aber im Innenraum: Auf das hölzerne Tonnengewölbe wurde Anfang des 20. Jh.s eine reich verzierte Kassettendecke aufgemalt, die **135 Sternbilder** in den Farben Gold, Weiß und Blau zeigt. Während des Benzer Kirchensommers werden hier im Juli und August Konzerte und Lesungen veranstaltet.

www.kirche-benz.de

Seeluft, Abenteuer und Motive

Neppermin

Ruhe fand Feininger, der 1910 in Neppermin wohnte, in dem 400-Seelen-Dorf am Achterwasser mit Reetdach-Häuschen und hübschen kleinen Vorgärten. Von hier radelte er gern auf Motivsuche über die Insel (▶Tour 3, S. 36). Nur mit dem Fernglas lässt sich beobachten, wie auf den vorgelagerten Vogelschutzinseln **Böhmke** und **Werder** im Herbst und Frühling Tausende von Seevögeln Station machen. Den Alltag hinter sich lassen und entspannt segeln können Sie mit der »**Weissen Düne**«, die von Frühling bis Herbst regelmäßig um 11 Uhr vom Seesteg zu dreistündigen Tagestörns ablegt. Unvergesslich sind auch die Abendtouren ab 17 Uhr mit Cocktails und maritimem Dinner aus der Bordküche. Knapp 1,5 Stunden dauert die schöne, 5 km

Suchen Sie sich Ihren eigenen Stern an der bemalten Holztonnendecke in St. Petri.

lange Rundwanderung vom Dorfplatz Richtung Balm durch Wiesen und Bruchwälder des Naturschutzgebietes auf der **Halbinsel Cosim**. Im Flachwasser des Achterwassers brüten hier Brandgänse, Schnatterenten, Austernfischer, Kiebitze und Karmingimpel.

Segeltörn: ▶Magischer Moment S. 154 | www.weisse-duene.com

Eine Herzogin und eine Hexe

Der schlichte Witwensitz der Herzogin Maria von Sachsen, Mutter des Herzogs Ernst-Ludwig von Pommern-Wolgast, liegt unmittelbar an der B 111. Einziger Schmuck des zweigeschossigen Traufenhauses ist das Renaissanceportal mit dem herzoglichen Wappen, das von zwei bärtigen »wilden Männern« getragen wird. Tonnen- und Kreuzgewölbe lassen vermuten, dass das Haus auf den Grundmauern des früheren Klosters errichtet wurde. Im Roman »**Die Bernsteinhexe**« wird in den Kellergewölben die Pfarrerstochter Marie Schweidler gefoltert, die eine Bernsteinader gefunden hatte und zu Unrecht als Hexe angeklagt wurde. Heute gibt es im **Café Bernsteinhexe** leckeren Kuchen (▶S. 65). Aus dem Achterwasser ragt der 22 Kubikmeter große **Teufelsstein**. Laut Legende soll der riesige Findling Satan ent-

Schloss
Pudagla

glitten sein, als er ihn auf das Kloster Pudagla werfen wollte. Unterhalb vom bewaldeten Konker Berg erstreckt sich eine kleine **Sandbucht**, die am Radweg ausgeschildert und auch mit dem Auto erreichbar ist – an warmen Sommertagen ein toller Platz zum Grillen mit Blick auf den See. Ein Spaziergang auf den 39 m hohen **Glaubensberg** lohnt auch wegen der historischen **Bockwindmühle**, die bereits 1693 in einer Karte verzeichnet war. Bei diesem Mühlentyp wurden die Flügel mit dem ganzen Gehäuse um den Bock herum in den Wind gedreht. Die Mühle war bis 1937 in Betrieb und wurde Ende der 1990er liebevoll restauriert. Zu besonderen Anlässen und bei genügend Wind wird Korn gemahlen und im Lehmofen frisches Brot gebacken, das dann gleich probiert werden darf. Die zahmen exotischen Vögel im Papageienhaus von **Gullivers Welt**, wo alles in XXXXL-Größen ist, verspricht Riesenspaß für die ganze Familie.

Mühle: Mai – Okt. Mo. – Fr. 10 – 16, Sa. , So. 13 – 16 Uhr | Eintritt 2 € www.usedom-bockwindmuehle-pudagla.de | **Gullivers Welt**: Am Sandfeld 1 | Eintritt 9 € | https://papageienhaus-gulliverswelt.de

DARGEN

Einwohner: 570

»Das hatten wir auch ...« – am Kleinen Haff im Achterland geht es auf Zeitreise in die jüngste Vergangenheit. Typische alltägliche Dinge, Autos, Möbel und Technik der DDR wecken Erinnerungen.

▮ Wohin in Dargen und Umgebung?

Trabi, Puhdys & Sandmännchen

DDR-Museum

Ostalgie

Nicht nur der Trabi über dem Museumseingang, sondern fast alle in der DDR üblichen Fahrzeuge sind im **Technik- und Zweiradmuseum** am ehemaligen Bahnhof vertreten. Und nicht nur Motorräder, Mopeds und Autos bis zur Wende wurden zusammengetragen. Hier lässt sich ein interessantes, teilweise auch kurioses Stück DDR-Alltagskultur kennenlernen. Angesagte Mode, ABV-Zimmer und Uniformen der Volkspolizei, Küchen- und Haushaltsgeräte, Spielzeug und das populäre (Ost)Sandmännchen, Bücher, Zeitschriften und Platten beliebter Bands wie die Puhdys, City und Karat. Außerdem Radios und Fernsehgeräte, Orden und Abzeichen, der Fahneneid der Grenztruppen, der Personalausweis und das Hausbuch, ein Tante-Emma-Laden und die »gute Stube« – und ständig kommen neue Objekte durch Spenden dazu. Auf dem Gelände werden immer wie-

der Ostalgie-Treffen veranstaltet. Wer bei der Fülle der Objekte eine Pause einlegen will, kann dies in der **Vereinsgaststätte** tun – vielleicht in der »Roten Ecke« bei einer Soljanka?
Bahnhofstr. 7 | Di. – So. April – Okt. 10 – 18, Nov. – März 10 – 15 Uhr
Eintritt 7,50 € | www.museumdargen.de

Fast ausgestorben

Bei **Prätenow** am Südostrand der Mellenthiner Heide ist das vor 660 Jahren durch die Jagd ausgerottete, größte und schwerste Landsäugetier Europas nach Usedom zurückgekehrt – der **Wisent** (Bison bonasus). Die zotteligen Wildrinder können gut 2 m hoch werden und bis zu 1000 kg schwer. Die ersten Tiere in der 6 ha großen Anlage stammten aus dem Nationalpark der polnischen Nachbarinsel Wolin, ▸S. 135. Mittlerweile haben sie Nachwuchs bekommen. Dazu gibt es ein Heidehaus mit anderen Großtieren der Region, ein Wald- und ein Vogelhaus – und ein Baumhaus für Kids zum Klettern.
Heideweg 1, Prätenow | Ostern bis Oktober tgl. 10 – 17 Uhr
Fütterungen 10.30 und 14.30 Uhr | www.wisentgehege-usedom.de

Wisent-gehege Insel Usedom

Ein Querschnitt durch die DDR-Autoproduktion inkl. Wartburg 311 Coupé steht im DDR-Museum in Dargen.

DARGEN UND KAMMINKE ERLEBEN

HOF LEWIN

Nachhaltigkeit und Tradition verbindet der schlicht, aber sehr gemütlich eingerichtete Bauernhof. Gäste schätzen die großen Zimmer und bequemen Betten. Entspannen Sie auf der Sonnenterrasse und lauschen Sie den Enten beim Schnattern. Schafe, Hühner und knuffige Kaninchen machen jedes Kind glücklich. Hunger? Der nahe gelegene Gasthof serviert gute regionale Küche aus saisonalen Zutaten.
Bossiner Landweg 5
Dargen

Tel. 0172 928 85 61
https://hoflewin.de

FISCHRÄUCHEREI KLÖNSNACK

Hier gibt es frisch geräucherten Stremellachs und Butterfisch aus dem Räucherofen, aber auch saftige Steaks vom Grill. Durch Panoramafenster haben Sie einen freien und windgeschützten Blick auf das Stettiner Haff. Für kühle Tage stehen Heizstrahler bereit. Parkplätze finden Sie direkt vor der Räucherei.
Auf der Mole, Kamminke, Tel. 038376 297 76, Himmelfahrt bis Ende Sept. www.fischraeucherei-kamminke.de

Windturbine um 1900

Windkraftschöpfwerk Görke

Die Gegend um Dargen lädt zu ausgedehnten Spaziergängen und Radtouren ein, wie zum Windkraftschöpfwerk 3 km nordöstlich am **Kachliner See**. Bereits 1771 begann auf Anordnung von Preußenkönig Friedrich II. die Erschließung der **Thurbruch** genannten Moorlandschaft. Hier lebten einst Auerochsen, bei den Slawen »Thur« genannt – das letzte Exemplar erlegte 1360 Herzog Wartislaw von Pommern. Im 18. Jh. wurde das Moor für die Landwirtschaft entwässert und kultiviert. Dies geschah über ein ausgeklügeltes Kanalsystem und durch mit Windrädern angetriebene Schöpfwerke. Ab 1968 wurden elektrische Pumpen eingesetzt. Das letzte, 1920 errichtete Windrad hat einen Durchmesser von 8,5 Metern.

Oldtimer der Lüfte

Zirchow

Nur 8 km östlich von Dargen liegt der **Flughafen Heringsdorf**, wo Besucher auf Usedom landen. Auch **Rundflüge** über die Insel können hier gebucht werden. In der **Erlebniswelt Hangar 10** lassen sich historische Flugzeuge wie die Messerschmitt Bf 109, Supermarine Spitfire oder P-51 Mustang bewundern, alle in flugfähigem Zustand. In sieben Bildern hielt Lyonel Feininger (▸Interessante Menschen) die nach dem Schutzheiligen der Pilger benannte, bereits 1280 aus Feldsteinen errichtete **St.-Jakobus-Kirche** fest.
Rundflüge: www.kaiserbaederflug.com | **Erlebniswelt Hangar 10**: An der Haffküste 1, Hangar 10a | Mo., Mi.–So. 10 – 17 Uhr Eintritt 10 € | Rundflüge: Tel. 038376 295 10 | https://hangar10.de

Kurz vor Polen

Im 10 km östlich gelegenen Bauerndorf Garz beim Flughafen Herings-   Garz
dorf, wo seit 2007 ein zweiter **Grenzübergang** nach ▶Swinemünde
führt, birgt die mittelalterliche **Dorfkirche** mit frei stehendem Glockenturm in einer Findlingsmauer zwei 1770 und 1825 gestiftete
Votivschiffe – die Originale im Wolgaster Museum. Außerdem dokumentiert eine Ausstellung die Kriegsgräberstätte auf dem **Golm**.

Dorfkirche: März – Nov. 9 – 17 Uhr |
Führungen n. V. | Tel. 038376 202 14

Eine Tragödie

Höchste Erhebung auf der Insel Usedom ist der 69 m hohe Golm   Golm
(10 km östlich), wo schon um 700 v. Chr. eine **slawische Burg**
stand. Durch die Gründung der preußischen Hafenstadt **Swinemünde** wurde der Burgwall im 18. Jh. zum beliebten Ausflugsziel auf dem
Golm, an dessen Fuß sich sogar eine Bahnhaltestelle befand. Anfang
März 1945 war Swinemünde überfüllt von Flüchtlingen und Soldaten.
Kilometerlange Trecks aus dem Osten warteten am Swineufer, im
Hafen lagen voll besetzte Flüchtlingsschiffe, im Bahnhof standen lange Lazarett- und Flüchtlingszüge zur Abfahrt bereit. Sie gerieten am
12. März 1945 mittags in den 70-minütigen Angriff durch 661 ameri-
kanische Bomber, die die Stadt in ein brennendes Inferno verwandel-
ten. Der Angriff galt dem Hafen, in dem eine Kampfgruppe der
Kriegsmarine mit zwei Panzerkreuzern lag. Den Überlebenden bot
sich ein grauenvolles Bild. Schätzungen gehen von bis zu 14 000 To-
ten aus, darunter auch Zwangsarbeiter aus den Niederlanden und
Polen. Da die Front nahe war und weitere Flüchtlinge in die zerstörte
Stadt strömten, blieb kaum Zeit für die Registrierung der Opfer.
Mehrere Tausend wurden überwiegend in Sammelgräbern am Hang
des Golm beigesetzt.
Die überlebensgroße Figur »**Die Frierende**«, die der Bansiner
Künstler Rudolf Leptin 1952 im staatlichen Auftrag zum Gedenken
schuf, fiel ein Jahr später wie der geflüchtete Bildhauer in Ungnade,
wurde aber 1984 von Bürgern wieder aufgestellt. Eine Inschrift auf
dem stilisierten wendischen Ringgrab aus DDR-Zeiten, das unvollen-
det blieb, fordert »Dass nie mehr eine Mutter ihren Sohn beweint«.
Seit der Wende mahnt am Aufgang ein 5 m hohes **Holzkreuz** in Sicht-
weite der polnischen Grenze zur Versöhnung über Gräber und Grenzen hinweg. Kreuzgruppen und Bronzetafeln erinnern an fast 2000
Namen, aber auch an die vielen Unbekannten, die unter den Trüm-
mern ihr Grab fanden. Eine **Jugendbegegnungsstätte in Kamminke** will jungen Menschen die Möglichkeit geben, an den Gräbern der
Opfer von Krieg und Gewalt zu begreifen, wie wertvoll Frieden ist
und Verantwortung für eine friedliche Zukunft zu übernehmen.

Gedenkstätte: Mitte März – Mitte Nov. tgl. 9 – 18 Uhr
Führungen nach Vereinbarung | Tel. 038376 29 00

Außenposten am Stettiner Haff

Kamminke

Das 300-Seelen-Dorf ist der letzte Halt vor der Grenze zu Polen. Das hübsche Fischerdorf gehört zu den ältesten der Insel, mit reetgedeckten Häuschen an steilen Gassen. Trotzdem sollte man in der **Fischräucherei Klönsnack** Plätze für das Grill- und Räucherbuffet ab 19 Uhr reservieren (▶S. 70). Am Steilufer reicht der Blick bei gutem Wetter über das Stettiner Haff bis Ueckermünde. Der flache Badestrand ist besonders für Familien mit kleinen Kindern geeignet. Die Schiffe der Reederei Peters bieten **Haffrundfahrten** und Piratentouren für Kids und pendeln täglich nach Stettin und Ueckermünde.

Fahrpläne: www.reederei-peters.de

 ★★ GNITZ

(Halbinsel)

G/H 6/7

Wilde Steilufer, offene Dünen und blühende Salzwiesen – die Halbinsel im nördlichen Achterwasser ist ein wahres Paradies abseits des Trubels der Ostseebäder. Keine fünf Kilometer trennen das Refugium für Naturfreunde und Seevögel von den Wellnessoasen in ▶Zinnowitz, doch scheinen Welten dazwischen zu liegen.

Natur-paradies

Über 700 Jahre bestimmte die Adelsfamilie Lepel das Leben, der die Halbinsel Gnitz bis 1945 gehörte. Ihre Ritter gründeten im Mittelalter die Güter Netzelkow und Lütow. Im 14. Jh. wurde der Grundstein zum »neuen Dorf«, dem späteren Neuendorf gelegt. Während in den Seebädern bereits um 1900 der Tourismus boomte, verdankte Lütow seinen wirtschaftlichen Aufstieg dem **Erdöl**. Seit 1965 wurden über 1,7 Mio. Tonnen Erdöl gefördert. 2020 waren noch sieben Bohrlöcher in Betrieb, doch auch sie werden in naher Zukunft zurückgebaut und renaturiert. Dank des Widerstands der Insulaner wurden Pläne, Erdgas unter dem Schloonsee abzubauen, abgelehnt. So konnte sich der Gnitz bis heute seine Ursprünglichkeit und den ländlichen Charme bewahren.

▌ Wohin auf dem Gnitz?

Feuerstein und Bernsteinschmuck

Lütow

Am Dorfeingang von Lütow weist ein Schild zum einzigen noch erhaltenen **Großsteingrab** der Insel. Ein schmaler Pfad führt zum 5000 Jahre alten Ganggrab unter einer uralten Eiche. In der Jung-

GNITZER SEELCHEN

Sanddorn-Torte, Kirsch-Lavendel-Streusel oder lieber
ein Stück Käsekuchen mit Schoko-Nuss-Ganache?
Was Inselkind Alina mit viel Herz und Charme in ihrem
verwunschenen Gartencafé am Gnitz serviert, lässt einen
Zeit und Welt vergessen. Setzen Sie sich in die romanti-
sche »Kusshaltestelle« oder an einen anderen lauschigen
Platz des Seelchens, um den Nachmittag an einem
der idyllischsten Orte der Insel zu verträumen.
Keine Termine, kein Wlan, nur frische Landluft.
(Zinnowitzer Str. 2, Lütow/Neuendorf,
Tel. 038377 12 99 53, www.gnitzer-seelchen.de)

steinzeit wurden dort mehrere Generationen beigesetzt. Bei Ausgra-
bungen fand man 1936 Waffen und Gegenstände aus Feuerstein sowie Bernsteinschmuck der Trichterbecherkultur und der Bronzezeit.
Direkt am Wasser liegt der schöne **Natur-Campingplatz,** wo Sie
Fahrräder leihen und ausgedehnte Touren durch das Achterland unternehmen können (www.natur-camping-usedom.de).

Gesunde Kost

Am Ortseingang von Neuendorf finden Sie im **Hofladen Villa Kun-**   Neuendorf
terbunt Produkte aus ökologischem Landbau, darunter selbst geba-

6x
DURCHATMEN

Entspannen, wohlfühlen, runterkommen

1.
MEHR ALS BLOSS MÖWEN

An der Südspitze der Halbinsel **Gnitz** warten wilde Steilufer, offene Dünen und blühende Salzwiesen. Mit etwas Glück können Sie sogar Seeadler und die seltenen Uferschwalben beobachten. (▶ **S. 76**)

2.
WOHLFÜHLORT

Ein langer Strandspaziergang, den Blick bis zum Horizont schweifen lassen, frische Seeluft tanken und dann **zum Smutje in Zinnowitz**, um sich mit authentischer Fischküche verwöhnen zu lassen ... (▶ **S. 161**)

3.
STILL RUHT DER SEE

Kontrastprogramm zum Strandleben ist der **Mümmelkensee**, ein stiller Moorsee mit Teichrosen, Wollgräsern und Sonnentau. Im Frühsommer brüten hier Kraniche, Graugänse und Eisvögel. (▶ **S. 62**)

4.
GRÜNE APOTHEKE

In Europas erstem **Kur- und Heilwald** in **Heringsdorf** können Sie bei Waldwanderungen im milde schimmernden Licht zwischen Buchen und Kiefern die Heilkraft der Bäume spüren. (▶ **S. 94**)

5.
ZUM SONNEN-UNTERGANG

Bei **Kiki's Bootsverleih** in **Loddin** sollten Sie eine Runde über den See schippern und dann im Biergarten mit Kuchen und fangfrischem Fisch einfach das Leben genießen. (▶ **S. 103**)

6.
MORGENTAU

Sanft kitzeln erste Sonnenstrahlen das Wasser der Wiek, leuchtet Blütentau im Schilf, bis das frohe Zwitschern der Vögel beginnt. Entdecken Sie im **Kanu** vom **Naturhafen Krummin** aus die erwachende Vogelwelt. (▶ **S. 139**)

GNITZ ERLEBEN

ZUM NEUENDORFKRUG €€
Gemütliches Ambiente und großzügige Terrasse direkt neben dem Gutshaus Neuendorf, der schöne Ferienwohnungen vermietet, s. unten. Auf dem Gnitz erlegtes Wild, Steinbutt, Doschfilet und Matjes nach Hausfrauenart, saftig gegrilltes Hüftsteak, pommerscher Gurkensalat und warme Schokoküchlein stehen auf der Speisekarte. Sie können mit dem Koch, der ein erfahrener Jäger ist, auch auf Pirsch gehen.

Dorfstr. 3, Lütow, Tel. 38377
360 83, www.neuendorfkrug.de

GNITZER SEELCHEN €€
▶Magischer Moment S. 73

SCHIFFSRESTAURANT YACHTLIEGER ACHTERWASSER €
Bodenständige Küche und tolle Aussicht am Achterwasser, Sonnenterrasse auf dem Anlieger – und der nette Wirt ist immer für einen Spaß zu haben.
Kirchstraße 5, Lütow
Tel. 038377 405 75

---

ckenes Steinofenbrot, Säfte, Marmeladen, Seife aus Schafsmilch, Wollwaren und Lammfelle und – weil der Bauer zugleich Jäger ist – eine fantastische Salami mit Wild und Lamm, und donnerstags auch frische Milch und Käse der Molkerei Lorenz.
Ostern bis Anfang Nov. tgl. 10 – 17, im Sommer 8 – 18 Uhr
www.hofladen-usedom.de

Naturnah & nachhaltig
Mit viel Liebe zum Detail und unermüdlichem Engagement hat der Landschaftsarchitekt Claus-Christoph Ziegler das **alte und neue Gutshaus** auf dem Lepelschen Anwesen mit regionaltypischen Baustoffen ökologisch und klimaneutral saniert und in gemütliche, allergikerfreundliche **Ferienwohnungen** verwandelt. Ziel war die Herausarbeitung und Erhaltung der ursprünglichen Gebäudestruktur und -Elemente. Im Salon des Alten Gutshauses werden Bioprodukte aus regionaler und eigener Herstellung und Mitbringsel verkauft. Auch die ehemaligen Wirtschaftsgebäude mit den Gesindehäusern, der Brennerei und den Stallungen für Pferde und Rinder werden heute als Wohn- und Ferienhäuser genutzt. Heimische Bauern und Fischer liefern die Zutaten für die traditionsbewusste, bodenständige Küche im **Neuendorfkrug**, wo wechselnd Fisch, Wild und Geflügel auf der Speisekarte stehen, s. oben.
Dorfstraße 1, Lütow OT Neuendorf, Tel. 0171 477 06 94
https://gutshaus-neuendorf-usedom.de

Gutshaus
Neuendorf

Einsam und fast unbewohnt
Ein Paradies für Naturliebhaber wartet am Ende des Damms, mit dem in den 1960ern der Erdölförderung auf der 160 ha großen Insel

Insel
Görmitz

ein Weg gebahnt wurde. Heute halten Angler ihre Ruten hier ins Wasser. Zu dem Naturschutzgebiet haben nur Wanderer und Radfahrer Zutritt. Ganz in Ruhe kann man dort durch die herrliche Wiesenlandschaft streifen, zottelige Galloway-Rinder bestaunen und den Blick über die Bucht Twelen zum Gnitz schweifen lassen. Auf Görmitz nisten Seeadler, Graureiher, Fischadler und die seltenen Uferschwalben. Schafstelze und Wiesenpieper bevorzugen die beweideten Wiesenflächen und im Frühjahr kann man in den blühenden Schlehen- und Weißdornhecken die Dorngrasmücke singen hören. Mitunter bekommt man sogar einen Fischotter zu Gesicht.

Traumhafte Aussichten übers Achterwasser

Südspitze Gnitz

In der ohnehin reizvollen Gnitzer Gegend gibt es ein ganz besonders schönes Eck – die Südspitze. Aufgrund der vielfältigen Landschaftsformen und seiner außergewöhnlich artenreichen Flora und Fauna wurde das Gebiet um den Weißen Berg zum Naturschutzgebiet erklärt. Von der Hauptstraße biegt man nach rechts auf den ausgeschilderten Wanderweg zum 32 m hohen **Weißen Berg** ab. Dort lassen sich bizarr geformte, knorrige Kiefern bestaunen. Unterhalb des Weißen Berges erstrecken sich Moor und Feuchtwiesen, auf den höher gelegenen Flächen findet man Salzgrasland und Wald. Im Sommer blühen auf den trockenen Flächen Karthäuser- und Grasnelken und in den feuchten Gebieten Sumpfdotterblumen und verschiedene Hahnenfußgewächse. An der Steilküste wachsen Wacholder, Holunder, Pfaffenhütchen, Berberitze und verbreitet Sanddorn. Auch Usedoms größte **Uferschwalbenkolonie** brütet dort. Die buchtenreichen Boddengewässer mit ihrem Reichtum an Fischen sind Nahrungsrevier des Fischotters. Die hecken- und gebüschreiche Höftlandschaft bietet Brutmöglichkeiten für Sperbergrasmücke, Schilfrohrsänger, Karmingimpe und Braunkehlchen. Häufig lassen sich Seeadler, Schwarzspecht, Turmfalke, Habicht, Sperber und Kolkrabe beobachten. Um die Natur nicht zu stören, sollten die gekennzeichneten Wege nicht verlassen und Hunde angeleint werden. Immer wieder ergeben sich an der Südspitze wunderbare Ausblicke über das Achterwasser. Entlang der Küste gehören die Abbruchkante des Weißen Berges und der **Möwenort** an der Südspitze des Gnitz sicherlich zu den schönsten Plätzen auf der Halbinsel.

Wer die Spazierstrecke noch erweitern möchte, kann den Weg bis zum Campingplatz Lütow fortsetzen. Ein Hinweis für Radfahrer: Der Weg an der Steilküste ist eher etwas für Mountainbiker. Leichter geht es, wenn man bereits 1 km vor dem Campingplatz an die Steil-(West-)Küste fährt und dann die Südspitze umrundet. Gut fünfeinhalb Stunden brauchen Sie für die knapp 12 km lange **Rundwanderung von Lütow** über die Halbinsel zur Südspitze und um den Weißen Berg, dann hinauf nach Neuendorf und hinüber nach Netzelkow, ehe es wieder zurück nach Lütow geht.

★★ GREIFSWALD

Einwohner: 61 500   Umgebungsziel

Greifswald wird gern als Universität mit einer Stadt drumrum beschrieben. Rund 10 000 Studenten machen die alte Hansestadt definitiv zur buntesten und lebhaftesten Stadt in Vorpommern. Gotische Wohnspeicher und leuchtend rote Backsteinbauten zeugen von der Blütezeit im späten Mittelalter. An 15 Stationen lässt sich Greifswald mit den Augen von Caspar David Friedrich entdecken, dem berühmtesten Sohn der Stadt und Wegbereiter der Romantik in der Malerei. Bei schönem Wetter ist Deutschlands größter Museumshafen der perfekte Ort für einen Spaziergang am Wasser mit Blick auf historische Schiffe, leckerem Essen – und einem genussvollen Segeltörn auf dem Greifswalder Bodden.

Die Anfänge von Greifswald reichen bis ins Jahr 1199 zurück, als der Grundstein für das Zisterzienserkloster **Eldena** an der Mündung des Ryck gelegt wurde. 1248 wurde die Stadt erstmals unter dem Namen »oppidum Gripheswald« erwähnt. 1250 verlieh Pommernherzog Wartislaw III. Greifswald Lübisches Stadtrecht und machte die Ryckmündung zum Freihafen, der Anfang bürgerlichen Wohlstands wäh-

Im Zeichen der Hanse

Wenn alles gut läuft, sollen die »Nordland III« und der stählernde »Greif« (rechts), das Segelschulschiff der Stadt, 2022 wieder auf der Ostsee unterwegs sein.

rend der **Hansezeit**. Wartislaw IX. von Pommern-Wolgast tat noch mehr: Er gründete 1456 die **Universität**, bis heute Ideenschmiede und Wirtschaftsfaktor der Stadt. Die historische Altstadt ist durch mittelalterliche **Backsteingotik** geprägt. Schon von Weitem lassen sich die Kirchtürme der drei Backsteinkirchen erkennen, liebevoll langer Nikolaus, dicke Marie und kleiner Jacob genannt. Zwar wurde Greifswald im Zweiten Weltkrieg nicht zerstört, doch jahrzehntelang vernachlässigt. Nach aufwendigen Renovierungsarbeiten ist Greifswald heute das schmucke urbane Zentrum der Region.

Wohin in Greifswald?

Marktplatz

Backsteinrotes Herz der Altstadt

Der mit Lausitzer Granit gepflasterte Marktplatz ist der beliebteste Treffpunkt im Herzen der überschaubaren Altstadt, die sich am besten zu Fuß erkunden lässt. Schmuckstücke sind zwei gotische Giebelhäuser mit glasierten Ziegeln als Fassadenschmuck (Nr. 11 und 13), das kaiserliche Postgebäude von 1896, das diese Vorbilder zitiert, und die alte Ratsapotheke. Nicht zu übersehen ist die ochsenblutrote Fassade des 1349 erstmalig erwähnten **Rathauses**, wo sich die Touristinformation befindet. Nach zwei Stadtbränden erhielt der Bau

Mitte des 18. Jh.s sein frühbarockes Aussehen mit Volutengiebel und Dachreiter. Die Bronzetür am Seiteneingang, die an die kampflose Übergabe der Stadt an die Rote Armee am 29. April 1945 erinnert, gestaltete der Rostocker Bildhauer Jo Jastram. Von ihm stammt auch der moderne **Fischerbrunnen** hinter dem Rathaus. Dienstag und Donnerstag bis Samstag bekommen Sie auf dem **Wochenmarkt** fangfrischen Fisch, knackiges Obst und Gemüse, Käse, Sanddorngelee, Schietwettertee und maritime Holzarbeiten. Kleine Boutiquen und große Modeketten bietet die belebte Fußgängerzone der **Langen Straße**, die den Marktplatz kreuzt. Nehmen Sie sich Zeit für einen **Einkaufsbummel** und schauen Sie auch in die Seitengassen.

Raum für Romantik

Pommersches Landesmuseum

Hinter der klassizistischen Museumsfassade wird die wechselvolle Geschichte Vorpommerns spannend aufbereitet. Im Zeitraffer können die Besucher Jahrmillionen durchschreiten von den Urmeeren und der Eiszeit bis zur heutigen Küstenlinie und zum Bernstein. Zu den Höhepunkten gehören Gesichtsurnen aus der Eisenzeit, der prunkvolle Croy-Teppich der Greifendynastie, Stralsunder Fayencen, die mittelalterliche Anna Selbdritt von Mützenow, ein vergoldeter Lutherkelch aus der Kirche von Krummin und eine Prunkvase für den ersten Direktor der Landwirtschaftsakademie Eldena von 1837. Den

Gotische Wohnspeicher und elegante Bürgerhäuser verleihen dem Marktplatz mit seinen einladenden Straßencafés einen wirkungsvollen Rahmen.

GREIFSWALD ERLEBEN

GREIFSWALD-INFORMATION
Rathaus, Am Markt
Tel. 03834 85 36 13 80
www.greifswald.info

STADTFÜHRUNGEN, SEGEL-TÖRNS UND KUTTERFAHRTEN
April – Okt. starten täglich um 11, Juli, Aug. auch 14 Uhr an der Greifswald-Information öffentliche **Altstadtführungen** (90 Min., 7 €). Schippern Sie vom Museumshafen mit dem Ausflugsdampfer »**Stubnitz**« (April – Okt. tgl. außer Mo., 2,5 Std., 14 €) oder an Bord **historischer Schiffe** (April – Okt. , 3 Std. 120 €) am Fischerdorf Wieck vorbei hinaus auf den Greifswalder Bodden. Tickets: www.greifswald.info

ELDENAER JAZZ EVENINGS
Am ersten Juliwochenende begeistern Jazzabende in der romantischen Klosterruine von Eldena, die schon Caspar David Friedrich inspirierte. www.jazzingreifswald.de

FISCHERFEST GAFFELRIGG
Das maritime Erbe wird im Juli in Wieck gefeiert. Höhepunkt ist die »Gaffelrigg«, wenn 40 Traditionsschiffe die Klappbrücke passieren, um auf dem Greifswalder Bodden zu segeln – auch eine Mitfahrt an Bord ist möglich. Beim Ryckhangeln wird der Fluss am 30 m langen Tampen überquert. Samstag ist Kutterregatta. Mit Licht, Feuerwerk und Musik bildet die Multimediashow »Ryck in Flammen« das spektakuläre Finale. www.greifswald.info

❶ NATÜRLICH BÜTTNERS €€€€/€€€
Nach 10 Jahren in Wieck stehen die Spitzenköchinnen Antje und Ines Büttner seit 2021 im neuen Restaurant des Pommerschen Landesmuseums am Herd. Die Küche richtet sich nach den saisonalen Produkten der Region. Schöne Geschenke sind die hausgemachten Pralinen und Liköre. Pommersches Landesmuseum
Rakower Str. 9
Tel. 03834 887 07 37
https://buettners-restaurant.de

❷ TISCHLEREI €€€
Sympathische Adresse mit kleiner, aber feiner Speisekarte, etwas versteckt zwischen Segelmachern und Hanse Yachting. Parken Sie am besten beim Marina Yachtzentrum und reservieren Sie im Sommer auf der Terrasse mit Hafenblick. Salinenstr. 22, Tel. 03834 88 48 48

❸ FISCHER-HÜTTE €€€/€€
Garnelenpfanne, Quartett vom Lachs oder Dorschfilet mit geschmorter Williamsbirne und Kartoffelpüree? Urgemütliche, maritim dekorierte Institution an der Klappbrücke in Wieck – unbedingt reservieren! An der Mühle 12, Wieck
Tel. 03834 83 96 54
www.fischer-huette.de

❹ FRITZ BRAUGASTHAUS €€
Ausgeschenkt werden naturtrübes süffiges Zwickel, Störtebeker und Co. Die Qualität der Burger ist ausgezeichnet, das Fleisch liefert der ökologische LandWert Hof Stahlbrode am Greifswalder Bodden. Am Markt 13, Tel. 03834 5 78 30
www.fritz-braugasthaus.de

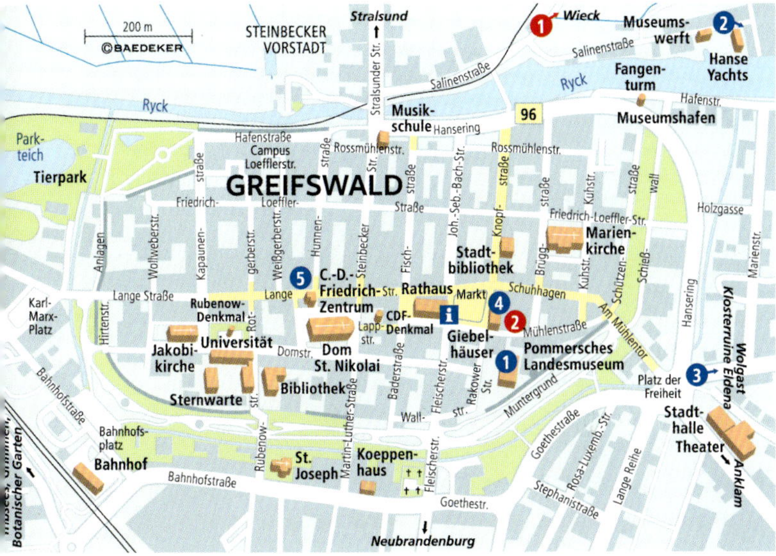
200 m
©BAEDEKER
STEINBECKER VORSTADT
Stralsund
Wieck
Museums-werft
Hanse Yachts
Salinenstraße
Ryck
Fangen-turm
Hafenstr.
Museumshafen
96
Musik-schule
Hansering
Stralsunder Str.
Park-teich
Tierpark
Hafenstraße
Campus Loefflerstr.
Rossmühlenstr.
GREIFSWALD
Friedrich-Loeffler-Straße
Joh.-Seb.-Bach-Str.
Knopf-straße
Friedrich-Loeffler-Str.
Marien-kirche
Holzgasse
Stadt-bibliothek
Anlagen
Wollweberstr.
Kapaunen-
gerberstr.
Weißgerberstr.
Hunnen-
Steinbecker
Fisch-
Brügg-
Kuhstr.
Schützen-
Schieß-
Hansering
Marienstr.
Karl-Marx-Platz
Lange Straße
Rubenow-Denkmal
C.-D.-Friedrich-Zentrum
Rathaus
Markt
Schuhhagen
Mühlenstraße
Am Mühlentor
Hirtenstr.
Universität
Jakobi-kirche
Domstr.
Dom St. Nikolai
Lapp-str.
CDF-Denkmal
Giebel-häuser
Pommersches Landesmuseum
Platz der Freiheit
Wolgast Klosterruine Eldena
Sternwarte
Bibliothek
Baderstraße
Fleischerstr.
Rakower Str.
Muntergrund
Stadt-halle
Theater
Bahnhofstraße
Bahnhofs-platz
Bahnhof
Rubenow-str.
St. Joseph
Martin-Luther-Straße
Koeppen-haus
Wall-str.
Goethestraße
Rosa-Luxemb.-Str.
Lange Reihe
Stephanistraße
Anklam
Goethestr.
Neubrandenburg
Botanischer Garten

1 Büttners
2 Tischlerei
3 Fischer-Hütte
4 Fritz Braugasthaus
5 Schmuckcafé Fabelfrau

1 Utkiek
2 Hotel Galerie

5 SCHMUCKCAFÉ FABELFRAU €

Lust zu stöbern? Hier gibt es handgemachten Schmuck, maritime Deko, kleine Köstlichkeiten und mit viel Liebe gebackene, leckere Kuchen.
Lange Straße 52
https://fabelfrau.de

1 UTKIEK €€

Geschmackvolle Zimmer, tolle Atmosphäre und spektakuläre Aussicht auf den Ryck oder Greifswalder Bodden. Auch beim Frühstück im Wintergarten-Restaurant Pier 19 mit Terrasse sind Sie von Wasser umgeben. Werfen Sie vor dem Hotel einen Blick auf die Holzskulpturen der markanten »Drei Weisen« von dem Hamburger Künstler Johannes Speder (►Abb. S. 169). Am gegenüberliegenden Ufer des Ryck liegt das Segelschulschiff »Greif« vertäut, das bis 2022 restauriert wird (►Abb. S. 77). Bummeln Sie die Hafenpromenade entlang mit Blick auf Segelboote bis vor zur historischen Holzklappbrücke.
Am Hafen 19, Wieck
Tel. 03834 833 10
http://utkiek-greifswald.de

2 HOTEL GALERIE €€

Hell und luftig sind die Zimmer in dem modernen Haus, um die Ecke vom Pommerschen Landesmuseum. Im Hotel präsentiert die Galerie Schwarz zeitgenössische Künstler.
Mühlenstr. 10
Tel. 03834 77378 30
www.hotelgalerie.de

riesigen Goldring von Peterfitz aus der Zeit der Völkerwanderung schmückt am Ende ein Adlerkopf, das Symboltier Odins. Stärke und Mut des Gottes sollten wohl auf den Besitzer übergehen. Eine gläserne Museumsstraße verbindet das Hauptgebäude mit der **Gemäldegalerie**, die 1798 von keinem Geringeren als Johann Gottfried Quistorp entworfen wurde, dem ersten Zeichenlehrer Caspar David Friedrichs. Die hochkarätige Sammlung spannt den Bogen vom niederländischen und deutschen Barock bis zu den Malern des 20. Jh.s. Der in Greifswald geborene **Caspar David Friedrich** (▶ Interessante Menschen) ist allein mit 80 Werken vertreten. Die Gemäldegalerie wird in den nächsten Jahren mit dem Schwerpunkt Romantik umgestaltet. Als Neubau soll eine »Kapelle« Besucher auf Caspar David Friedrich einstimmen. Während der Bauzeit werden die **Publikumslieblinge** im Konventshaus ausgestellt. Auf Ihren Besuch freuen sich dort Frans Hals mit dem Bildnis eines vornehmen Herrn, Caspar David Friedrich mit Neubrandenburg und der Ruine Eldena im Riesengebirge, Emil Nolde mit dem Porträt von Vera, Karl Schmidt-Rottluff mit Fischern auf der Düne, Dora Koch-Stetter mit der Lesenden am Strand, van Gogh mit der Allee bei Arles und Max Pechstein mit dem Sonnenuntergang am Hafen von Leba.

Rakower Str. 9 | Mai – Okt. Di. – So. 10 – 18, sonst bis 17 Uhr | Eintritt 6,50 € | Restaurant ▶S. 80 | www.pommersches-landesmuseum.de

Norddeutsche Backsteingotik

Dom St. Nikolai

Der dem Schutzpatron der Seefahrer und Kaufleute geweihte Dom ist mit seinem 100 m hohen, von einer Barockhaube gekrönten Turm weithin sichtbares Wahrzeichen der Stadt. Die im 13. Jh. als dreischiffige Halle angelegte **Taufkirche Caspar David Friedrichs** gilt als eines der schönsten Beispiele nordeutsche Backsteingotik. Der Schinkel-Schüler Gottlieb Giese gestaltete ab 1824 den Innenraum neogotisch mit weißer Tünche und romantisierenden Schmuckformen an den Wänden. Erhalten blieb das 1460 vom Universitätsgründer Rubenow gestiftete Bild »Sieben Greifswalder Professoren in Anbetung Mariens«. In St. Nikolai wurde 1456 die Universität ins Leben gerufen, und hier suchten jene Zuspruch und Zuflucht, die sich 1989 aktiv für die friedliche Wende einsetzten. Das 100-köpfige Ensemble des **Domchors** ist das Rückgrat der **Greifswalder Bachwochen**.

Domstr. 54 | im Sommer 10 – 18, im Winter bis 16 Uhr Turmbesteigung 1,50 € | www.dom-greifswald.de

Berühmtester Sohn der Stadt

Caspar David Friedrich

Im Backsteinfachwerkhaus der Friedrichschen Seifensiederei und Kerzenwerkstatt verbrachte Caspar David Friedrich seine Jugend. Im Familienkabinett, Rügen- und Eldenazimmer widmet sich das **Caspar-David-Friedrich-Zentrum** Leben und Werk des weltberühmten Wegbereiters der Romantik (▶Interessante Menschen).

OBEN: Caspar David Friedrichs Ansicht von Neubrandenburg (1816/1817) hängt im Pommerschen Landesmuseum. LINKS UNTEN: Für die mittelalterliche Anna Selbdritt aus der Kirche in Mützenow nahm der Künstler um 1520 Lindenholz. RECHTS UNTEN: Aus 1,8 kg römischer Münzen wurde um 500 der Goldring von Peterfitz geschmiedet.

> »
> ### Der Maler soll nicht bloß malen, was er vor sich sieht, sondern auch was er in sich sieht.
> «
>
> *Caspar David Friedrich*

Im Kellergewölbe des Zentrums werden Kurse zur Herstellung von Kerzen und Seifen angeboten. Der **Caspar-David-Friedrich-Bild-weg** (Führung 3,50 €) führt vom Zentrum über 15 Stationen durch Greifswald und Wieck zum Kloster Eldena und zum Pommerschen Landesmuseum. Das lebensgroße **Caspar-David-Friedrich-Denk-mal** des Lübecker Bildhauers Claus Görtz an der Lappstraße wurde anlässlich des 170. Todestages des Künstlers enthüllt, ▶Abb. S. 199.
CDF-Zentrum: Lange Str. 57 | Juni – Okt. Di. – So., Nov. – Mai Di. – Sa. 11 – 17 Uhr | Eintritt 4,50 € | http://caspar-david-friedrich-greifswald.de

Kirche mit Schwertwal

Marien-
kirche

Die »dicke Marie« wurde vermutlich noch im 13. Jh. begonnen und Ende des 14. Jh.s fertiggestellt. Im dreischiffigen Gotteshaus bilden ziegelrote Pfeiler einen schönen Kontrast zum weiß getünchten Ge-wölbe mit den bemalten Kreuzrippen. Wertvolle Inventarstücke sind

Hinter der modernen Hafenfront am Hansaring ragt die Marienkirche auf.

die Renaissancekanzel, der vom Schinkel-Schüler Giese entworfene Altar und die romantische **Mehmel-Orgel**, die Sie beim Greifswalder Orgelsommer erleben können. Kuriosum ist die naturgetreue Darstellung eines Schwertwals in der Gedächtniskapelle. Er war 1545 vor Greifswald gestrandet und als ein Zeichen Gottes gewertet worden.
Brüggstr. 35 | Eintritt 1 € | www.marien-greifswald.de

Ein Muss für Bootsbauer und Segler

Was unterscheidet Ketsch, Schoner und Ewer? Wie werden Schiffsplanken gebogen? Und was bedeutete die Hanse für Greifswald? Das und mehr erfahren Besucher auf einer Führung durch den **Museumshafen**, der mit gut 50 Schiffen der größte in Deutschland ist. Alte und junge Seebären sind begeistert von der eindrucksvollen Sammlung historischer Jachten, Klipper, Kutter und Zeesenboote, aber auch Geräte wie Greifkräne. In den Bootsbauhallen herrscht reges Treiben, wenn Segel geflickt, der Rumpf poliert, Teak neu verlegt und Planken gebogen werden. Bei einem Rundgang über die **Museumswerft** lässt sich erahnen, wie viel Zeit, Geld und Mühe in dem Erhalt der Holzschiffe stecken.

Museums-hafen

Direkt nebenan bei der **HanseYachts AG**, dem weltweit zweitgrößten Jachtenbauer, dreht sich alles um modernste Segel- und Motorboote (www.hanseyachtsag.com). Aufgrund des flachen Fahrwassers im Ryck wurden Segelschiffe früher durch Pferde oder Menschenkraft nach Wieck gezogen. Spaziergänger und Radler schätzen den historischen **Treidelpfad** vom Hafen entlang dem südlichen Ryckufer bis Wieck, er ist Teil des Ostsee-Radweges.
Museumshafen: Hafenstr. 31 | 1. Do. im Monat 16 Uhr ab Fangenturm kostenloser geführter Rundgang durch Hafen & Werft, Spende erbeten | www.museumshafen-greifswald.de
Museumswerft: Salinenstr. 20 | www.museumswerft-greifswald.de

Ein gefährliches Pflaster

Universität

Die 1456 gegründete und heute nach einem ihrer berühmtesten Professoren, **Ernst Moritz Arndt**, benannte Hochschule ist nach Rostock die zweitälteste im Ostseeraum. In der Grünanlage vor dem Hauptgebäude steht ein Denkmal für den Universitätsgründer und ersten Vizekanzler **Heinrich Rubenow**. Der mächtige Mann hatte viele Feinde, 1462 wurde er ermordet. Für den schlanken, neogotischen Turm lieferte der Architekt Friedrich August Stüler den Entwurf. Gegenüber steht das 1747–1750 erbaute Hauptgebäude der Universität, das gleich von zwei Wappen geschmückt wird – dem pommerschen und dem schwedischen: Als die Universität gegründet wurde, gehörte Greifswald zu Pommern, während der Bauzeit des Universitätsgebäudes war die Stadt in schwedischem Besitz. Führungen durch die spätbarocke Aula und den Karzer, ein winziges Studentengefängnis, in dem Wandgemälde von Vergehen und Übeltätern berichten, übernehmen speziell geschulte Studenten. Zu Führungen über das historische Campusgelände muss man sich anmelden.

Im **Botanischen Garten** der Universität, ein Genuss für Pflanzenfreunde, sind derzeit mehrere Gewächshäuser, so auch das viel besuchte Palmenhaus, zu Sanierungszwecken geschlossen.

Führungen Universität: Start am Rubenow-Denkmal vor der Uni April – Okt. tgl. 15 Uhr | Eintritt 5 € | www.uni-greifswald.de
Botanischer Garten: Münterstr. 2 | Mo. – Fr. 9 – 15.45, Sa., So. 13 bis 15, März, April, Okt., Nov. bis 16, Mai – Sept. bis 18 Uhr Arboretum April – Okt. tgl. 9 – 18 Uhr | www.uni-greifswald.de

Rege Kunst- und Literaturszene

Koeppen-haus
Einer der bekanntensten Autoren der Stadt war **Wolfgang Koeppen** (1906 – 1997), dessen Geburtshaus als Literaturzentrum eingerichtet wurde mit interessantem Jazz-Programm und dem **Literaturcafé Koeppen**. Hier wird alljährlich der Literaturpreis Mecklenburg-Vorpommern vergeben – 2020 ging er an den Wahl-Greifswalder Tobias Reußwig für seinen Gedichtzyklus »Der Körper lügt«.

Café Koeppen: Bahnhofstr. 4/5 | Di. – Fr. 14 – 24, Sa., So. 10 – 20 Uhr www.koeppenhaus.de

Waschbär, Affe & Co.

Tierpark
Heimische Haustiere wie Esel, Schweine, Ziegen und Schafe, aber auch exotische Erdmännchen, Kängurus, Nasen- und Waschbären fühlen sich im Greifswalder Tierpark wohl.

Anlagen 3 | tgl. 9 –17/18 Uhr | Eintritt 5 € | www.greifswald.info

❙ Rund um Greifswald

Wieck
Reetgedeckte Katen, Klappbrücke und Fischlokale

Eines der hübschesten alten Fischerdörfer der Region finden Sie am Nordufer der Ryckmündung in die Dänische Wieck. An den verwinkelten Gassen stehen gut erhaltene reetgedeckte Katen und Kapitänshäuser, oft mit den typischen Krüppelwalmdächern. Hauptattraktion ist die nostalgische **Klappbrücke** über den Ryck, die 1887 nach holländischem Vorbild erbaut wurde. Mehrmals täglich wird die Holzbrücke von Hand für den Schiffsverkehr geöffnet. Für Autos ist sie nur mit Sondergenehmigung befahrbar, Fußgänger hingegen können den Ryck zu jeder Zeit überqueren und so bequem beide Ufer erkunden. Im Hafen starten Boote zu **Rundfahrten** durch den Greifswalder Bodden (▶S. 80). Seit 2016 schützt ein modernes **Sturmflutsperrwerk** vor Überflutung bei Hochwasser. An der Südmole des Wiecker Hafens liegt die weiße Schonerbrigg »**Greif**«. Das 1951 aus Stahl gebaute, letzte zivile Berufssegelschulschiff Deutschlands, das bis 2022 saniert wird, ist ein Wahrzeichen der Stadt (▶Abb. S. 77).

Nadelöhr: In der Saison gibt die von Hand bediente Holzklappbrücke in Wieck bis zu zehnmal täglich den Weg frei für Schiffe, die bis nach Greifswald wollen.

Segelschulschiff Greif: Besichtigung n. V., Tel. 03834 84 14 24
https://sssgreif.de | **Sturmflutsperrwerk**: jeden 3. Mi. im Monat
Gruppenführungen n. V. | Tel. 03831 69 60 | http://www.stalu-mv.de/
vp/Themen/Kuestenschutz/Sturmflutschutz-Greifswald

Romantisches Klostermotiv

**Klosterruine
Eldena**

Die Ausfallstraße Richtung ▶Wolgast führt zur eindrucksvollen Klosterruine Eldena. Das 1199 von Zisterziensern gegründete Kloster muss man in der Abendsonne erleben, die den roten Backstein zum Glühen bringt. **Caspar David Friedrich** malte sie vor wechselnder Naturkulisse. Den Zisterziensern von Hilda verdanken Greifswald und viele andere Orte in der Umgebung ihre Entstehung. Nach der Säkularisation 1533 übernahm der pommersche Herzog die Gebäude, die 1637 von schwedischen Truppen geplündert wurden und verfielen. 1827 begannen erste Restaurierungsmaßnahmen und das Gelände wurde nach Plänen des preußischen Gartenarchitekten Peter Joseph Lenné bepflanzt. Erhalten sind die Westwand der Kirche mit dem für die Zisterzienser charakteristischen monumentalen Spitzbogenfenster, Pfeilerreste der südlichen Langhauswand, Teile des Chors sowie Sakristei und Kapitelsaal. Frischen Wind in die alten Gemäuer bringen die **Eldenaer Jazz Evenings** (▶S. 80, ▶Abb. S. 218).

★★ HERINGSDORF

Einwohner: 3600

Sandstrand, Uferpromenade, die Villen und Ferienhäuser reißen nicht ab zwischen ▶Ahlbeck und Heringsdorf. Der Name für das mondänste Seebad auf Usedom klingt eigentlich nicht nach vornehmem Publikum, doch er stammt von Kronprinz Friedrich Wilhelm persönlich. Dieser wurde bei seinem Besuch 1820 nach einem Namen für den kleinen Fischerort gefragt. Angesichts der reichen Heringsfänge und Salzereien fiel ihm Heringsdorf ein.

Mondänes Seebad

Der Name hat dem Ort nicht geschadet – ganz im Gegenteil. Begonnen hatte alles 1818, als der Gutsbesitzer von Bülow hier Fischer mit ihren Familien ansiedelte. 1825 ließ von Bülow die ersten drei Logierhäuser bauen wie das »Weiße Schloss« auf dem Kulmberg. Dank dem geschäftstüchtigen Berliner Bankier Hugo Delbrück, der 1872 die **»Aktiengesellschaft Heringsdorf«** initiierte, nahm das Fischerdorf eine rasante Entwicklung zum vornehmsten Seebad an der vorpommerschen Ostseeküste. Was in der Hauptstadt Rang und Namen hatte, stieg hier in eleganten Pensionen ab. Auch die kaiserliche Familie kam gern zur Sommerfrische.

> »
> Man hat Ruhe und frische Luft und diese
> beiden Dinge erfüllen Nerven, Herz und Lungen
> mit einer stillen Wonne …
> «

… schrieb **Theodor Fontane** (▶ Interessante Menschen) seiner Frau 1863 aus dem Sommerurlaub. Fontane verbrachte in Heringsdorf glückliche Kindertage und blieb Usedom sein Leben lang treu. Zu dieser Zeit logierten im mondänen Seebad im Sommer Berliner Bankiers und Adlige. **Heinrich Mann** bezeichnete Heringsdorf gern als » Vorort Berlins«, **Thomas Mann** vollendete hier den »Zauberberg«.**Maxim Gorki** versuchte 1922 in der Villa Irmgard mit gesunder Seeluft seine Tuberkulose zu kurieren. Auch **Kurt Tucholsky** traf sich in Heringsdorf gern mit befreundeten Malern, Musikern und Schriftstellern, wann immer er »die Nase voll von der Hauptstadt« hatte. Autoren von heute präsentieren im Frühjahr die **Usedomer Literaturtage** (https://usedomerliteraturtage.de). Höhepunkte des Sommers sind die **Kaisertage, Jazzfestival, Seebrücke- und Hafenfest** (www.kaiserbaeder-auf-usedom.de). Noble Villen unterschied-lichster Stilrichtungen lassen erahnen, welcher Reichtum um 1900 in den Kaiserbädern Einzug hielt. Zu DDR-Zeiten durften hohe

SED-Politiker hier Urlaub machen. Nach 1990 sanierte man die Villen an der Strandpromenade, wurde Heringsdorf wieder der **nobelste Ort der Insel** und Vorzeigeobjekt prächtigster Bäderarchitektur.

❚ Wohin in Heringsdorf?

Längste Seebrücke Deutschlands

Die mit 508 m längste Seebrücke Kontinentaleuropas ersetzte 1995 einen Vorgängerbau, der bereits Ende der 1950er abgerissen worden war. Die moderne Seebrücke aus Stahl und Glas ist mit Betonpfeilern tief im Meeresgrund verankert, um den Sturmfluten erfolgreich zu trotzen. In die **überdachte Ladenpassage**, wo man auch bei schlechtem Wetter bummeln kann, sind kleine Geschäfte und Cafés eingezogen. An der Spitze legen die Schiffe der Bäderlinie an. Vom italienischen **Restaurant** im pyramidenförmigen Pavillon am Ende der Seebrücke genießen Sie einen herrlichen Blick aufs Meer. Weniger attraktiv ist die Aussicht auf die monströse Kurklinik, die man 1979 hinter der Strandpromenade hochgezogen hat. In das Bild des vornehmen Seebades mit Parks und Gründerzeitvillen passt der Hochhauskomplex samt Einkaufszentrum auch nach einer Fassadenkosmetik nicht recht.

★
Seebrücke

▶Abb. S. 41

SOMMERKINO

Frische Seeluft, Sternenhimmel und das Rauschen des Meeres liefern an lauen Sommerabenden den fantastischen Rahmen für **Open-Air**-Kino am Ostseestrand. Auf einer riesigen LED-Videowand neben der Seebrücke werden Familienfilme, Klassiker und Blockbuster gezeigt. Setzen Sie sich für das launige Erlebnis einfach in den Sand, auf einen Klappstuhl oder kuscheln Sie sich mit einer Decke in einen bequemen Strandkorb, um mit einem Lieblingsmenschen ganz großes Kino zu erleben (Ende Juni – Anfang Sept., zur Eintrittskarte gibt es gegen Pfand den Funkkopfhörer, https://kaiserbaeder-sommerkino.de).

OBEN: Fashion, Lifestyle und
Kulinarik finden Sie im Pier 14
und Marco O'Polo Strandcasino.
UNTEN: Schöner wohnen an
der Strandpromenade in Villen
der Bäderarchitektur

Der weltgrößte Strandkorb …

**Strand-
promenade**

… in prominenter Lage an der Strandpromenade ist zu einem Wahrzeichen von Heringsdorf geworden. Er hat schon 91 Personen gleichzeitig Platz geboten und wurde 2014 von der Heringsdorfer Strand-
korb-Manufaktur gebaut (▶Das ist Usedom S. 19). Westlich der
Seebrücke ist in einem schönen Rosengarten die moderne **Konzertmuschel** gelungen integriert. Im monumentalen ehemaligem Forum
Usedom, das zu DDR-Zeiten für Kulturzwecke genutzt wurde, verbinden heute **Pier 14** und **Marc O'Polo Strandcasino** schick Shoppen und Schlemmen. Im Erdgeschoss gibt es lässige Mode, im Obergeschoss stillen das **O'ne** und der **The O'Room** mit leichten Ge-
richten den Hunger (https://strandcasino-marc-o-polo.com). Das
»Tanzende Paar mit Musikanten« auf dem Giebelfries der Vorhalle
schuf die Stralsunder Künstlerin Karla Luise Friedel.

Weißes Zuckerwerk in Strandnähe

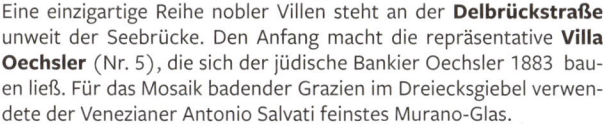

**Bäder-
architektur**

Von der glanzvollen Vergangenheit künden Prachtvillen am Hang des
Kulmbergs, die sich oft in parkartigen Gärten verstecken. Viele dieser
mit Ecktürmchen, Holzveranden und Wintergärten geschmückten
Sommerresidenzen wurden grundlegend renoviert und in Hotels um-
gewandelt oder in luxuriöse Ferienappartements aufgeteilt.
Eine einzigartige Reihe nobler Villen steht an der **Delbrückstraße**
unweit der Seebrücke. Den Anfang macht die repräsentative **Villa
Oechsler** (Nr. 5), die sich der jüdische Bankier Oechsler 1883 bau-
en ließ. Für das Mosaik badender Grazien im Dreiecksgiebel verwen-
dete der Venezianer Antonio Salvati feinstes Murano-Glas.
Ob Kaiser Wilhelm I. in der **Villa Staudt** (Nr. 6) bei der so schönen
wie klugen Witwe Staudt nur zum Tee weilte, war wiederholt Stadt-
gespräch. Tatsache ist, dass der Kaiser zwischen 1909 und 1912 auf
seiner Nordlandtour gern vorbeikam, allerdings nie über Nacht blieb.
Heute kann man hier wunderbar in schicken Apartments logieren
(▶Abb. S. 95, https://ostkueste.com).
Ein paar Schritte weiter steht die **Villa Oppenheim** (Nr. 11) im Stil
des italienischen Renaissance-Architekten Andrea Palladio. Der
Prachtbau des Berliner Bankiers Benoit Oppenheim wurde ein Lieb-
lingsmotiv von Lyonel Feininger (▶ Interessante Menschen). Nach
Enteignung residierte in der Gründerzeitvilla die NSDAP-Ortsgruppe,
zu DDR-Zeiten stand sie Stasi-Chef Erich Mielke zur Verfügung. Heute
beherbergt die historische Villa Ferienwohnungen, ebenso wie die
Villa Bleichröder (Nr. 14), 1908 vom Finanzberater des Reichskanz-
lers Otto von Bismarck erbaut (www.residenz-bleichroeder.com).
In Richtung Bansin folgt an der Strandpromenade der **Kunstpavillon**
mit seinem markant gezackten Dach, der Ausstellungsort für Künstler aus ganz Deutschland geworden ist.
Kunstpavillon: März – Sept. Mi.– So.15 – 18, Okt. Mi.– So.14 –17 Uhr
https://kunstpavillon-ostseebad-heringsdorf.de

HERINGSDORF ERLEBEN

TOURISTINFORMATION

Delbrückstr. 69
Seebad Heringsdorf
Tel. 038378 24 51
www.kaiserbaeder-auf-usedom.de

Stylische Mode haben das **Pier 14** und **Marc O'Polo Strandcasino** (Kulmstr. 33, ►S. 91). Exklusives finden Sie im **Maison Vogue** (Delbrückstr. 11), Trendlabels in der Passage auf der **Seebrücke**. Jede Art von Strandkorb hat das **Korbwerk** (►Das ist Usedom S. 19).

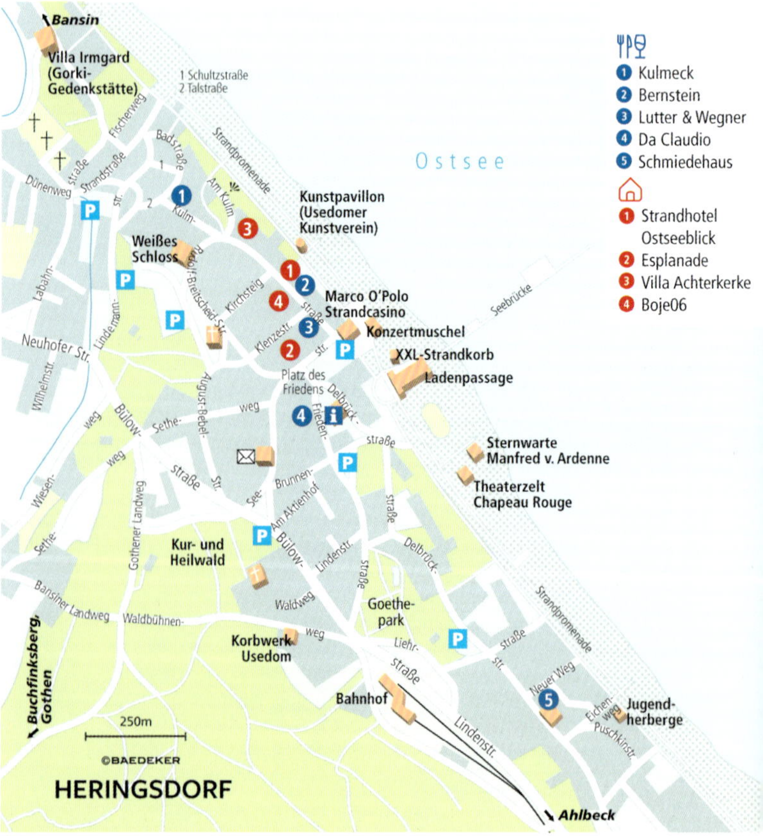
Bansin
Villa Irmgard (Gorki-Gedenkstätte)
1 Schultzstraße
2 Talstraße
Ostsee
1 Kulmeck
2 Bernstein
3 Lutter & Wegner
4 Da Claudio
5 Schmiedehaus
1 Strandhotel Ostseeblick
2 Esplanade
3 Villa Achterkerke
4 Boje06
Kunstpavillon (Usedomer Kunstverein)
Weißes Schloss
Marco O'Polo Strandcasino
Konzertmuschel
XXL-Strandkorb
Ladenpassage
Seebrücke
Platz des Friedens
Sternwarte Manfred v. Ardenne
Theaterzelt Chapeau Rouge
Kur- und Heilwald
Goethe-park
Korbwerk Usedom
Bahnhof
Jugend-herberge
Strandpromenade
Neuhofer Str.
Dünenweg
Badstraße
Am Kulm
Kulmstraße
Delbrückstraße
Bülowstraße
Sethe-weg
August-Bebel-Str.
Brunnen-weg
Am Aktienhof
Lindenstr.
Waldweg
Waldbühnen-weg
Bansiner Landweg
Gothener Landweg
Liehrstraße
Neuer Weg
Puschkinstr.
Buchfinksberg, Gothen
250m
©BAEDEKER
HERINGSDORF
Ahlbeck

🍴

❶ KULMECK €€€€/€€
Sternekoch Tom Wickboldt hat im Herbst 2020 eines der renommiertesten Restaurants der Insel übernommen. Die Hochgenüsse der Slow-Food-Küche werden Mi. bis Sa. ab 18.30 Uhr als Menü mit bis zu sieben Gängen serviert. Auf der Terrasse bekommen Sie ab 16 Uhr aber auch Fingerfood wie Jahrgangs-Sardinen und warme Zimtschnecken. Kulmstr. 17, Tel. 038378 48 80 40 www.kulmeck.de

❷ BERNSTEIN €€€/€€
Kreative Gerichte aus saisonalen, regionalen Zutaten verspricht das schöne Restaurant im Strandhotel Ostseeblick – vielleicht kommen Sie auch einfach nur zum Frühstück mit Blick auf die See. Mittwochs gibt es Minikochkurse, ▶Abb. S. 205. Kulmstr. 28, Tel. 038378 542 97 www.strandhotel-ostseeblick.de

❸ LUTTER & WEGNER €€€/€€
Tiroler Teller, gesottener Tafelspitz, karamellisierter Kaiserschmarrn – das Traditionshaus serviert beste österreichische Küche und ist Restaurant, Weinhandlung & Feinkostladen. Kulmstr. 3, Tel. 038378 221 25 http://lutter-wegner-heringsdorf.de

❹ DA CLAUDIO €€
Früher war Claudios Leidenschaft der Fußball, heute ist es das Kochen. Unser Tipp: hausgemachte Pasta und Jakobsmuscheln in Honig-Senfsoße. Friedenstr. 16, Tel. 038378 80 18 76 https://da-claudio-usedom.de

❺ SCHMIEDEHAUS €
Gemütliche Gastlichkeit in einer alten Bäderstil-Villa mit kleinem Vorgarten. Rustikale Küche, selbst

verständlich gibt es auch viel Fisch. Delbrückstr. 29, Heringsdorf Tel. 038378 324 00, www.gasthof-schmiedehaus.de

❶ STRANDHOTEL OSTSEEBLICK €€€€/€€€
Traumhaft an der Strandpromenade gelegen mit herrlichem Blick aufs Meer. Stimmungsvolle Zimmer in warmen Sand- und Holztönen und komfortable Apartments in der historischen Villa Usedom, regionale Küche aus Bioprodukten im gemütlichen Wehrmann's Alt Heringsdorf, das ausgezeichnete Restaurant Bernstein (s. links) und eine der besten Wellnessoasen Usedoms, ▶Magischer Moment S. 209. Kulmstr. 28, Tel. 038378 542 97 www.strandhotel-ostseeblick.de

❷ ESPLANADE €€€
▶Das ist Usedom S. 11 Seestr. 5, Tel. 0 38378 700 www.seetel.de

❸ VILLA ACHTERKERKE €€€/€€
Wunderschöne Villa von 1845 mit modernen Ferienwohnungen für 2 bis 6 Personen. Direkter Meerblick, privater Garten und eigene Treppe zum Strand. Kein Frühstück, aber Brötchenservice. Kulmstr. 24, Tel. 038378 47 72 64 www.villa-achterkerke.de

❹ BOJE06 €€/€
Zimmer in frischem nordischem Design. In der Ostseeblickkoje mit Balkon in Richtung Meer schlafen Sie in King-Size-Betten. Zum gesunden Frühstück gehören Sanddornnektar, Ei und Räucherfisch. In der Strand Lounge mixt Martin coole Drinks. Kulmstr. 6, Tel. 38378 542 00 www.boje06.de

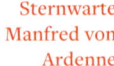

Sterne, Sommerhits & Schlittschuhlaufen

Sternwarte Manfred von Ardenne

Auf Anregung von **Manfred von Ardenne** (▶Interessante Menschen), für den Usedom zur zweiten Heimat wurde, baute man die nach ihm benannte Sternwarte, wo Sie bei klarem Himmel in abendlichen Führungen Planeten und Sterne beobachten können.

Ein paar Schritte weiter lädt im Sommer das **Zelt-Theater** »Chapeau Rouge« zu Schauspiel, Kabarett und Musikevents ein. In den Wintermonaten dient der Platz direkt hinter den Dünen als **Eislaufbahn**.

Sternwarte: Eintritt 6 € | www.sternwarte-usedom.de

Zelt-Theater: Juni – Sept. | Tel. 03971 268 88 00 | https://vorpommer-sche-landesbuehne.de/chapeau-rouge

Eisbahn: www.eisarena-insel-usedom.de

Prominentes Künstlerquartier

Villa Irmgard

In der 1907 erbauten, liebevoll betreuten Villa Irmgard erholte sich 1922 der russische Dichter **Maxim Gorki** (1868 – 1936) von seinem Tuberkuloseleiden. Er bewohnte das im Originalzustand erhaltene »Arabische Zimmer«, unternahm Ausflüge in die Umgebung und schrieb neben der täglichen Korrespondenz an seiner Biografie. Auf dem Schreibtisch im Arbeitszimmer liegt das Gästebuch mit Gorkis hoffnungsvollem Eintrag: »Trotz alledem werden die Menschen dennoch mit der Zeit wie Brüder leben«. Im oberen Stockwerk stellen Wechselausstellungen lokale und internationale Künstler vor. Außerdem finden regelmäßig Lesungen und kleine Konzerte bei Kerzenschein statt.

Maxim-Gorki-Str. 13 | Juni – Okt. Di., Do. – Sa. 12 – 18, sonst bis 16 Uhr, So. nach Vereinbarung | Eintritt 6 €

In Europas erstem ausgewiesenen Kur- und Heilwald ...

Kur- und Heilwald

... können Sie seit 2019 im Licht- und Schattenspiel zwischen Buchen und Kiefern auf Balancierbalken, Sensorikpfaden, im Findlingsparcours und an schönen Ruheplätzen die Heilkraft der Bäume spüren.

Bansiner Landweg 1 | www.heilwald-heringsdorf.de

❚ Rund um Heringsdorf

Meister Adebar

Heringsdorfer Hinterland

Eine Baumallee führt südwestlich zum Ortsteil **Gothen**, der am gleichnamigen See liegt, der nur 1,5 m tief und vermoort ist. Auf Initiative des »Storchenvaters« Eggebrecht entstand in der Dorfmitte ein **Storchenhorst**.

Auch im idyllischen **Landgut Gothen** haben Störche ein Nest. Das ehemalige Rittergut mit Ponys, Streichelzoo und guter Hausmannskost ist ein guter Platz für Urlaub mit Kindern.

Landgut Gothen: Dorfstr. 13a, Gothen | www.landgut-gothen.de

Wie einst Kaiser Wilhelm I. können Sie jetzt in der schicken Villa Staudt in Heringsdorf logieren.

KARLSHAGEN

Einwohner: 3150

In Karlshagen haben Kinder das Kommando! Als einziger Ort an der gesamten Ostseeküste hat das jüngste Seebad Usedoms eine eigene Kinderkurdirektorin. Amelie ist 12 Jahre und sorgt im Sommer zusammen mit der »großen« Kurdirektorin dafür, dass sich Familien hier rundum wohlfühlen.

F/G 2/3

Mit Kinderaugen

Am flachen, bis zu 80 m breiten weißen Sandstrand, wo die »Blaue Flagge« für ausgezeichnete Wasserqualität weht, ist viel Platz für Burgenbauer, Badenixen und Sonnenanbeter. Am bewachten Badestrand haben Sie kostenlos Wlan. Um die Skulptur der »Sonnenbadenden« am Strandvorplatz bei der **Konzertmuschel** gibt es im Sommer jede Menge Programm. In der Luft, im Sand und auf der Bühne verspricht das **Usedomer Drachenfestival** tolle Ideen zum Mitmachen, wenn kuriose, kleine und große, selbst gebastelte und professionelle Drachen den Ostseehimmel in ein buntes Farbenmeer verwandeln (www.karlshagen.de/drachenfestival). Urlaub mit der ganzen Familie wird im 5-Sterne-**Dünencamp** nur wenige Meter vom Meer in einem idyllischen Kiefernwäldchen zu einem unvergesslichen Erlebnis (www.karlshagen.de/duenencamp/campingplatz).

Fischer, Militärs, Urlauber

Geschichte Das 1828 gegründete Fischdorf entwickelte sich Ende des 19. Jh.s zu einem beliebten Ausflugsziel für Gäste aus ►Wolgast und ► Zinnowitz. Damit war es vorbei, als der nördliche Teil von Usedom 1936 für die Heeresversuchsanstalt in ► Peenemünde gesperrt wurde; in Karlshagen entstanden Wohnungen für ca. 3500 Forscher und Miltärs. Ein Bombenangriff auf Peenemünde im August 1943 zerstörte die Wohnsiedlung und die Bäderinfrastruktur. Der Aufbau nach dem Krieg brachte Plattenbauten, u.a. für die Angehörigen des Jagdfliegergeschwaders in Peenemünde; als Betriebsferienlager kehrte auch der Tourismus zurück. Nach der Wende entstandenen der hübsche Hafen und moderne Neubauten wie das **Hotel Dünenschloss** für ein junges Publikum (Strandstraße 11, www.duenenschloss-karlshagen.de).

▌ Wohin in Karlshagen?

Sicher bei Nord- und Ostwind

Hafen Vom Hafen aus fahren noch größere Kutter auf See, sodass man beim Anlanden des Fangs zusehen kann. Moderne Steganlagen und

Kids für Kids: Piratenschatzsuche, Sandfiguren-Wettbewerbe oder Kinderschminken – Kinderkurdirektorin Amelie sorgt für jede Menge Spaß am Strand.

KARLSHAGEN ERLEBEN

TOURISTINFORMATION
Hauptstr. 4
Tel. 038371 554 90
www.karlshagen.de

**STRANDHOTEL
NORDLICHT €€€**
Hotel mit Seeblick, Frühstücksrestaurant und einem Wellnessbereich an der Strandpromenade. Buchen Sie ein Zimmer mit Balkon und Strandkorb und lauschen Sie bei einem Glas Wein dem Rauschen des Meeres.
Strandpromenade 1
Tel. 03837126 90
www.strandhotel-usedom.de

NORDKAP €€
Geschmackvolle Zimmer und familiäre Atmosphäre 10 Gehminuten vom Strand. Lassen Sie sich im Wintergarten mit einem Candle-light-Dinner verwöhnen. Entspannung verspricht der Wellnessbereich. Eine Ayurvedische Marma-Vitalmassage lässt die Lebensenergie wieder fließen.
Strandstraße 8, Tel. 038371 550
www.hotel-nordkap.com

Liegeplätze bieten im **Jachthafen** Platz für 117 Segler und Motorboote. Mit **Ausflugsschiffen** geht es nach ▶Wolgast, zu den Robbenbänken im Greifswalder Bodden oder im Elektroboot in den Sonnenuntergang auf die Peene. Das alljährliche **Hafenfest** Ende Juli verwandelt die Stege am Wasser in eine bunte Partymeile.
Bootsausflüge: www.schifffahrt-apollo.de | www.kanuusedom.de

Strandgut
Im Naturschutzzentrum erfahren Sie Wissenswertes über Bernstein, Muscheln und Seesterne. Bei Herbstwanderungen erklärt der Pilzfachmann Winfried Dinse heimische Speise- und Giftpilze.
Dünenstraße | tgl. außer Mo. 10 – 16/17 Uhr | Eintritt frei

Naturschutzzentrum
Insel
Usedom

Unfassbares Leid
»Also seid ihr verschwunden, aber nicht vergessen; niedergeknüppelt, aber nicht widerlegt« lautet das Brechtzitat auf der Gedenktafel für die Opfer von Karlshagen. Auf dem Weg nach ▶Trassenheide liegt die Gedenkstätte für die KZ-Häftlinge des Ravensbrück-Außenlagers **Karlshagen I und II**, die gezwungen waren für den Bau der V 2-Rakete in ▶Peenemünde zu arbeiten. Mehrere Haltepunkte entlang der Denkmallandschaft erinnern an das grausame Schicksal der Häftlinge. Gedacht wird auch der 56 in einem Massengrab gefundenen Kriegsgefangenen und Zwangsarbeiter, die mit Kopfschüssen hingerichtet wurden.

Gedenkstätte

★ KOSEROW

Einwohner: 1730

*An der schmalsten Stelle Usedoms liegen die vier Bernsteinbäder
Koserow, Zempin, Loddin und Ückeritz. Ihren Namen verdanken
sie dem glücklichen Umstand, dass sich an den langen, feinsandigen Stränden noch häufig das »Gold der Ostsee« finden lässt
(▶ Das ist Usedom S. 12, Baedeker Wissen S. 104). Den besonderen Charme der kleinen Seebäder aber machen reetgedeckte
Häuschen alter Fischerdörfer und die fast unberührte Natur
zwischen Ostsee und Achterwasser aus.*

▮ Wohin in Koserow?

Seebrücke

Größtes Bernsteinbad
Koserow ist das größte der vier Bernsteinbäder an der schmalsten
Stelle der Insel mit der ältesten Kirche der Küste und der jüngsten
Seebrücke. Sie ersetzt seit 2021 einen Vorgängerbau, dem Wind und
Wellen so zugesetzt hatten, dass er abgerissen werden musste. Der
Glockenturm auf der neuen, 261 m langen **Vineta-Brücke** erinnert
an die sagenhaft reiche Handelsstadt Vineta, die wegen der Geldgier
ihrer Bewohner in den Fluten der Ostsee versank. Infotafeln am
Wanderweg auf den Streckelsberg berichten vom **Atlantis des Nordens** (▶Baedeker Wissen S. 166). Das Fischerdorf im Windschatten
der Dünen hatte nie großes historisches Gewicht, es sei denn, Vineta
hätte tatsächlich dort gelegen, wo ziemlich genau zwischen Koserow
und ▶Zinnowitz Steinhäufungen in der See schon vor ein paar Hundert Jahren die Gemüter erregten. Auf der gut einen Kilometer vor
der Küste liegenden **Vinetabank** strandeten früher viele Schiffe
samt ihrer Ballaststeine und Dachziegelladungen, worauf nüchterne
Zeitgenossen die Funde reduzieren wollen. Doch die Naturkatastro-
phen rund um Koserow könnten auch einen Fluch nahelegen ... Hier,
wo nur 300 m Ostsee und Achterwasser trennen, ist die Gefahr groß,
dass die Insel zerbricht. So wurde in einer Sturmflutnacht 1872 das
Vorwerk Damerow zerstört und zwei Jahre später bei einer Sturmflut mit einer 60 cm dicken Sandschicht zugedeckt. Ein **Gedenkstein**
erinnert daran. Dem Auseinanderreißen der beiden Inselhälften
beugt heute ein Deich zwischen Koserow und Zempin vor.

Dorfkirche

Ein theatralisch Fest
Vor einigen Jahren trafen sich engagierte Schauspieler, um in der 750
Jahre alten Dorfkirche Hofmannsthals »**Jedermann**« zu spielen –
bis heute Bestandteil der sommerlichen Aufführungen im Rahmen

von »**Klassik am Meer**« (www.klassik-am-meer.de). Die kleine Feldsteinkirche unter ausladenden Kastanien wurde Ende des 13. Jh.s erbaut. Hochgotische Elemente weisen die im 15. Jh. hinzugefügten
Teile am Turmeingang wie an den Südfenstern des Altarraumes auf.
Die Altarleuchter und die symbolhafte Taufschale – Adam und Eva
halten den Apfel der Sünde, und der Lebensbaum in der Mitte symbolisiert die Versöhnung – wurden um 1650 aus Messing gefertigt.
Das in Schweden im 15. Jh. geschnitzte Kruzifix über der Taufe sollen
Fischer aus der Ostsee geborgen haben. Wenn auch aus anderer Zeit,
war es für sie das »**Vineta-Kreuz**«. Aus dem 15. Jh. stammt ebenso
der geschnitzte Altar mit Maria und Johannes unter dem Kreuz, darüber der über den Tod triumphierende Christus sowie Petrus und
Paulus, die hl. Hedwig und der »Apostel der Pomoranen« Bischof
Otto von Bamberg. Das Gotteshaus ist in den letzten Jahren liebevoll
restauriert worden, darunter auch ein Votivschiff von 1823, dass ein
Fischer aus Ückeritz zum Dank für seine Rettung aus Seenot stiftete.
Zwischen 1821 und 1827 wirkte hier der wortgewandte Pfarrer Wilhelm Meinhold. Mit seiner angeblich in einem alten Kirchenbuch gefundenen Geschichte der Pfarrerstochter Maria Schweidler, die 1630
als »**Bernsteinhexe**« auf dem Streckelsberg den Flammentod ster-
ben sollte, schrieb er Mitte des 19. Jh.s einen Bestseller und lenkte
das Interesse der Berliner und des preußischen Hofes auf die einsame Gegend. Wenig später reisten die ersten Badegäste an.

Frisch geräuchert

Preußens Regierung tat Mitte des 19. Jh.s noch mehr und sorgte für
die Errichtung von Salzhütten, in denen das steuerfreie Steinsalz für
die damals reichen Heringsfänge der Strandfischer gelagert wurde.
Ein gutes Dutzend der nun denkmalgeschützten, reetgedeckten
Fachwerkhütten blieb erhalten, in denen heute fangfrischer Fisch in
den Rauchfang wandert, um dann gleich vor Ort verzehrt zu werden.
Das Salzhüttenensemble teilen sich heute Fischer und Gastronomen
mit Souvenirshops und »**Uns Fischers Arbeitshütt**«, wo sich Paare
im kleinsten Trauzimmer der Insel das Ja-Wort geben können.

Salzhütten

Bei der Seebrücke | Tel. 038375 206 80
www.koserower-salzhuette.de

Gegen Wellen und Wind

Zum Schutz der Kliffranddüne des 58 m hohen Streckelsbergs wurden vor 200 Jahren Rotbuchen als natürlicher Windfang angepflanzt.
Buhnen und eine 300 m lange Brandungsmauer sollen die Kraft der
Wellen brechen. Außerdem gibt es immer wieder Sandaufschüttun-
gen nach Abbrüchen am Kliff. Weit schweift der Blick vom Berg bis
hinüber zu den Kreidefelsen auf Rügen, zur Greifswalder Oie und den
Steilufern der polnischen Insel Wollin. Ein Lehrpfad führt zu zauber-
haften Orchideen, blau blühenden Leberblümchen und Wildrosen.

Streckels-
berg

DIE VIER BERNSTEINBÄDER ERLEBEN

TOURISTINFORMATION
Hauptstr. 21, Seebad Koserow
Tel. 038375 204 15, https://
usedomer-bernsteinbaeder.de

SURFEN, SEGELN, KITEN UND STAND-UP-PADDELN
Ein weites Stehrevier, bestes Material und coole Trainer finden Sie im Sommer beim Café Knatter (s. rechts).
Hauptstraße 36, **Ückeritz**, Tel. 038375 206 41, https://kitesurf usedom.de, Stand-up-Schnupperstunde inkl. Neopren 25 €
Jollen-Schnupperkurs 60 €
Anfängerkurs Kiten 139 €

KARLS ERLEBNISDORF
Kinderparadies mit Kartbahn, Kartoffelsackrutsche, Streichelzoo und Spielplatz. Auch ein Bauernmarkt gehört dazu mit Erdbeerprodukten, Keramik, Mecklen-Burger-Restaurant und Pfannkuchenschmiede.
An der B111 südl. von **Koserow**
tgl. geöffnet, www.karls.de

DEUTSCHES HAUS €€€/€€
Mit überlieferten Rezepten und innovativen Ideen werden Zander, Dorsch, Steinbutt, Flunder, Hering und Lachs, aber auch Wild und Beeren aus nachbars Garten köstlich zubereitet. Donnerstag gibt es Spanferkel mit Kraut.
Nebenstr. 1, **Ückeritz**
Tel. 038375 209 40, https://
deutsches-haus-ueckeritz.de

WATERBLICK €€€/€€
Trumpf in der modernen pommerschen Landküche ist Fisch! Flunder, Scholle, Aal oder Zander gehören zur begehrten Lobbiner Bratfischpann aus dem frischen Fang des Tages. Labskaus nach alter seemännischer Tradition, aber auch pommersches Landschwein und US-Beef in Premiumqualität sowie saftiger Apfel- oder Käsekuchen, so wie Oma es machte, stehen auf der Speisekarte. »Alles selber herstellen« ist das Credo von Chef Peter Noack. So gibt es im Hausladen noch maritime Deko, hausgemachte Sanddornprodukte und Oma Annas Klötenköm – Eierlikör. Noch mehr Positives? Gern, denn die Aussicht auf das Achterwasser ist einfach fantastisch!
Am Mühlenberg 5, **Loddin**
Tel. 038375 202 94
www.waterblick.de
So., Mo. geschl.

KIKI'S BOOTSVERLEIH €€/€
Heringsfilets »Loddiner Hausfrauenart«, Kasselerkammsteak und Pommernbratwürste stehen auf der Karte der reetgedeckten Bar beim Bootsverleih – toller Platz zum Sonnenuntergang am Achterwasser!
Dorfstr. 23, **Loddin**
Tel. 0160 96 29 51 38
www.kikis-bootsverleih.de

KELCHS FISCH- UND MUSEUMSRESTAURANT €€
Traditionsreicher Familienbetrieb mit gemütlichem maritimen Ambiente und leckeren Fisch- und Wildgerichten. Unser Tipp: die Kutterscholle mit Garnelenspieß und Bratkartoffeln.
Karlstraße 17, **Koserow**
Tel. 03837520458
www.kelchs.de

TAU'N FISCHER UND SIN FRU €€

Kleines, aber sehr feines Fischlokal mit Räucherei und frischem Fisch aus eigenem Fang – besser reservieren!

Waldstr. 11, **Zempin**
Tel. 038377 400 54

CAFÉ KNATTER €€/€

Ausgedehnte Spaziergänge am Meer, frische Seeluft atmen und den Kitern beim wilden Ritt übers Achterwasser zusehen. So bekommt man den Kopf frei, um neue Kraft zu tanken. Setzen Sie sich einfach auf die Sonnenterrasse und lassen Sie sich mit regionalen Köstlichkeiten verwöhnen. Der Fisch auf dem Tisch kommt vom Fischer aus Freest, Di. ab 17 Uhr gibt es ein tolles Burger Buffet. Die Zimmer mit Blick aufs Wasser sind liebevoll, hell und freundlich im maritimen Stil eingerichtet. Gäste können den neuen Fitnessraum nutzen.

Hauptstr. 33c, **Ückeritz**
Tel. 038375 229 66
https://cafe-knatter.de

KOSEROWER SALZHÜTTE €

Frisch geräuchert kommen Steinbutt & Co. auf den Teller, ▶S. 99.

INSELHOF VINETA €€€/€€

Ruhiges Resort mit Wellnessbereich, kaiserlichem Frühstücksbuffet, Terrassencafé und Abendessen à la carte im Seerestaurant oder Wintergarten mit Panoramablick aufs Achterwasser.

Am Achterwasser 1, **Zempin**
Tel. 038377 383 77
www.inselhof-vineta.de

FORSTHAUS DAMEROW €€€

Reetgedeckte Hotelanlage im Grünen mit rustikalen Zimmern und Bungalows, Wellnessbereich, Kajakverleih, und frischer regionaler Küche in Kaminzimmer, Grafenstube und Försterzimmer. Auf der Sommerterrasse werden hausgemachte Kuchen serviert, im Biergarten wird im Sommer Livemusik geboten.

Zwischen Koserow und Zempin, nahe **Lüttenort**, Tel. 038375 56
www.urlaub-auf-usedom.de/
hotel-forsthaus-damerow

NAUTIC €€€

Im Windschatten des Streckelbergs unweit vom Strand mit schönen Zimmern und Dünenhäusern unter Buchen, Spa, Pool und Sauna. Auf der Karte stehen Fisch, saftige Steaks und mediterrane Gerichte.

Triftweg 4, **Koserow**
Tel. 038375 25 50
www.nautic-usedom.de

PENSION NIXE €€

Jugendstilvilla mit acht individuell gestalteten Zimmern nur 300 m vom Strand. Spezialität des Restaurants mit offener Küche und Sommerterrasse sind Steaks vom Lava-Grill.

Waldstr. 2, **Loddin**, Tel. 038375
201 77, www.pension-nixe.de

SCHWEDENROT €€

Schöner wohnen in fünf im original Schwedenrot gestrichenen Holzhäusern auf einem lichten Hügel zwischen Kiefern, Ebereschen und Sanddorn.

Triftweg 1c, **Kölpinsee**, Tel. 07832
99 92 25, https://schweden-rot.de

VILLA SCHÖNECK €€

Das älteste Logier-Haus von Koserow, das 1891 in unmittelbarer Strandnähe erbaut wurde, beherbergt heute vier moderne Ferienwohnungen.

Am Strande 1B, **Koserow**
Tel. 038375 207 71
www.haus-schoeneck.de

SCHLAFSTRANDKORB €

Unterm Sternenhimmel können 1–2 Romantiker Mai – Sept. die Nacht im komfortablen Schlafstrandkorb hinter der Düne in **Ückeritz** verbringen.

50 €/Nacht, www.tiscover.com

SPIEL DES LICHTS

Zart fällt vibrierendes Licht auf Deichgras im Wind
und Steine am Meer. Kraftvoll türmen sich bizarre
Eiskappen am winterlichen Strand der Ostsee, der
»großen Geliebten« von Otto Niemeyer-Holstein. Immer
neu und immer anders konnte er Stillleben eine Seele
geben. Im Atelier von Lüttenort scheint es fast so, als
hätte der Maler die Staffelei eben erst verlassen
(www.atelier-otto-niemeyer-holstein.de).

Atelier Otto
Niemeyer-
Holstein

Wunschlos. Zeitlos. Restlos. Glücklich.
... bedeuten die vier Buchstaben WZRG am Kutter »Orion« auf dem
Deich von **Lüttenort**, den Otto Niemeyer-Holstein (▶Interessante
Menschen) 1932 auf einem Segeltörn zwischen Meer und Achterwasser entdeckte. Er erwarb das abgelegene Brachland und benannte es nach seinem Boot »Lütter«. Hier schuf er für sich und seine
Familie ein eigenwilliges Refugium mit Wohnhaus, Atelier und Malgarten, den er mit Plastiken und Skulpturen von befreundeten Künstlern gestaltete. In den fünf Jahrzehnten, die der Maler hier verbrachte, sind zahlreiche Grafiken, Ölbilder und Aquarelle entstanden. Ein
ausrangierter Packwagen der Berliner Stadtbahn diente ab 1933 als
Unterkunft in den Sommermonaten.

> »
> ## Aus dem wird wat,
> ## der klaut sich de Farben aus'm Meer.
> «
> *Max Liebermann über den jungen Nachwuchskünstler,*
> *der seine Bilder mit ONH signierte*

Um nicht bei der Arbeit gestört zu werden, schrieb er an die Tür des
Ateliers »Tabu«. Später erwarb Niemeyer-Holstein auch die Windmühle bei ▶Benz. Das Atelier kann nur im Rahmen einer Führung
besichtigt werden. Der moderne Anbau der **Neuen Galerie** veranstaltet Wechselausstellungen, Konzerte, Lesungen und Malkurse.
Ausgeschilderte Anfahrt von Zempin über die Rieckstraße | Galerie
und Garten: Mi., Do., Sa., So. 10 – 16 Uhr | Eintritt 4 € | Atelier:
Führungen 11, 12, 14 Uhr, Führung durch den Malgarten Di. 16 Uhr
www.atelier-onh.koserower.de

❘ Wohin in den anderen Bernsteinbädern?

Lieblingsort an der Lachsbucht
Das am Achterwasser gelegene »Dorf an der Lachsbucht« hat sich
bis heute seinen besonderen Charme bewahrt mit alten, reetgedeck- Loddin
ten Katen, kleinem Hafen und einmaligem Blick auf die hügelige Halbinsel **Loddiner Höft**. Als »Höft« bezeichneten die Slawen höher gelegene Uferbereiche wie die wildromantische Steilküste am Achterwasser. Ein Hochuferweg führt an bunten Wiesen vorbei bis zum
16 m hohen Galgenberg. An klaren Tagen können Sie von hier bis zum
▶Gnitz und ▶Lieper Winkel sehen. Viele Gäste kommen wegen der
hervorragenden Fischküche im **Waterblick** und zum Sonnenuntergang bei **Kiki's Bootsverleih**, wo Sie eine Runde über den See schippern und im Biergarten bei leckerem Kuchen und fangfrischem Fisch
einfach das Leben genießen können (▶S. 100).

Das Wasser im Blick
Kölpinsee bekam in der zweiten Hälfte des 19. Jh.s den Status eines Kölpinsee
Seebades. Mit dem Anschluss an die Eisenbahn 1911 nahm die Be-
sucherzahl sprunghaft zu, zahlreiche Unterkünfte und die Seebrücke
entstanden. Anfang der 1930er galt Kölpinsee als Treffpunkt der
UFA-Filmstars, waren hier Willi Fritsch, Lilian Harvey und Zarah
Leander zu Gast. Heute ist Kölpinsee ein Ferienziel, in dem man sich
wunderbar erholen kann, herrscht im Sommer Leben am **Strand-**
hotel Seerose mit gehobener Küche, Bistro und Spa (https://strand
hotel-seerose.de). In der **Heimatstube** wird die Geschichte des Ba-
deortes erzählt, im **Bernsteinbasar** Schwarzenholz erfahren Sie
Wissenswertes über die Entstehung vom Gold der Ostsee (▶Baede-

GOLD DER OSTSEE

Mit etwas Glück und viel Geduld kann man bei einem Strandspaziergang an der Ostseeküste von Usedom auch heute noch Bernstein entdecken. Allerdings entsteht erst durch Schleifen und Polieren jener honigfarbene Schmuckstein, mit dem bereits die Menschen der Bronzezeit handelten und Halsketten, Ringe und Armbänder anfertigten.

▶ **Bernsteinfischer**

Bei starken Stürmen wird der relativ leichte Bernstein vom Meeresboden aufgewirbelt und mit den Wellen für einen kurzen Augenblick aus dem Wasser gehoben. Die Bernsteinfischer schöpfen die Brocken mit langstieligen Keschern aus den Fluten.

▶ **Entstehung des baltischen Bernsteins**

1 Vor 30 bis 50 Millionen Jahren war der Raum der Ostsee tropisch-subtropisch warm und feucht. In ausgedehnten Mischwäldern wuchsen heute noch heimische Kiefern, Tannen, Eichen, Buchen und Kastanien, aber auch tropische Palmen, Magnolien und Zimtbäume. **2** Das fossile Harz trat vor Jahrmillionen aus Kiefern und anderen Nadelbäumen aus und härtete an der Luft sehr schnell aus.

Bernsteinlager

Bernstein kommt mit Ausnahme der Polargebiete weltweit vor. Über ein Viertel der Weltproduktion stammt heute aus dem Samland 40 km westlich von Kaliningrad.

Bernsteinvorkommen und Bernsteinrouten in Europa

- Bernsteinfundstellen
- Historische Bernsteinrouten

▶ **Wie erkenne ich echten Bernstein?**
Bernstein, auch Amber oder Succinit genannt, ist leicht, weich und schwimmt in konzentriertem Salzwasser. Er brennt schnell mit stark rußender gelber Flamme, die harzig-aromatisch duftet. Bedingt durch mineralische Einflüsse reichen die Farben von Elfenbein, Weiß, Goldgelb und Orange bis hin zu Rot- und Brauntönen. Manche Exemplare tragen Inklusen (Einschlüsse) wie Sand, Pflanzenreste oder Insekten.

▶ **Verwendung von Bernstein**
Seit der Bronzezeit wurden aus Bernstein Schmuckstücke hergestellt, später sogar Möbel und Wandverkleidungen.

Auch in der Medizin wurde er verwendet: als heilende Salbe gegen Hautleiden, als schmerzstillendes Pulver zum Trinken bei Nervenleiden, Rheuma und Lungenentzündung.

3 Gewaltige Mengen des erstarrten Harzes sanken durch Wasser, Eis und Brandung in tiefe Sedimentschichten in Lagunen der gezeitenfreien »Paläo-Ostsee« ab, wo sie von Sand, Staub und neu gebildeten Gesteinsschichten zugeschüttet wurden.

4 Unter Luftabschluss und Druck entwickelte sich über Millionen von Jahren der Bernstein.
5 Das größte Vorkommen in 30 m Tiefe um Jantarry bei Kaliningrad fördert jährlich 300 t Bernstein.

©BAEDEKER

ker Wissen S. 104), dem die Bernsteinbäder im Frühjahr eine eigene Themenwoche widmen: die **Usedomer Bernsteinwoche**. Höhepunkte im Sommer sind **Kunsthandwerkermarkt** und **Sommerfest** im Juli an der Strandpromenade, am zweiten Augustwochende gibt es einen Töpfermarkt. Kölpinsee hat einen 30 m breiten Sandstrand und nette Ecken wie die Fischerboote am Strand und der Kurpark mit Konzertmuschel. Von dort blickt man auf den schilfgesäumten Kölpinsee, der dem Seebad seinen Namen gab und Brutplatz für viele Wasservögel ist. Um den 50 m tiefen See führt ein 4 km langer **Wanderweg**. Stärken Sie sich im Café am See, dessen Terrasse einen schönen Blick auf das Wasser hat.

Heimatstube: Sa. – Do. 14.00 – 17.00 Uhr
Bernsteinbasar: Waldsiedlung 4 | tgl. 16 – 19 Uhr

Waldreichstes Seebad der Insel

Ückeritz

Schattige Buchenwälder säumen den 7 km langen, feinsandigen Strand im 1000-Seelen-Dorf Ückeritz, wo Steil- und Flachküste malerisch miteinander wechseln. Am Achterwasser finden sich Moore, Wiesen und schilfbedeckte Uferzonen. Das 1270 erstmals urkundlich erwähnte Ukerz wurde im Dreißigjährigen Krieg fast vollständig zerstört. 1892 erhielt das ehemalige Fischerdorf die Anerkennung als **Seebad**, konnte sich aber seinen ländlichen Charakter bewahren. Ab 1930 etablierten Maler wie Otto Manigk und Herbert Wegehaupt Ückeritz als **Künstlerkolonie**. Werke der Künstlergruppe sind Schwerpukt der jährlichen Ausstellungen im Haus des Gastes. Die Promenade besitzt keine Strandvillen im Stil der Bäderarchitektur, sondern ist als **Naturpromenade** angelegt mit kleinen Cafes, Ferienwohnungen, Souvenirshops und Imbissläden – probieren Sie die Ückeritzer Quarkkeulchen! In der **Heimatstube** »Klönstuw« in der alten Schule an der Strandstraße ist die Lokalgeschichte aufbereitet. Bei Zweirad-Awe an der Strandstr. 5a können Sie E-Bikes für eine Radtour mieten. Zurückgebaut wurden die Plätze des **Naturcamping Am Strand**, den sich zu DDR-Zeiten bis zu 18 000 Camper und Wohnwagenbesitzer gleichzeitig teilten. Geblieben ist die exzellente Qualität von Wasser und Strand, hinter dem sich heute das grüne Waldband über 4,5 km hinzieht mit 750 Stellplätzen auf meist naturbelassenen Flächen (April – Okt., www.campingplatz-ueckeritz.de). Der **Naturcamping Hafen-Stagnieß** besitzt 200 Stellplätze und Bademöglichkeiten am Achterwasser neben einem kleinen Hafen mit Bootsliegeplätzen (www.camping-surfen-usedom.de). Aus Kite-Anfängern werden beim **Café Knatter** begeisterte **Wassersportler** gemacht und selbst Profis können hier noch einiges lernen (▶S. 101).

Kraniche, Graugänse und Haubentaucher

Wockninsee

Der geschützte Wockninsee östlich des Ortes lässt sich vom Campingplatz auf einem 3 km langen **Naturlehrpfad** umwandern. Schau-

6x
UNTERSCHÄTZT

Genau hinsehen, nicht daran vorbeigehen, einfach probieren!

1.
ACHTERWASSER

Das kleine Bernsteinbad **Ückeritz** hat zwar keine Strandvillen, dafür bietet es Naturcampingplätze mit schönen Badestellen und das **Café Knatter**, wo Sie gut essen und den Kitern beim wilden Ritt übers Achterwasser zusehen können. (▶ **S. 106**)

2.
HANSESTADT MIT VISION

Lange galt **Anklam** als schmuddelige Hochburg der Rechtsextremen in der strukturschwachen Provinz. Das neue **Ikareum-Museum** für die Flugpioniere Lilienthal soll in naher Zukunft in der Nikolaikirche den Bilbao-Effekt bescheren. (▶**S. 51**)

3.
PANORAMA

Kamminke ist der letzte Halt vor der Grenze zu Polen. Trotzdem sollte man abends in der **Fischräucherei Klönsnack** für das Buffet mit Stremellachs und Butterfisch reservieren. Durch Panoramafenster haben Sie den windgeschützten Blick auf das Stettiner Haff. (▶ **S. 70**)

4.
DAS HATTEN WIR AUCH ...

In **Dargen** am Kleinen Haff geht es auf eine einmalige Zeitreise. Jede Menge alltäglicher Dinge, Autos und Technik der DDR wecken Erinnerungen. (▶**S. 68**)

5.
ŚWINOUJŚCIE

Swinemünde hat sich seit Polens Öffnung sehr verändert. Viele Villen der Kaiserzeit erstrahlen im alten Glanz, Strandpromenade und Hafen wurden modernisiert und der herrliche Sandstrand ist sogar noch etwas breiter als auf der deutschen Seite. (▶ **S. 130**)

6.
TÖPFERMARKT

Einmal im Jahr erwacht **Morgenitz** aus seinem Dornröschenschlaf, wenn sich Künstler aus ganz Deutschland im Sommer auf dem tollen Töpfermarkt treffen. (▶ **S. 118**)

tafeln informieren über die Flora und Fauna des flachen, durch Torfbildung teilverlandeten Strandsee. Hier gedeihen Sumpfveilchen, Moosbeeren und Sonnentau, brüten Graugänse, Kraniche, Zwerg- und Haubentaucher. Am Nordostufer gibt es eine Aussichtskanzel mit weitem Blick über den See bis zu den Schwarzerlen- und Eichenwäldern, wo über 400 Jahe alte Eichen stehen.

Zeugen der Eiszeit

Usedomer Gesteinsgarten

Eine alte Baumallee führt zum Usedomer Gesteinsgarten am **Forstamt Neu-Pudagla**. Hier wurden über 140 Steine zusammengetragen, die bis zum Ende der letzten Eiszeit vor 13 000 Jahren aus Finnland und Südschweden nach Usedom geschoben wurden. Anhand der Gesteinsstruktur lässt sich die Herkunft der **Findlinge** bestimmen, die bis zu 1000 km zurückgelegt haben. Der schwerste wiegt etwa 7 Tonnen, der älteste wird auf über zwei Milliarden Jahre geschätzt. Das **Waldkabinett** in der Scheune des Fortshauses informiert über Flora und Fauna, zeigt Fossilien und Baumkalender. Zum Programm der **Fledermausnacht** im Juli gehören Vorträge, Waldtrips und der Bau von Fledermauskästen. Die rätselhaften Zwergfledermäuse schlafen im Sommer zu Hunderten am Scheunengiebel.
Mo. – Fr. 8 – 15.30 Uhr | www.forstamt-neupudagla.m-vp.de

Drei Kilometer Promenade

Zempin

Machen Sie im kleinsten der Bernsteinbäder, wo gerade mal 940 Menschen leben, einen Spaziergang von der Ostsee zum Achterwasser, die nur wenige Hundert Meter auseinanderliegen. Rund 50 reetgedeckte, unter Denkmalschutz gestellte Bauernhäuser und Fischerkaten verteilen sich im charmanten Dorfkern auf Peene-, Rieck-, Fischer- und Dorfstraße. Noch heute können Sie die **Fischer** am Strand neben dem **Kurplatz** beobachten. Dort gibt es auch Infos zum aktuellen Fang und welche Genüsse Sie im Restaurant **Tau'n Fischer und Sin Fru** und im **Inselhof Vineta** erwarten (▶S. 101). Das Museum »**Uns olle Schaul**«, das noch bis zum Jahr 2000 als Schule genutzt wurde, widmet sich der Fischerei in Zempin und zeigt handgefertigte Bootsmodelle, die der Fischer Konrad Tiefert im Alter von 80 Jahren bastelte. Außerdem ist hier der Kolonialwarenladen Schichlein mit Mobiliar aus dem Jahr 1928 aufgebaut.
Touristinformation: Fischerstr. 1
Uns olle Schaul-Museum: Fischerstr. 11 | Mi., Sa. 15 – 18 Uhr

Dunkle Vergangenheit

Ehemalige Abschussrampen

Am Rand des Campingplatzes sowie am Radwanderweg zwischen Zempin und Zinnowitz kann man Reste der **V 1-Abschussrampen** entdecken. Im Zweiten Weltkrieg gehörte Zempin zum Sperrgebiet ▶ Peenemünde West. Hier wurden den Mannschaften die Raketen erklärt und Probeabschüsse entlang der Ostseeküste durchgeführt.

★★ LIEPER WINKEL

Halbinsel

Wo Usedom am ursprünglichsten ist, liegt der stille Lieper Winkel. Zwischen Peenestrom und Achterwasser, reetgedeckten Häuschen, alten Obstbäumen und weiten Feldern ist viel Platz zum Erholen und Entdecken, Wandern und Radeln. Genießen Sie im entlegenen Ende der Insel den ländlichen Charme, guten Fisch und idyllische Rückzugsorte, die Sie mit Störchen, Seeadlern und Graureihern teilen dürfen.

H 7/8

❚ Wohin im Lieper Winkel?

Jahrhundertelang war der Lieper Winkel ein vergessener Flecken, abgelegen, einsam und noch dünner besiedelt als der Rest von Usedom. Fernab vom Badetourismus konnte sich die Gegend ihren ursprünglichen Charakter bewahren. 1187 vermachte die pommersche Herzogin Anastasia den Ort Liepe und die damals noch dicht bewaldete und von Sümpfen durchzogene Halbinsel dem **Prämonstratenserkloster Grobe** bei Usedom. Obwohl die Mönche das Land urbar machten, hatten die winzigen Dörfer, die nur per Boot erreichbar waren, kaum Kontakt zur Außenwelt. Erst Ende des 19. Jh.s erhielt die wie ein Lindenblatt (slawisch »lipa« = Linde) in das Achterwasser ragende Halbinsel eine Straße, die den Lieper Winkel mit dem Rest der Insel verband. Heute ist die stille, unaufgeregte Landschaft ein **Traumziel für Naturfreunde**, Wanderer und Radfahrer mit lauschigen Badebuchten, Bootsstegen und feinen Fischadressen.

Natur-schönes Ende der Welt

Seglertreff am Peenestrom
Reservieren Sie am stimmungsvollen **Seglerhafen** in der Alten Fischräucherei einen Tisch (▶ S. 113). Rankwitz selbst ist ein hübsches Dorf mit Storchennestern, schiefen Fischerkaten und kleinen Bauernhäusern, wo hübsche Ferienwohnungen entstanden sind. Von Landwirtschaft, Fischerei und den Trachten zu Großmutters Zeiten erzählt der **Heimathof** an der Dorfstraße. Das Museum verfügt über Webstühle, auf denen noch heute die traditionellen Wollstoffe mit ihren stilisierten Fischmustern gewebt werden. Am Ortsrand bietet als höchste Erhebung im Lieper Winkel der 18,5 m hohe **Jungfernberg** einen guten Rundblick. Setzen Sie sich auf die Bank am Gipfelkreuz und werfen Sie einen Blick in die Blechkiste hinter der Rückenlehne, um Eintragungen Ihrer Vorgänger zu lesen wie »Moin, moin, geschafft!«.

Rankwitz

www.hafen-rankwitz.de | **Heimathof:** Mo.– Mi. 10–16, Sa. 10–13 Uhr
www.heimathof-lieper-winkel.de

Fischerkaten und reetgedeckte Fachwerkhäuschen verleihen dem Lieper Winkel seinen Charme.

Romantische Fischerkaten und Fachwerkhäuser ...

Quilitz ... besitzt auch das 1317 erstmals erwähnte, beschauliche Fischerdorf direkt am Peenestrom. Bei gutem Wetter eröffnet das Steilufer eine wunderbare Aussicht: in südlicher Richtung zur Stadt Usedom und am gegenüberliegenden Ufer von Lassan bis zu den Hafenanlagen von Wolgast. Besonders schön sind Spaziergänge bei Sonnenuntergang am Hochufer. Wer in der Peene baden will und sich mit Haffsand zufrieden gibt, findet in der Nähe eine so idyllische **Badestelle**, wie sie nur am Achterwasser zu finden ist.

Usedoms älteste Kirche

Liepe Das Dorf im Zentrum des Lieper Winkels war Namensgeber der Halbinsel. Ausgerechnet in dieser abgelegenen Gegend steht die älteste Kirche Usedom, **St. Johannes**. Ihre Geschichte geht bis in die Zeit der Christianisierung zurück. Bereits 1216 wurde das Lieper Gotteshaus urkundlich erwähnt. Vom ersten Bau ist nur noch der Fuß des Taufsteins erhalten. Der kleine, turmlose Feld- und Backsteinbau hat einen frei stehenden mittelalterlichen Glockenstuhl. In den Wandnischen hinter dem Altar im schlichten Innenraum sind Malereien vom Ende des 15. Jh.s erhalten, welche die Kreuzigung und Auferstehung Christi zeigen.

BAEDEKER MAGISCHE MOMENTE

LANDLUST

Zeit spielt im Lieper Winkel keine große Rolle. Auch im **Hofcafé Landlust** scheinen die Uhren langsamer zu ticken. Es gehört zu jenen wunderbaren Orten, an denen man sich auf Anhieb zu Hause fühlt. Wenn der Duft von frischen Waffeln durch den idyllischen Garten am schilfgesäumten Achterwasser weht, sind Stress und Hektik schnell vergessen. Schietwetter? Dann suchen Sie sich ein gemütliches Plätzchen in der alten Scheune, die von den Pietschs liebevoll im Landhausstil eingerichtet worden ist. Bestellen Sie ein Stück Gewittertorte und lassen Sie einfach die Seele baumeln (Dorfstr. 1, Grüssow, Tel. 01512 291 14 55, www.usedom-lieperwinkel.de).

LIEPER WINKEL

TOURISTINFORMATION
www.usedom-lieperwinkel.de

GUTSHOF WARTHE €€€/€€
Genießen Sie frisch zubereitete pommersche Küche auf der Sonnenterasse, im Garten oder in der Fachwerkscheune. Die Zutaten kommen aus der Region und dem eigenen Anbau. Sogar der Apfelsaft stammt von den eigenen Obstbäumen und wird ohne Zutaten gepresst. Wer bleiben will: Es gibt auch drei im puristischen Stil gehaltene Galerie-Appartements unterm Reetdach für zwei Personen.
Dorfstr. 2, Warthe, Tel. 038372 76 99 06, www.gutshof-warthe.de

ZUR ALTEN FISCHRÄUCHEREI €€/€
Gemütliches Fischlokal am Seglerhafen mit hausgemachten Spezialitäten aus Neptuns Reich, vornehmlich aus eigenem Fang. In der Räucherei wird der Fisch noch nach alter Tradition über offenem Feuer geräuchert und viele Usedomer machen vom Hausverkauf Gebrauch! Unser Tipp: der Stremellachs und die Fischboulletten.
Am Hafen 1, Rankwitz
Tel. 038372 705 21

HOFCAFÉ LANDLUST €
▶Magischer Moment S. 112

SONNENHOF €€€€
Urlaub mit der ganzen Familie? Blaukehlchen und Rotkehlchen heißen die beiden großen 5-Sterne-Ferienhäuser direkt am Achterwasser, die keine Wünsche offen lassen.
Dorfstraße, Grüssow
Tel. 038372 707 40
www.usedom-lieperwinkel.de

SCHWALBENHOF €€€
Bezaubernde Urlaubsoase mit großzügigen, hellen Räumen. Zwei Ferienwohnungen, die mit viel Liebe zum Detail eingerichtet worden sind. Gepflegter Garten, Obstbäume mit Äpfeln zum Naschen und Zugang zum eigenen Hafen samt Badestelle. Entspannen Sie in der hofeigenen Sauna mit Blick zum Achterwasser.
Dorfstraße, Grüssow
Tel. 038372 707 40
www.usedom-lieperwinkel.de

Neue pommersche Küche
Im hintersten Winkel der Halbinsel scheint das Dörfchen Warthe nahezu ungestört vor sich hin zu träumen. Hier finden sich die meisten Lehmfachwerkhäuser auf Usedom. In der Fachwerkscheune des denkmalgeschützten **Gutshofes** erwartet Sie neue pommersche Küche aus besten Zutaten der Region (s. oben). Das **Blaue Haus** mit seinem Bauerngarten in der Nähe schmückt so manche Ansichtskarte. In Warthe ließ sich Philipp Otto Runge (▶Interessante Menschen) zum Märchen vom »Fischer un sin Fru« inspirieren. 1948 fand man auf dem Dachboden eines Hauses am Peeneweg die gut erhaltene Tracht einer Frau aus der Zeit um 1850. Die Trachten- und Volkstanzgruppe »Dei Lieper-Winkel'schen Danzlüh« tritt in hand-

Warthe

gewebten Nachbildungen dieses Originals auf, das jetzt im Museum Wolgast aufbewahrt wird. Den Lieper Winkel erschließt zudem eine Reihe von **Wanderwegen** durch Dörfchen wie Grüssow, Reestow und Schwenkenberg, auf denen man unwillkürlich das eigene Tempo dem Gleichklang der Landschaft anpasst. Ein Muss: Im **Hofcafé Landlust** in Grüssow sitzt man bei Kaffee und Kuchen zwischen Obstbäumen und hört nur Vögelgezwitscher und das leise Schnauben der Ponys (▶Magischer Moment S. 112).

★ MELLENTHIN

Einwohner: 465

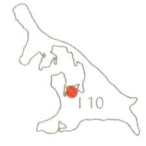

In der grünen Mitte der Insel säumen Höfe und Häuser mit Storchennestern die Dorfstraße. Vorbei an der alten Schmiede, dem Kirchlein und Gutsgebäuden gelangt man am Ende einer Allee zum ehemaligen Herrensitz, einem als Hotel, Restaurant und Brauerei wiederbelebten Wasserschloss.

Mit selbst gebrautem Bier und frischen Waffeln punktet Schloss Mellenthin.

Neues Leben in alten Mauern

Das slawische »Mellenthin« bedeutet Mittelpunkt. Und genau dort, mitten im Naturpark Usedom, befindet sich das **Wasserschloss** Mellenthin. Der Ort selbst entwickelte sich um ein Kirchlein von 1330 und den feudalen Herrensitz. Früher eine fast autarke Insel, wurde der Besitz von mächtigen Herren sehr geschätzt. Die Familie von Neuenkirchen, die um 1580 den Renaissancebau fertigstellen ließ, besaß damals nach dem Kloster Pudagla das meiste Land auf Usedom. Aus dieser Zeit stammt der Kamin mit bunt bemalten Figuren, der heute das Restaurant schmückt. Doch mit Christoph von Neuenkirchen starb die Familie 1641 aus. Nächster Besitzer wurde Graf Johan Axelsson Oxenstierna, den sein Vater, der schwedische Reichskanzler, zu den Friedensverhandlungen am Ende des Dreißigjährigen Kriegs schickte. Johans Gattin und Erbin Margarethe de Brahe vermählte sich 1661 in dritter Ehe mit dem 30 Jahre jüngeren Prinzen Friedrich von Homburg. Das im 17. Jh. um zwei Seitenflügel erweiterte Haus wurde zur Jahrtausendwende von der Familie Fidora erworben. **Schlosshotel und Restaurant** (▶ S. 116) mit mittelalterlichem Ambiente brachten die finanziellen Mittel für die Restaurierung des Anwesens. Schlossherr Jan Fiodora, der gelernter Brauer und Mälzer ist, erfüllte sich mit der **Hausbrauerei** einen Lebenstraum. Später folgte die **Kaffeerösterei**. Zum stimmungsvollen Ambiente gehören ein Park, 200-jährige Eichen, ein Wassergraben und das Gerücht von einem geheimen unterirdischen Gang, der einst das Schloss mit dem 6 km entfernten Kloster Pudagla bei ▶ Benz verbunden haben soll. Graben ließ ihn angeblich einer der Herren von Neuenkirchen, um eine verehrte Nonne aus dem Kloster zu befreien.
Schlossallee 5 | www.wasserschloss-mellenthin.de

Schloss Mellenthin

In der grünen Mitte

Gotteshaus mit langer Geschichte

Umgeben von alten Grabstätten unter hohen Bäumen ist die 1317 errichtete Dorfkirche ein besonderer Ort der Ruhe. Die mittelalterlichen Malereien im Chor mit Szenen aus dem Alten und Neuen Testament sowie dem Martyrium des hl. Erasmus sind sorgsam restauriert worden. Die fein gearbeitete Grabplatte an der Südwand stellt die Erbauer von Schloss Mellenthin, **Rüdiger von Neuenkirchen**, und seine Frau Ilsabe von Eickstedt dar. Die ehemalige Küsterin Hartwig hat bis 1980 viele Namen derer, die aus Balm und Mellenthin durch Krieg und Stalins Geheimdienst NKWD ums Leben gekommen sind, in ein Buch geschrieben, das in der Kirche ausliegt.

Dorfkirche

Ein Blütenmeer …

… wartet neben dem **Landgasthaus Klein** (▶S. 116) zwischen April und Oktober mit 14 Themengärten heimischer Flora, Liegewiese, Teichen, kleinen Bächen und einem Wasserfall.
Tgl. ab 9 Uhr | Eintritt 5 €

Botanischer Garten

MELLENTHIN ERLEBEN

HOTEL & RESTAURANT IM WASSERSCHLOSS €€€/€€

Das im Sommer illuminierte Schloss besitzt stilvolle Gästezimmer, Sauna und Aquaviva, im Schlossrestaurant wird gutbürgerlich gekocht. Kuchen und Torten kommen aus der hauseigenen Bäckerei. Nicht zu vergessen die Waffeln nach geheimer Rezeptur. Zwischen kupfernen Sudkesseln gibt es in den uralten Gewölben süffiges hausgebrautes Bier, Musik und Gaukler zum mittelalterlichen Ritterbuffet, Spektakel und Show am Piratenabend, Pommern-Buffet, Schloss-Griller und Sonntags-Brunch. Lassen Sie sich überraschen, wie Bier mit Brot, Kaffee und Bernstein schmecken kann. Im Sommer öffnet der Biergarten im Schlosshof. Die Kaffeerösterei in der alten Hofkapelle verarbeitet Kaffeebohnen aus aller Welt im traditionellen Trommelröster.
Dorfstr. 25, Tel. 038379 287 80
www.wasserschloss-mellenthin.de

BIOHOTEL & RESTAURANT GUTSHOF INSEL USEDOM €€€

Schon der Duft von Lavendel und das Storchenpaar auf dem Dach versetzen in Urlaubsstimmung. Im liebevoll restaurierten Gutshof – dem ersten Biohotel auf Usedom – können Sie abschalten und auftanken, Heilfasten nach Buchinger und leckere Vollwertküche mit Zutaten aus eigenem ökologischen Anbau genießen. Ein Muss sind die Waffeln aus der hauseigenen Schau-Waffelbäckerei. Sie können auch einen Segeltörn buchen, reiten oder eine Kutschfahrt mit Picknick durchs Achterland machen.
Schlossallee 6, Tel. 038379 207 00
https://gutshof-usedom.de

LANDGASTHAUS KLEIN €€

Spezialitäten im Landgasthaus sind pommersche Fischgerichte, Flugentenbrust und hausgemachte Torten. Auf der Karte findet man auch Holunderlikör, Schmalz und Ökowurst im Glas zum Mitnehmen. Biergarten mit großem Teich und Kinderspielplatz direkt beim Botanischen Garten.
Chausseeberg 1
Tel. 038379 202 46
www.landgasthaus-klein.de

UP, UP AND AWAY

Vom Platz des Usedomer Fliegerclubs starten Kleinflugzeuge, Hängegleiter und Ultraleichtflugzeuge. Ein »Schnupperflug« lässt Sie Usedom aus der Vogelperspektive erleben.
www.usedomerfliegerclub.de

Für alle offen

KunstHaus Usedom Gemälde und Skulpturen im ganzen Haus und Garten, Kunstclub mit Workshops, Tante-Emma-Laden bis spät abends und ein Bücher-Club mit Lesungen – das rote Haus von Karola Glaser hat jeden Tag Programm. Bei der gastfreundlichen Berlinerin können Familien auch gerne Kaffee kochen und ihr Essen selber mitbringen. Und sonntags von 14 bs 18 Uhr ist Tanztee für Junggebliebene.
An der Landstraße 1 Richtung Neppermin | Tel. 038379 28 98 61
tgl. 10 – 22 Uhr | www.kunsthaus-usedom.de

Das KunstHaus ist Kreativ-Werkstatt für alle, die sich ausprobieren wollen.

Slawische Höhenburg

In einem Waldstück 1 km nördlich sind Reste einer slawischen Burg aus dem 6.–12. Jh. erhalten mit einem Durchmesser von 250 m. Die Wallhöhe beträgt rund 20 m. Über die Anlage informiert eine Tafel.

Schweden-schanze

★ MORGENITZ

Einwohner: 150

Das Bilderbuchdorf mit Backsteinkirche, Kopfsteinpflaster und reetgedeckten Bauernkaten gilt als das Tor zum ▸Lieper Winkel. Der kleine Ort inmitten von Wiesen, Wäldchen und sanften Hügeln eignet sich hervorragend für Radtouren über die Insel bis zum Achterwasser und der Ostseeküste. Einmal im Jahr erwacht Morgenitz aus seinem Dornröschenschlaf, wenn sich Künstler aus ganz Deutschland im Juli auf dem Töpfermarkt treffen.

▌ Wohin in Morgenitz?

Dorfkirche

In Stein gemeißelt

Wer den Friedhof der winzigen Dorfkirche betritt, sieht zwischen Maulbeerbäumen und alten Linden eine Sammlung slawischer Mahltröge und vor dem hölzernen Glockenturm einen großen **Findling**, der an die Gefallenen des Ersten Weltkriegs erinnert. Es wird erzählt, der beliebte Pastor Hörstel habe ihn in einer spektakulären Aktion mit vielen Helfern und 16 Pferden aus dem Gothensee nach Morgenitz geschafft. Das einschiffige Gotteshaus aus dem 15. Jh. wurde nach einem Sturm 1771 mit Satteldach, aber ohne Turm wieder aufgebaut. Kaum noch lesbare Geschichten erzählen die vornehmlich aus dem 19. Jh. stammenden eisernen Kreuze, die neben den Lebensdaten teils auch die Todesursachen nennen, wie beim Fischer Gotthart Oberländer, der 1874 mit 33 Jahren im Krienker See ertrank. Etwas rätselhaft bleibt angesichts des frei stehenden Glockenstuhls Theodor Fontanes Beobachtung, der seine »Effi Briest« den

MORGENITZ ERLEBEN

BAUERNSTUBE €

Gebratener Zander, Dorschfilet und Peene-Aal in Portwein – bei Carolin und René kommt traditionelle Fischküche im gemütlichen, rustikalen Ambiente auf den Tisch. Achterlandidylle bieten 6 Doppelzimmer mit Terrasse.
Dorfstr. 32
Tel. 038372 709 24
www.bauernstube-morgenitz.de

WERKSTATT & TÖPFERMARKT

Was einzelne für einen Ort und eine ganze Insel tun können, zeigt im Sommer der Morgenitzer Töpfermarkt, den **Astrid Dannegger** und ihr Mann 1990 ins Leben riefen. Mitten im Dorf betreibt die Brandenburgerin, die an der Kunsthochschule in Berlin-Weißensee Keramik studierte, in einem schwedenroten Bauernhaus mit dickem Reetdach ihre weit über Usedom hinaus bekannte Keramikwerk-

statt. In einem selbst gemauerten Holzbrandofen entstehen formschöne Teller und Tassen, Schalen und Kaffeebecher. Röschen, blaue Punkte und Fische zieren die Glasur. Zum Hof gehört ein verwunschener Garten mit Brunnen, Vogeltränken und fantasievollen Terrakotta-Skulpturen wie der riesige Bacchus (▶Abb. S. 120). Auf der Wiese kommen am letzten Juliwochenende Keramiker und Sammler aus ganz Deutschland zum berühmten Töpfermarkt.
Dorfstraße 8
Mo., Di., Sa. 16 – 17,
im Winter 12 – 13 Uhr

POMMERSCHE
KERAMIK MANUFAKTUR

Bei Susi Erler bekommen Sie farbenfrohe handgemachte Keramik für Garten, Balkon und Terrasse.
Morgenitzer Berg 10
Tel. 03 83 79 229 33
Mo.–Sa. 10–17 Uhr, www.
pommersche-keramik.de

VOM GEBEN UND NEHMEN

Im Leben von Karin Lossow bewegt sich einiges. Seit 2014 verkörpert Karin Sass in den erfolgreichen **Usedom-Krimis** die ehemalige Staatsanwältin, die im Affekt ihren untreuen Ehemann erschossen hatte und nach Verbüßung der Haftstrafe einen Neuanfang auf Usedom wagt. Sass spielt eine Frau, die sich dem Leben stellt, eine große Seele, die in der Lage ist, zu verzeihen, solange es nicht um heimtückischen Mord geht oder Ähnliches. Ihr Zuhause ist ein 250 Jahre altes, reetgedecktes Bauernhaus. Im wahren Leben ist das »Mörderhus« mit sympathisch verwildertem Garten das Atelier der Keramikkünstlerin Astrid Dannegger – auch 2021/2022 wird Usedom wieder Drehort sein (Töpferstr. 8, Morgenitz, Tel. 038372 709 10, www.astriddannegger.de).

weithin blitzenden Kirchturm sehen lässt. Eine Besonderheit im schlichten Innern ist der Prunksarkophag des Obristen Paul Weedeke von Borcke und seiner schwedischen Gattin von 1699 in der kreuzrippengewölbten Gruft unter dem Altar. Einen eigenen Zauber haben die Malereien, mit denen der heimische Künstler Peter Christoph Hiert 1777 Kanzel, Altar und Gestühl verzierte wie auch die Totenbrettchen für verstorbene Kinder und Jugendliche an den Wänden. Tgl. 9 – 20 Uhr

Rund um Morgenitz

Schweinehirten

Nur wenige Autominuten südlich beim Dörfchen Suckow erkennt man schon von Weitem eine über **20 m hohe Eiche**. Hier befanden sich einst ausgedehnte Eichenwälder, in denen die Mönche des Klosters Suckow Schweine hüten ließen, daher auch der ursprüngliche Name des Ort »Szuinaruitz«, übersetzt Schweinehüterei. Man nimmt an, dass der Baum bereits bei der Dorfgründung groß war, da Bogislaw IV. ihn 1298 als Bezugspunkt bei der Feststellung des Grenzverlaufs der Gemarkung Usedom wählte. Möglicherweise hatte die Eiche auch kultische Bedeutung, da sie auf einem vorgeschichtlichen Grabhügel steht. Mit 20 m Stammumfang wären elf Personen notwendig, um ihn zu umfassen. Ein guter Ort für eine Pause, um im Schatten der ausladenden Krone die Gedanken schweifen zu lassen.

Suckower Eiche

 **PEENEMÜNDE**

Einwohner: 250

Smartphones, Navigationssysteme, autonomes Fahren – unseren Alltag prägt zunehmend technischer Fortschritt. Auch das Militär nutzt die neuen Technologien für unbemannte Kampfdrohnen und ferngesteuerte Bomben, die per Joystick aus tausenden Kilometern Entfernung gelenkt werden. Als Ort der weltweit ersten Großrakete will das Historisch-Technische Museum in Peenemünde nicht nur die Waffen und Raketentechik der Nazis im Zweiten Weltkrieg thematisieren, sondern auch zur Diskussion anregen, welche Verantwortung Wissenschaftler tragen und was die Geschichte uns über Chancen und Risiken des Fortschritts lehrt.

E/F 2/3

Die Ruinen der Peenemünder Versuchsanstalt sind eines der größten Flächendenkmale Deutschlands. Weite Teile des Areals sind noch immer munitionsbelastet und daher nicht zugänglich. Die Denkmal-Landschaft ist ein **25 km langer öffentlicher Rundweg**, der vom Historisch-Technischen Museum zu **23 Stationen** der ehemaligen Versuchsanstalt führt und dazu einlädt, über das Verhältnis von Mensch, Natur und Technik nachzudenken. Die kostenlose Peenemünde Denkmal-Landschaft-**App** liefert als interaktiver Multimedia-

Hitlers Raketenschmiede

In keiner Folge der Usedom-Krimis fehlt das »Mörderhus« in Morgenitz. In seinem Garten grüßt Bacchus zwischen wilden Weinreben.

Guide mit historischen Fotos, Filmen, Dokumenten und Zeitzeugen-
berichten spannende Hintergrundinformationen. Eine Karte mit Na-
vigationsfunktion hilft beim Auffinden der Stationen und liefert verschiedene Tourenvorschläge.

Militärische Vergangenheit

Geschichte Der nördlichste Ort Usedoms wurde 1282 erstmals urkundlich erwähnt. Das Dorf mit seinem Hafen gehörte zur Stadt ▸Wolgast, bis im
Dreißigjährigen Krieg Wallenstein Befestigungen errichten ließ. In den
folgenden Jahrhunderten wechselten Schweden und Dänen. Auch für

PEENEMÜNDE ERLEBEN

TOURISTINFORMATION
Zum Hafen 4, Tel. 038371 214 64
www.peenemuende-info.de

MIT BOOT UND BUS
Die **Apollo Fahrgastreederei** fährt
vom Hafen zu Robbenbänken im
Greifswalder Bodden und zur
Greifswalder Oie mit 2-3 Std.
Landgang (Hafenpromenade 8,
www.schifffahrt-apollo.de). Auch
Busrundfahrten im Sperrgebiet
lohnen, die zu Startrampen bringen,
historische Zusammenhänge sowie
Flora und Fauna am Peenemünder
Haken erklären (http://peenemuende-
west.de). **Touristenfischerscheine**,
Blinker, Routen und Rollen finden
Angler in der Hauptstr. 33, wo auch
Boote vermietet und geführte Angel-
touren angeboten werden (www.
halbinsel-peenemuende.de).

🍴🍷/⌂

❶ **RESORT HALBINSEL
    PEENEMÜNDE** €€/€
Rustikale Zimmer, Holzchalets mit
Terrasse, Kojen im Segelschoner und

Wohnmobilplätze direkt am Hafen.
Gefrühstückt wird im Sommer in der
gemütlichen Hafenbar »**Zum dünnen Hering**«, im Winter gibt es ein
Frühstücksbuffet im Antikladen der
Hafengalerie mit **Marine-Museum**,
wo Sie nicht nur nordische Möbel
des 18. Jh.s, sondern auch maritimes
Outfit und Mitbringsel einkaufen
können. 48 Liegeplätze warten auf
Segler an neuen Schwimmstegen,
Angler können Dorsch-Touren buchen, für Taucher wird Wracktau-
chen organisiert. Im Juni ist Zeit für
das Meeresrauschen-Festival.
Kostenloser Parkplatz.
Fährstr. 9, Pennemünde
Tel. 038371 55 66 23
https://halbinsel-peenemuende.de

PIRATENSCHIFF VIDAR €€
In der Saison kapern die Freibeuter
Fr. und Sa. um 19.30 Uhr das Schiff
im Hafen von Peenemünde. 4 Stunden dauert die Show auf dem 125
Jahre alten Dreimaster mit Livemusik,
gerupftem Papagei, gehacktem Kiel-
schwein, Gefangenengulasch, Kanni-
balensuppe und Enterhaken-Wein.
Haupthafen Peenemünde
56 € nach Voranmeldung
Tel. 0700 47 47 33 33
www.peenemuende.com/
peene/vidar/piratenfrass.htm

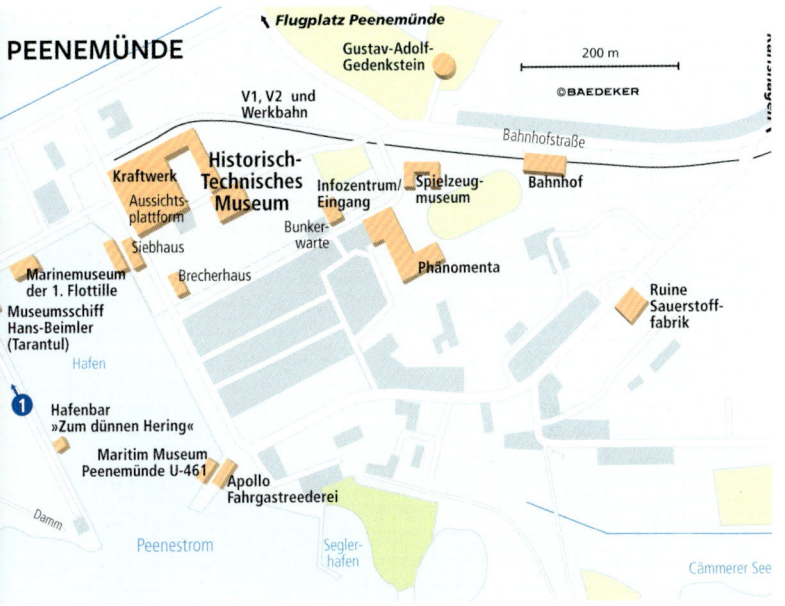

PEENEMÜNDE

Flugplatz Peenemünde

Gustav-Adolf-Gedenkstein

200 m

©BAEDEKER

V1, V2 und Werkbahn

Bahnhofstraße

Kraftwerk

Historisch-Technisches Museum

Aussichts-plattform

Infozentrum/Eingang

Spielzeug-museum

Bahnhof

Siebhaus

Bunker-warte

Marinemuseum der 1. Flottille

Brecherhaus

Phänomenta

Museumsschiff Hans-Beimler (Tarantul)

Ruine Sauerstoff-fabrik

Hafen

Hafenbar »Zum dünnen Hering«

Maritim Museum Peenemünde U-461

Apollo Fahrgastreederei

Damm

Peenestrom

Segler-hafen

Cämmerer See

❶ Resort Halbinsel Peenemünde

Preußen besaß Peenemünde vor allem strategische Bedeutung. Im Sommer 1936 begann der Bau der Versuchsanstalten für Heer und Luftwaffe. Die Bewohner wurden umgesiedelt und der Peenemünder Haken zum **Sperrgebiet** erklärt. Ein Jahr später ernannte man den Wissenschaftler und Raketenbauer **Wernher von Braun** (▶ Interessante Menschen) zum Direktor der **Heeresversuchsanstalt**, die 350 Mio. Reichsmark kosten sollte. In kürzester Zeit wurden Flugplatz, Kraftwerk und Fabrikhallen aus dem Boden gestampft, dazu im nahen ▶ Karlshagen Siedlungen für die Wissenschaftler und ihre Mitarbeiter. In der Folge entstanden Abschussrampen, Straßen, Bahngleise, Messtürme, militärische Stellungen und in ▶ Trassenheide ein Lager für Zwangsarbeiter.

Kern der Anlage waren das gigantische **Kraftwerk**, die Fabrik für flüssigen Sauerstoff als Treibstoff, sowie die 200 m lange und 20 m hohe Halle für die Montage aufrecht stehender Raketen. Zudem konnten im damals modernsten Windkanal der Welt Versuche bis zu fünffacher Schallgeschwindigkeit durchgeführt werden. Erste Probestarts endeten mit Pannen, die Grundlagenforschung musste zurückgestellt werden, denn die Wehrmacht wollte Resultate sehen. Maßgabe war, für die nationalsozialistische Weltherrschaft eine Waffe zu entwickeln, gegen die jede Gegenwaffe wirkungslos war. Am 3. Oktober 1942 gelang der erste Start einer mit Flüssigkeitsbrennstoff betriebenen Rakete ins All. Mit einer Flughöhe von 84,5 km öffnete sie die **Tür zum Weltraum**, doch sie war von Anfang an für den Transport von Bomben gedacht. Mit dem Aggegat 4, von Propagandaminister Goebbels später als »**Vergeltungswaffe 2**« (**V 2**) bezeichnet, wurden englische, belgische und französische und Städte sowie Maastricht beschossen. Fast 22 000 »V 1« und 3000 »V 2« wurden vom 13. Juni bzw. 8. September 1944 bis zum 27. März 1945 abgefeuert; allein im Hauptziel London starben durch V-Waffen über 8000 Menschen. Die Propagandafunktion und der verbreitete Terror waren aber letztlich wichtiger als die zerstörerische Wirkung. Doch die Wende des Krieges durch die »Wunderwaffen« blieb aus. Im August 1943 bombardierte die Royal Air Force Peenemünde, doch wurden nicht die Raketenanlagen getroffen, sondern die Unterkünfte der Zwangsarbeiter. Daraufhin verlegte man die Produktion in den Harz. Häftlinge aus Buchenwald mussten dort unterirdische Anlagen (»Mittelbau Dora«) bauen und V 1 und V 2 produzieren.

Nach dem Krieg blieb Peenemünde **militärisches Sperrgebiet**. Die **NVA** nutzte den tiefseetauglichen Hafen als Flottenstützpunkt und stationierte ein Jagdfliegergeschwader. Die militärische Vergangenheit endete 1996 mit dem Abzug der **Bundeswehr**. Mit den Truppen ging auch der Hauptarbeitgeber, und mit ihm die Jobs. Nach Jahren des Leerstands wurden Hafen und Militärwohnungen saniert und es entstanden neue Unterkünfte an der Promenade zu den **Museen**.

>>

Zwei Dinge erfüllen das Gemüt mit immer neuer
und zunehmender Bewunderung und Ehrfucht
je öfter und anhaltender sich das Nachdenken damit
beschäftigt: Der besternte Himmel über mir
und das moralische Gesetz in mir.

<<

Der Museumseingang zitiert Immanuel Kant (1724 – 1804)

▌ Wohin in Peenemünde?

Historisch-
Technisches
Museum
(HTM)

Die Enden der Parabel

Von der riesigen Heeresversuchsanstalt in Peenemünde, das modernste Technologiezentrum seiner Zeit, ist kaum etwas geblieben. Seine Geschichte dokumentiert im **Kraftwerk** über mehrere Etagen die Dauerausstellung »Die Enden der Parabel« – Symbol der Chancen und Risiken jeder revolutionären technischen Neuerung. Der erste gelungene Start der Rakete besiegelte 1942 einen der spektakulärsten, aber auch gefährlichsten technischen Durchbrüche des 20. Jh.s: Mit

Auf dem Freigelände sind Nachbauten der beiden wichtigsten Waffen der Versuchsanstalt Peenemünde aufgestellt: die Flügelbombe Fi103/V1 mit 830 kg Sprengstoff, die von der Walter-Schlitzrohr-Abschussrampe aus 300 km weit flog (OBEN) und die Rakete A4/V2, die mit 4800 Stundenkilometern 1000 kg Sprengstoff über 400 km transportierte (UNTEN).

Die Raketenforschung in Peenemünde unterlag höchster Geheimhaltung.

Interviews, Dokumentationsfilmen und Modellen wird die Geschichte von Träumern und utopischer Weltraumbegeisterung in den 1920ern über die Instrumentalisierung durch Reichswehr und Nationalsozialisten bis hin zur Serienfertigung von Massenvernichtungswaffen und deren Einsatz gegen westeuropäische Großstädte erzählt. Zu Wort kommen Raketenforscher, Zeitzeugen und Zwangsarbeiter. Die unmenschlichen Arbeitsbedingungen kosteten 20 000 Menschen das Leben – mehr als der Einsatz der Waffe. Ein weiterer Abschnitt widmet sich dem Wettrüsten im Kalten Krieg sowie den ersten Erfolgen der zivilen Raumfahrt.

Das Kraftwerk ist das letzte vollständig vorhandene Gebäude der Versuchsanstalt. Auf einer Fläche von 25 km² arbeiteten bis zu 12 000 Menschen gleichzeitig an den Waffensystemen. Das Gebäude ist als frei begehbares Denkmal konzipiert. An **interaktiven Stationen** werden Aufbau und Funktion des Kraftwerks anschaulich dargestellt. Im **Kesselhaus** sind Geschichte und Nutzung des Kraftwerks dokumentiert, das bis 1990 in Betrieb war. Ein **gläserner Aufzug** führt zur Aussichtsplattform auf dem Dach, wo Besucher aus 30 m Höhe einen Eindruck von den Dimensionen der Rüstungsanlage erhalten. Auch heute sind Raketen ein wichtiger Faktor der **Rüstungspolitik**.

Wer verfügt über Atomsprengköpfe? Gefährden oder sichern sie den Frieden? Wie stabil war das »Gleichgewicht des Schreckens«? Der zweite Ausstellungsbereich gibt einem Überblick über die Entwicklungen nach dem Zweiten Weltkrieg und vor allem Denkanstöße zu Fragen, auf die es keine einfachen Antworten gibt.

Auf dem **Freigelände** stehen Nachbauten der **V1 und V2** (▶S. 125) sowie ein **Kesselwagen** von 1942, der Diesel und Alkohol als Raketentreibstoff anlieferte. Ein **Gedenkstein** erinnert an Michael Petrowisch Dewatajew und neun weitere Häftlinge des KZ-Außenlagers Karlshagen I, denen am 8. Februar 1945 mit einer deutschen Heinkel He 111 die Flucht vom Flugplatz Peenemünde gelang.

Im Kraftwerk | April – Sept. tgl. 10 – 18, Okt. – März tgl. 10 – 16 Uhr, Nov. – März Mo. geschlossen | Eintritt 9 €, Familien 20 €
https://museum-peenemuende.de

Anfassen erwünscht

Phänomenta

Wo kann man Blitze berühren, der Sonne ins Auge blicken und seine Tauglichkeit für eine Weltraumfahrt testen? Wie können sogar Kinder Trabbis stemmen? Warum erlischt eine entfernte Kerze, wenn man mit dem Handballen auf eine Pauke schlägt? Das Überbleibsel der Hannoveraner EXPO bietet über 200 **faszinierende Experimente** physikalischer Phänomene. Denn wenn Papa beim Gewichteheben scheitert, Junior dieses aber mit dem Flaschenzug mühelos stemmt, wird einiges klar. Allgemeinverständliche Erklärungen geben Aufschluss über die wissenschaftlichen Hintergründe. Testen Sie ihre Sinne im Tastquiz, Barfußpfad und Hörräumen, ein Spaß für die ganze Familie, nicht nur bei Schietwetter.

Museumsstr. 12 | Feb. – 1. Nov.-Woche, 2. Weihnachtstag bis 6. Januar tgl. 10 – 18 Uhr | Eintritt 9 € | www.phaenomenta-peenemuende.de

Märchenwelt als Zeitreise

Spielzeug-museum

Puppen und Teddys, Eisenbahnen und Autos, Indianer und Cowboys, Märchenhof, Kinderfilme und Kaspertheater aus drei Jahrhunderten präsentiert lehrreich und lustig das Spielzeugmuseum. Einen Schwerpunkt bilden Spielsachen der DDR-Zeit.

Museumsstr. 14 | tgl. 10 – 18 Uhr | Eintritt 7 €
www.usedom-spielzeugmuseum.de

Sägen, Nähen, Kleben

Bootswerft

Stellen Sie sich vor, Sie verbringen zwei Wochen Urlaub an die Ostsee und bauen in dieser Zeit unter kundiger Anleitung Ihr eigenes Boot. Wäre doch eine kreative Ferienidee! Bootsbaumeisterin Ursula Latus verhilft in ihrer Bootswerft hinter dem Kraftwerk holzbegeisterten Hobby-Handwerkern, in Workshops den Traum vom **eigenen Boot** zu verwirklichen. Zwischen Ostern und Oktober bietet sie mehrmals Kurse an, um ein Kajak, Ruderboot, einen Kanadier oder eine Jolle aus Holz und Glasfaser aufzuplanken. Für Freunde des SUP-Paddelns besteht die Möglichkeit, ein eigenes Board zusammenzuleimen.

Fährstr. 1 | Tel. | Kurse 4 – 12 Tage | www.boot-workshop.de

Roter Koloss

U-461 und
Raketen-
schnellboot

Am Pier des ehemaligen Marinestützpunktes rostet das 1962 vom Stapel gelaufene **U-Boot 461** vor sich hin. Wer klaustrophobisch veranlagt ist, sollte sich besser nicht in den Bauch des riesigen U-Boots begeben. Der 86 m lange Koloss gehört zur Klasse der größten jemals gebauten konventionellen Unterwasser-Raketenkreuzer. Mit 82 Mann Besatzung und bestückt mit vier Marschflugkörpern versah er als »K 24« fast 30 Jahre für die sowjetische Marine seinen Dienst. Ausgedient hat auch das Museumsschiff »**Hans Beimler**«, ein Raketenschnellboot vom sowjetischen Tarantul-Typ. Zu Exportzwecken auf der Werft in Rybinsk gebaut, wurde es 1986 bei der Volksmarine in und mit der deutschen Einheit 1990 außer Dienst gestellt. Werfen Sie einen Blick ins Mannschaftsdeck, in die Brücke, in die Kombüse und den Maschinenraum.

U-Boot 461: Haupthafen | tgl. 10 – 17, im Sommer bis 19 Uhr | Eintritt 7 € | www.u-461.de | »**Hans Beimler**«: Fährstr. 9 | tgl. 10 – 17 Uhr Eintritt 6 € | www.tarantul-peenemuende.de

Usedom von oben

Flughafen
Peenemünde

Auf dem Flughafen von Peenemünde können Sie **Rundflüge** über Usedom buchen, die große Runde über den gesamten deutschen Teil dauert eine gute halbe Stunde.

Rundflüge: ab 99 €, große Runde ab 220 € pro Person
www.edcp.de/Rundfluege.html

▌ Rund um Peenemünde

Vogelparadies

Insel Ruden

An der Mündung in den Greifswalder Bodden wurden der Peenemünder Haken und die Inseln Struck und Ruden zum **Naturschutzgebiet** erklärt. Ließe man die Ostsee walten, gäbe es die 22 ha große Dünenlandschaft Ruden nicht mehr. Bis zu einer Sturmflut Anfang des 14. Jh.s gehörte die Insel zur festen Landverbindung nach Rügen. Sturmfluten haben in den vergangenen 300 Jahren zwei Drittel von Ruden ins Meer gespült. Inzwischen wird dem mit einem Ringdamm, Kiefernwald, Dünenrasen und Wellenbrecher vorgebeugt. Ab dem 17. Jh. war Ruden **Lotseninsel**, später auch Zollstation der DDR. Der letzte Lotse verließ 1972 die Insel. Ihr Südteil ist heute während der Vogelzüge Rastplatz für Kormorane, Kraniche, Wildgänse und Bergenten. Maximal 50 Besucher dürfen das Inselchen pro Tag mit dem Ausflugsboot von Peenemünde aus besuchen und den für die Rake-

U-461 war drei Jahrzehnte für die sowjetische Marine im Dienst.

tenflüge errichteten Messturm besteigen, in dem heute über die Insel informiert wird. Mit etwas Glück können Sie sogar Seeadler kreisen sehen. Da die Kaianlagen 2020 baufällig waren, wird die Insel momentan nicht angefahren. Am besten fragen Sie bei der Apollo Reederei nach, ob und wann wieder Fahrten im Programm sind.
www.schiffahrt-apollo.de

Helgoland der Ostsee

Auf halbem Weg zwischen Usedom und Rügen steht die Greifswalder Oie mit ihren vorgelagerten Riffs unter Naturschutz. Vor der Küste tummeln sich Kegelrobben und Seehunde. Jahrzehntelang war die einsame Insel Sperrgebiet der Raketenbauer und DDR-Grenztruppen, seit 1993 kümmert sich der Verein Jordsand um den Schutz der Natur. 90 Minuten braucht die MS »Seeadler« für die Anfahrt von Peenemünde (▶S. 122). Im alten **Inselhof** stellt der Verein seine Arbeit auf dem »Helgoland der Ostsee« vor. 50 Vogelarten brüten hier und 200 Zugvogelarten nutzen die Insel als Rastplatz. Für die Erforschung des Vogelzugs werden alljährlich 25 000 Vögel beringt. Auf den Wiesen grasen Heidschnucken. Wer will, kann während des zweistündigen Aufenthalts auch den durch den Kot der Kormorane abgestorbenen, gespenstisch weißen **Altwald am Kliff** und den 39 m hohen **Leuchtturm** besichtigen, der seit 1855 den Schiffen den Weg weist.

Greifswalder Oie

⭐ ŚWINOUJŚCIE (SWINEMÜNDE)

Einwohner: 41 000

Flanieren Sie auf der längsten Strandpromenade Europas von ►Ahlbeck über die Grenze nach Swinemünde. Am besten im Sand. Ein großer Schritt, und schon sind Sie in Polen. Das traditionsreiche Seebad auf dem Nordostzipfel Usedoms hat sich seit Polens Öffnung sehr verändert. Viele Villen der Kaiserzeit erstrahlen im alten Glanz, Strandpromenade, Stadtzentrum und Hafen wurden modernisiert und der herrliche Sandstrand ist sogar noch etwas breiter als auf der deutschen Seite.

M-O 10/1

Die Strandschöne

Die Stadt war viel in ihrer langen Geschichte: Fischer- und Hafenort, Kurbad und Garnisonsstadt. 1181 begann der Bau von festen Häusern an der Mündung der Świna (Swine), 1230 entstand eine Fährverbindung über den Fluss. Die gesamte Insel Usedom kam am Ende des Dreißigjährigen Kriegs zu Schweden, das sie 1720 an Preußen abtrat. 1740 bis 1746 entstand ein **Seehafen an der Swinemündung**. Mit dem Ausbau des Hafens entwickelte sich auch der Ort. 1765 erhielt Swinemünde Stadtrechte. Ab 1824 erblühte der Badebetrieb und Swinemünde entwickelte sich zum **größten deutschen Ostseebad**. Nachdem 1897 die ersten Solequellen entdeckt worden waren, etablierte sich zusätzlich der Kurbetrieb. Parallel dazu wurde Swinemünde 1850 Garnisonsstadt. Darauf bauten die Nationalsozialisten auf, die den Hafen ab 1934 zur Marinebasis machten. Bei einem amerikanischen **Luftangriff** kurz vor Kriegsende wurde die Stadt zum größten Teil zerstört, 14 000 Menschen kamen ums Leben. Viele Opfer sind auf dem nahen Golm bei Kamminke begraben (►S. 71). Heute zählt die Stadt mit dem **breitesten Strand** der Ostseebäder wieder zu den schönsten Badeorten Usedoms. Ende 2022 soll der 200 Mio. € teure **Swine-Tunnel** fertig sein, durch den Autos dann ungehindert zwischen den Inseln Usedom und Wollin fahren können.

▌ Wohin in Świnoujście?

⭐
Kurviertel und Kurpark

Promenade nach Deutschland
Die grenzüberschreitende, mit 12 km längste **Strandpromenade** Europas lädt zum Spazierengehen und Radfahren ein: Sie führt bis zu den deutschen Kaiserbädern (►Das ist Usedom S. 10). Einst kam man zum Billig-Shoppen auf den »**Polenmarkt**« am Ortseingang (fürs Navi: Die Straße heißt Wojska-Polskiego). Noch immer werden

1 W.L.Broniewskiego
2 Gałczyńskiego
3 J. Kochanowskiego
4 Marynarki Wojennej

SWINEMÜNDE

500m

©BAEDEKER

Schwimmbad
Mole
Konzertmuschel
Aleja Baltic Park

KURVIERTEL

Amphitheater

Luther-
kirche
Kath. Kirche
Ave Maris Stella

Christ-König
Kirche
Wolności
Museum für
Hochseefischerei

Park Zdrojowy
Kurpark

Anleger
Seebäderlinie

Personenfähre

Busbahnhof

Hauptbahnhof

U s e d o m

Świna/Swine

W o l i n

Odra

Swine-Tunnel (im Bau bis 2022)

Deutschland/
Grenzmarkt

1 Rybna Chata
2 Café Hemingway
3 Neptun

1 Willa Delfin Spa
2 Willa 4 Pory Roku

hier täglich Kleidung, Zigaretten, Spirituosen und Ramsch verkauft. Die Strandpromenade führt weiter zum Kurviertel, wo in den vergangenen Jahren viele der prachtvollen Gründerzeit- und Jugendstilvillen saniert worden sind. Der Weg zum Stadtzentrum führt durch den **Kurpark**, der nach Plänen des berühmten preußischen Gartenbaumeisters **Peter Joseph Lenné** in der ersten Hälfte des 19. Jh.s mit exotischen Pflanzen aus dem Mittelmeerraum angelegt wurde.

Wie die Fische an Land kommen

Der historische Stadtkern rund um den pl. Wolności ist verkehrsberuhigt, der Autoverkehr wird großzügig um die Altstadt herumgelei-

Innenstadt

131

Lassen Sie sich an der Mühlenbake die frische Brise um die Nase wehen.

tet. Das um 1808 gebaute frühere Rathaus am pl. Rybacka 1 ist heute Sitz vom **Museum für Hochseefischerei**. Neben Exponaten zur Stadtgeschichte und Aquarien mit seltenen Fischen dokumentieren Schiffsmodelle, Navigationsinstrumente und Fangmethoden die Entwicklung der Hochseefischerei. Eine Sammlung alter Postkarten erinnert an die frühe Zeit der Usedomer Seebäder.

Muzeum Rybołówstwa Morskiego: pl. Rybaka 1 | Di.– So. 9 – 17 Uhr Eintritt 15 zł | www.muzeum-swinoujscie.pl

Wo Fontane aufwuchs

Fontanes Heimat

Eine Gedenktafel am »Kleinen Markt« nahe der **Christ-König-Kirche** aus dem 18. Jh. erinnert an die Adler-Apotheke, in der Theodor Fontane aufwuchs (▶Interessante Menschen). Swinemünde ist das Kessin aus seinem Roman »Effi Briest«. Größtes Shopping Center ist das nahe **Corso** mit Schmuck, Sportbekleidung, Designermode und Gastronomie für jeden Geschmack (http://galeriacorso.pl/de).

Cappuccino mit Panoramablick

Turm der Lutherkirche

Selbstgebackenen Kuchen und einen weiten Rundblick über die ganze Stadt bietet der 67 m hohe **Turm** der Lutherkirche. Fontanes Zeitgenossin Emilia Heyse stiftete als wohlhabende Witwe eines Swinemünder Konsuls nicht nur das Geld für ein Kaiser-Wilhelm-Denkmal, sondern hinterließ bei ihrem Tod 1899 auch zwei Mio. Reichsmark für den Bau eines Waisenhauses und die mit 1000 Sitzplätzen größte Kir-

ŚWINOUJŚCIE ERLEBEN

TOURISTINFORMATION
pl. Słowiański 6/1
www.swinoujscie.pl

Die kostenlose **Stadtfähre** für Fußgänger, Radfahrer und Autos der Einheimischen verbindet von 4 bis 22 Uhr in 10 Min. das Stadtzentrum mit dem Bahnhof auf der Insel Wolin. Fahrer mit auswärtigem Kennzeichen müssen die ebenfalls kostenlose **Autofähre** bei Świdny Las/Karsibór, 7,5 km südlich nehmen. Zur **Hafenrundfahrt** mit der MS »Adler XI« gehören der Mühlenbake, Marinehafen, Fährterminal, die Insel Melin und der ehemalige U-Boot-Hafen (mehrmals wöchentl. ab Bansin, Heringsdorf und Ahlbeck, www.adler-schiffe.de). Außerdem fahren tgl. Fähren ins südschwedische Ystad.

ALEJA BALTIC PARK
Großer Wasserpark mit olympischem Becken inkl. Wasserfahrrädern, Pool mit Wasserfall, Pirateninsel, Slalom-Rutschen und Strudelbecken, Sauna, Eis- und Salzgrotten. Highlight ist ein großer Pool mit surftauglicher Welle!
Molo 4 | tgl. 8 – 22 Uhr | Tageskarte 85 zł (Kids bis 1 m Größe frei)
https://balticpark-aquapark.pl

❶ RYBNA CHATA €€€/€€
Geschmackvolle »Fischhütte« mit Strandkörben und ausgezeichneten Fischgerichten – reservieren!

ul. Paderéewskiego 7
tgl. 10 – 18 Uhr, ▶S. 134

❷ CAFÉ HEMINGWAY €€
Charmante Adresse mit bunt gemischten Möbeln, Büchern und Bildern von El Papa Ernest Hermingway und bestem Latte macchiato, ausgefallenen Kuchen und empfehlenswerter selbstgemachter Ingwerlimonade.
Bohaterów Września 69
Tel. 577 00 08 91

❸ NEPTUN €€
Alt trifft neu am Hauptplatz der Altstadt: Historische Fotos erinnern an das deutsche Swinemünde anno dazumal, die Küche ist modern polnisch.
ul. Bema 1/pl. Wolności
Tel. 91 8 88 80 01
https://neptun.swinoujscie.pl

❶ WILLA DELFIN SPA €€
Hotel mit gutem Restaurant, Kur- und Wellnessbereich und kleinem Swimmingpool, 100 m von der Strandpromenade. Buchen Sie eine Schokoladen oder Honigbehandlung zur Entgiftung und Tiefenentspannung.
ul. Słowackiego 19
Tel. 91 321 27 57
www.hotel-delfin.pl

❷ WILLA 4 PORY ROKU €€
Die familiäre neue Villa »4 Jahreszeiten« liegt 150 m von der Strandpromenade im historischen Teil des Kurviertels mit schönem Garten, wo Sie abends bei Kerzenschein und einem Glas Wein denTag ausklingen lassen. Allergikerfreundliche Doppel-, Drei- und Vierbettzimmer mit Natur-Korkboden, Balkon und Terrasse.
ul. Ujejskiego 8, Tel. 91 321 16 94
www.4poryroku.com.pl

che der Stadt. 1903 wurde der Grundstein gelegt, ein Jahr später kam der Turm dazu. Nur er blieb stehen und birgt heute ein **Café**.
Café Wieża: ul. Paderéewskiego 7 | 10 – 18 Uhr

Steife Brise am Wahrzeichen

Mühlenbake Die schönste Art Swinemünde anzusteuern, ist eigentich der Seeweg. Ausflugsschiffe pendeln in der Saison täglich von den Kaiserbädern (▶S. 133). Der **Anleger der Seebäderlinie** ist ein guter Ausgangspunkt für die Erkundung der Stadt. Herrliche, breite Sandstrände erstrecken sich zu beiden Seiten der Mündung der **Świna**, die das Stadtgebiet zwischen den Inseln Usedom und Wolin in zwei Hälften teilt. Die Einfahrt schützen seit 1823 zwei 1,5 km lange **Molen**, für die damalige Zeit eine ingenieurtechnische Meisterleistung. An der westlichen Spitze erhebt sich mit der Mühlenbake das Wahrzeichen der Stadt, ein in Form einer **Windmühle** gehaltenes Navigationszeichen. Sie können dorthin spazieren, gesunde Seeluft schnuppern und den einfahrenden Schiffen zuwinken (▶Abb. S. 132).

Achteck wird rund

Leuchtturm In den Jahren 1854 bis 1857 wurde am östlichen Ufer der Swine – bereits auf der Insel Wolin – der mit 68 m **höchste Leuchtturm an der Ostseeküste** errichtet. Eine neue Verklinkerung Anfang des 20. Jh.s machte aus dem ursprünglich achteckigen einen runden Turm. 300 Stufen führen zur Aussichtsplattform mit herrlichem Panoramablick.
Tgl. 10 – 18 Uhr | Eintritt 5 zł | www.swinemuende.eu

Drill und Disziplin zum Spaß

Fort Gerhard Unweit vom Leuchtturm entstand Mitte des 19. Jh.s das Fort Gerhard, eine der drei historischen Anlagen der ehemaligen **Festung Swinemünde**. Besucher werden stilecht am Schilderhäuschen von einem Wachposten in preußischer Uniform empfangen. Wer will, kann sich einer Spaß-Führung mit viel Drill und Disziplin anschließen …
Sommer tgl. 10 Uhr bis Sonnenuntergang, Winter 10 – 16 Uhr
Eintritt 15 zł | www.fort-gerharda.pl

Römisches Vorbild auf der Insel Usedom

Engelsburg, Westfort Die beiden anderen Teile der Festung, die Engelsburg (Zamek Anioła) und das Westfort (Fort Zachodni), erheben sich am gegenüberliegenden Swine-Ufer auf der Insel Usedom. Der mächtige Rundbau der Engelsburg entstand 1845 –1858 nach dem Vorbild des Hadrian-Mausoleums in Rom. Im Westfort erzählt ein kleines **Museum** die Geschichte der Festung inklusive Gruselkabinett in Form von Schaufensterpuppen in Uniform.
Zamek Anioła: Tgl. 9 – 18 Uhr | Eintritt: 10 zł | http://fortaniola.pl
Zachodni Fort Artyleryjski: ul. Jachtowa s/n | tgl. 10 Uhr bis Dämmerung | Eintritt 10 zł | www.westbatterie.prv.pl

Ausflug zur Insel Wolin

Sonne, Strand und Spaß

Keine 12 km trennen Swinemünde vom **Seebad** Misdroy auf der Nachbarinsel Wolin. Sie lockt im Sommer Tausende, die Sonne, Strand und Spaß suchen. An der 2 km langen Promenade gibt es eine Reihe von prächtigen Villen des späten 19. Jh.s, die in den vergangenen Jahren saniert wurden. Dazwischen liegt das **Oceanarium** mit Haien, Muränen und Riesenrochen im 16 m langen Tunnelaquarium und ein **Wachsfigurenkabinett**, das Prominente aus aller Welt vorstellt. Von der 400 m langen **Seebrücke** starten die **Ausflugsdampfer** nach ▶Świnoujście und weiter zu den Kaiserbädern auf Usedom.

Oceanarium: Bohaterów Warszawy 16B | tgl. 10 –16 Uhr | Eintritt 45 zł | http://oceanarium.com.pl | **Gabinet Figur Wojskowych:** Bohaterów Warszawy 19 | tgl. ab 10 Uhr | Eintritt 20 zł | www.woskowe.pl

Miedzyzdroje · Misdroy

Zu Steilküste, Seeadler und Wisent

Naturfreunde kommen, um den rund 100 km² großen Woliński Park Narodowy mit seinen alten Küstenbuchenwäldern, Smaragdseen und bis zu 90 m hohen wilden Kliffen zu erkunden. Zu den 200 verschiedene Vogelarten gehört auch der Seeadler. Im **Wisent-Schaugehege** können Sie beim Füttern der zotteligen Riesenrinder zuschauen!

Rezerwat Żubrów: Niedpodlegocci 3, Miedzyzdroje | Mai – Sept. Di. bis So. 9 – 17, sonst 9 – 15 Uhr | Eintritt 40 zł | www.wolinpn.pl

Wolin-Nationalpark

Massiger Kopf, krumme Hörner und ziemlich dichtes Fell: Die riesigen Wisente, die europäischen Vettern der Bisons, sind die Stars im Nationalpark Wolin.

TRASSENHEIDE

Einwohnerzahl: 940

G 4

Besonders Familien fühlen sich in dem kleinen Ostseebad wohl, dessen Hauptattraktion zweifellos der breite, flach abfallende Sandstrand ist. Auf den Nachwuchs warten außerdem einer der besten Kinderspielplätze der Insel und Tausende farbenprächtiger Falter in Europas größter Schmetterlingsfarm.

Familienbad mit flachem Strand

Viele Urlauber nutzen die gute Anbindung über die **Usedomer Bäderbahn** mit gleich zwei Anschlüssen an der Strecke Wolgaster Fähre – Heringsdorf und Zinnowitz – Peenemünde, um bequem nach Trassenheide zu kommen. Urkundlich erwähnt wurde der Ort erstmals 1786 im Kirchbuch von Krummin als »Hammelstall« nach den dortigen Schafweiden der Domäne Möschow. 1908 erhielt die Kolonie der Heringsfischer den Namen Trassenheide nach der Försterei »**Trassenmoor**«, die an den dort im Moor versunkenen Förster Trassen erinnerte. Bald kamen erste Badegäste, jedoch ohne verspielte Bäderarchitektur und mondänes Gesellschaftsleben. Mit dem Zuzug der ▶Peenemünder Raketenbauer kam der Ort 1936 zum militärischen Sperrgebiet. 1943 wurde er von einem Bombenangriff, der Peenemünde galt, stark zerstört. Nach dem Krieg begann wieder der Badebetrieb, doch erst 2006 kam die Verleihung des Titels »Ostseebad«, dessen Sandstrand vor allem Familien zu schätzen wissen.

▌ Wohin in Trassenheide?

Strandleben und Wald am Meer

Strand

Wer unberührte Natur sucht für Urlaub am Meer und endlose Strandtage, der findet in dem ruhigen Ferienort sein Urlaubsziel. Fast 4 km lang und bis zu 50 m breit ist der feinsandige Strand, wo **Familien** mit Kleinkindern im flachen Wasser toben und plantschen können. Außerdem gibt es einen tollen Spielplatz. Den angrenzenden Küstenwald kann man bei Spaziergängen oder Fahrradtouren erkunden und auch ein Abstecher in die Moor- und Heidelandschaft lohnt. Blickfang am Ende der Mühlenstraße ist eine 1905 ebenerdig gebaute **Holländermühle** ohne steinernes Erdgeschoss, deren Flügelenden fast den Erdboden berühren. Sie befindet sich heute in Privatbesitz.

Wo unten oben ist

Die Welt steht Kopf

Zum Kick für Augen und Gleichgewichtssinn wird der Besuch des blauen, auf dem Kopf stehenden Hauses, bei dem die ganze Inneneinrichtung von der Decke aus wahrgenommen wird. Die Idee für das

TRASSENHEIDE UND KRUMMIN ERLEBEN

TOURISTINFORMATION
Strandstr. 36, Trassenheide
Tel. 038371 209 28
www.trassenheide.de

NATURHAFEN KRUMMIN €€
▶ S. 138

REIT- UND FREIZEITHOTEL FRIESENHOF €€
Reetgedecktes Reiterparadies mit modernen Doppelzimmern, Familienappartements und Suiten. Schönes Restaurant mit Kamin und großer Sonnenterrasse, Pool, Sauna und Solarium. Reithalle für Reitstunden, Strand- und Geländeritte.
Bahnhofstr. 48, Trassenheide
Tel. 038371 26 10
www.friesenhof.m-vp.de

UPSTALSBOOM HOTEL & APARTMENTS STRANDIDYLL €€
Zehn im Frühjahr 2019 eröffnete Apartments mit junger Bäderarchitektur und tollem Frühstück, idyllisch auf einer kleinen Lichtung im duftenden Dünenwald, 70 m vom Strand. Saunahäuschen im Garten. Nicht selten lassen sich Rehe zwischen den Kiefernbäumen beobachten.
Strandstraße 13, Trassenheide
Tel. 038371 268 0
www.strandidyll-trassenheide.de

FISCHSTÜBCHEN €
Der Ausflug ins 8 km entfernte Neeberg lohnt wegen der frischen Fischgerichte in gemütlicher Atmosphäre im reetgedeckten Lokal mit frischem Bier vom Fass – im Sommer unter freiem Himmel. Unterm Dach sind drei nette Gästezimmer eingerichtet.

Dorfstr. 17a, Krummin
OT Neeberg, Tel. 03836 60 33 22
www.fischstuebchen.de

FERIENSIEDLUNG ZUM KRAFTWERKER €
Zur Feriensiedlung mitten in den Dünen gehören Doppelzimmer, Bungalows und ein Restaurant mit Sonnenterrasse, in dem man preiswerte Hausmannskost bekommt und leckere Kuchen.
Zeltplatzstr. 3, Trassenheide
Tel. 038371 281 96
www.zumkraftwerker.m-vp.de

ZUR NASCHKATZE €
Ein wunderschöner, verwunschener Garten mit kleinen Sitzgruppen zwischen fantasievoller Deko, rotem Klatschmohn, Apfel- und Birnbäumen. Die supernetten Damen servieren frische Waffeln und selbst gemachte Kuchen. Man möchte ewig bleiben! Es gibt auch zwei hübsche Ferienwohnungen.
Dorfstraße 25, Krummin
Tel. 03836 60 22 13
www.zur-naschkatze.de

CAMPINGPLATZ OSTSEEBLICK €
Direkt hinter den Dünen versteckt sich im Kiefernküstenwald der Vier-Sterne-Platz mit neuen Sanitäranlagen und 300 Stellplätzen für Zelte, Caravans und Wohnmobile. Zum Frühstück gibt es knusprige Brötchen, Obst und guten Kaffee. Am nahen Sportstrand können Sie Windsurfen und Stand Up Paddeling lernen. Der Radwanderweg führt direkt am Platz vorbei, Radverleih von Usedom Rad, https://usedomrad.de.
Zeltplatzstr. 20, Trassenheide
Tel. 03 83 71 20 949, www.campingplatz-ostseeblick.de

witzige Haus wurde am Stammtisch geboren. Nach zwei Jahren mit viel Fantasie und einfallsreichen Handwerkern stand 2008 das Haus von Klaudiusz und Sebastian, in dem Wohn- und Kinderzimmer, Küche und Bad verkehrt herum sind. Eine zusätzliche Verschiebung der horizontalen Ebenen um 6 Grad machen nicht nur die Wahrnehmung, sondern auch das Gehen zum Abenteuer.

Wiesenweg 2c | tgl. April – Okt. 10 – 18, Nov. – März 10 –16 Uhr Eintritt: 7 € | www.weltstehtkopf.de

Schmetter-lingsfarm

Atlasfalter, Schwalbenschanz und Weiße Baumnymphe

Über 2000 exotische Schmetterlinge flattern frei durch die schwüle Tropenhalle der Schmetterlingsfarm. Hier können Sie die ganze Entwicklung vom Ei über Raupe und Kokon bis zum Schmetterling erleben. Schmetterlinge trinken nur, sie fressen nicht. Raupen dagegen fressen nur und trinken nicht. Daher sind für die Schmetterlinge Futterstellen mit Obststücken eingerichtet, aus denen sie mit ihrem Rüssel den Saft saugen. Dazu dienen auch rote Nelken, die mit stark verdünntem Zuckerwasser besprüht werden. Je nach Art fressen die hungrigen Raupen unterschiedliche Blätter wie der Bananenfalter nur Bananenpflanzen und der Bambusfalter nur Zyperngras. Außerdem sind Mineralien, farbenprächtige Orchideen, riesige Bambussträucher, Puderquastensträucher und Baumstrelizien, Grünflügelaras vom Amazonas und afrikanische Spornschildkröten zu bewundern.

Wiesenweg 5 | Feb. – Mitte Nov. tgl. 9.30 – 18, Insektenfütterung Mo., Di., Fr. ab 10 Uhr | www.schmetterlingsfarm.de

❙ Rund um Trassenheide

Krummin

Maritime Leidenschaft

Die **schönste Lindenallee Usedoms** führt von der B 111 nach Krummin. Die hohen Kronen der eng gepflanzten Bäume nehmen freundlich in Empfang, greifen ineinander, verschließen die Allee tunnelartig und tauchen sie in ein magisches, grün gefiltertes Licht. Zu jeder Jahreszeit bietet die Allee einen anderen Anblick, aber immer weckt sie ein Gefühl der Erhabenheit. Ein Hafen mit ganz persönlicher Note ist der inhabergeführte **Naturhafen**, Usedoms erste 4-Sterne-Marina mit 150 Liegeplätzen für Jachten bis 2 m Tiefgang und neuen Sanitärgebäuden an der Naturmole. Die Krumminer Wiek zwischen Ostsee und Achterwasser gilt als abwechslungsreiches Segelrevier: geschützt, aber nicht zu klein und mit direktem Zugang zum Haff und zur offenen See. Den besonderen Wohnakzent setzen **Floating Houses** im Hafen, schwimmende Ferienwohnungen in modernstem Design mit Fußbodenheizung und Terrasse zum Wasser, (▶Abb S. 227). Auf der **Hafenterrasse** werden Sie in uriger Atmosphäre mit selbst gebackenen Kuchen und regionalen Spezialitäten

MORGENTAU

Unglaubliche Stille. Sanft kitzeln erste Sonnenstrahlen das Wasser der Wiek, glitzert Blütentau im Schilf,
bis das Zwitschern laut und melodisch beginnt. Naturfreunde lieben diese Zeit – und Vögel erst recht. In Sicht-
weite des Krumminer Hafens lässt sich frühmorgens im
Kanu oder Elektroboot die erwachende Vogelwelt beobachten (3 Std., max. 6 Pers., 25 €, http://kanuusedom.de).

verwöhnt. Am Wochenende steht der Hafenmeister am Grill, Dienstag und Donnerstag gibt es frisch geräucherten Lachs aus dem eigenen Räucherofen, freitags werden BBQ Spare Ribs serviert, Sonntag
ist Nudelabend. Highlight des Sommers ist das dreitägige **Hafenfestival** im Juli mit entspannten Sounds und handgemachter Musik auf
der Bühne, Genuss und Geselligkeit. Ende August gibt es ein exklusives Hafendinner – unbedingt reservieren! Wer will, kann Segeln lernen, im Kanu die Gegend erkunden oder im Zeesenboot mitsegeln.
St. Michael in der Dorfmitte ist die zweitälteste Kirche auf Usedom
und einziges Überbleibsel des im Dreißigjährigen Krieg zerstörten Zis-
terzienserinnenklosters. Im Sommer ist das Gotteshaus Spielstätte
des **Usedomer Musikfestivals**. Der Uhrenturm wurde auf Wunsch
von Friedrich Wilhelm IV. angefügt und dient Seglern bis heute zur
Orientierung. Blumengeschmückte Gartencafés im Grünen wie **Zur
Naschkatze** (▶S. 137) prägen das Ortsbild rund um die Kirche.
Naturhafen: Dorfstraße 24, Krummin | Tel. 038355 68 98 11
https://naturhafen.de

Open Air mit besonderem Flair:
das Hafenfestival in Krummin

BAEDEKER ÜBERRASCHENDES

6x

EINFACH UNBEZAHLBAR

Erlebnisse, die für Geld nicht zu bekommen sind

1.
MAGISCH
Die schönste Lindenallee Usedoms führt zum **Naturhafen Krummin**. Die hohen Kronen der eng gepflanzten Bäume nehmen freundlich in Empfang, greifen ineinander, verschließen die Allee zum Tunnel und tauchen sie in ein magisches Licht. (▸**S. 138**)

2.
UNTER FREIEM HIMMEL

Ein Mensch? Ein Stierkopf? Ein Symbol? Im 20 ha großen **Skulpturenpark Katzow** bei Wolgast ist der Spaziergang 24/7 das ganze Jahr gratis. (▸**S. 157**)

3.
STREET ART
Ende Mai gehören die Straßen der Usedomer Seebäder dem **Kleinkunstfestival**, wo Sie kostenlos den ganzen Tag die Tricks von Akrobaten, Clowns und Zauberern bestaunen dürfen. (▸**S. 219**)

4.
HIGHLIGHT
Gratis und ein Höhepunkt im wahrsten Sinne des Wortes ist die Pause auf der Panoramabank auf dem **Loddiner Höft**. Den Sundowner können Sie danach an der Bar von Kiki's Bootsverleih nehmen. (▸**S. 104**)

5.
SPUR DER STEINE
Über 140 Findlinge hat der **Usedomer Gesteinsgarten** bei Ückeritz zusammengetragen, die bis zum Ende der letzten Eiszeit aus Finnland und Südschweden nach Usedom geschoben wurden – Eintritt frei! (▸**S. 108**)

6.
KUNST:OFFEN
Zu **Pfingsten** öffnen Künstler auf der ganzen Insel ihre Galerien, Werkstätten und Ateliers und geben allen Interessierten die Möglichkeit, kostenlos Kunst am Ort des Entstehens zu erleben. (▸**S. 219**)

Galerie im Hühnerstall

Bevor man ins Fischstübchen geht (▶S. 137), lohnt der Besuch bei der Künstlerin Margret Schreiber-Gorny in ihrem »**Hühnerstall**« in Neeberg. In der Galerie bekommen Sie Bilder, Collagen und Fotos, im verwunschenen **Feng-Shui-Garten** sind Keramiken ausgestellt. In der Ferienwohnung unterm Reetdach finden vier Personen Platz.

Neeberger Sraße 9, Krummin OT Neeberg | Telefon: 03836 20 06 58 i.d.R. tgl. 11 – 17 Uhr | www.neeberg-galerie-fengshui.de

Neeberg

Das Glück der Erde

Über Sauzin geht es weiter nach Ziemitz am südlichen Ende des Landzipfels, der buchtenreich mit erstklassigen Fangbedingungen für Hecht, Zander, Barsch und Aal in den Peenestrom und ins Achterwasser hineinragt. Wolken, Wellen, Schilf und Ruhe geben den Hintergrund für den kleinen Hafen. Ob Kinderferien auf dem Bauernhof, Reitstunden oder Ausritte ins offene Gelände, auf dem **Hof Jaddatz** kommen Pferdefreunde auf ihre Kosten.

Hof Jaddatz: Koppelweg 18 | Tel. 0173 618 41 82 | www.hof-jaddatz.de

Ziemitz

Im Schilfgürtel am Peenestrom …

.. liegt der kleine Hafen Zecherin 4 km westlich von Trassenheide. Eine vorgelagerte Insel schützt vor Westwind. Beliebt sind hier geführte **Angeltouren** auf Dorsch, Zander, Lachs und Barsch in den Boddengewässern rund um Usedom und im Peenestrom oder Strelasund.

www.hafen-zecherin.de

Sporthafen Zecherin

USEDOM (STADT)

Einwohnerzahl: 1800

Die einzige richtige Stadt der Insel kämpft seit Sprengung der Karniner Hubbrücke im Zweiten Weltkrieg mit der Rolle im Abseits. Das Fehlen der Brücke bedeutete gleichzeitig das Ende der Bahnverbindung nach Berlin und Swinemünde. Die Bundesstraße verläuft nördlich, und auch der flache Hafen war bislang wenig genutzt. Der 2019 freigegebene Wasser-Wander-Rastplatz mit Schiffsanleger, Pontonbrücke, Sportboot-Liegeplätzen und neuem Hafengebäude soll den Dornröschenschlaf beenden.

Wo der Schlossberg östlich des Stadtzentrums bescheidene 10 m aufragt, hatten sich die Slawen bereits um das Jahr 1000 mit Burg und Siedlung am See häuslich eingerichtet – »usnam« bedeutet

USEDOM STADT ERLEBEN

TOURISTINFORMATION
Bäderstraße 5, Usedom Stadt
Tel. 038372 708 90
www.stadtinfo-usedom.de

BLAUMERIE
Kleine Dinge, die überraschen,
kreative Deko für daheim, hübsche
Bauern- und Gartensträuße und ein
Cafébereich mit kleiner Sonnenter-
rasse und köstlichen Kuchen gegen-
über vom Stadttor.
Anklamer Str. 1, Usedom Stadt
Tel. 038372 715 62
www.blaumerie.de

LOTSENTURM USEDOM €€€
Direkt am Wasser mit berauschen-
dem Blick auf das Haff logieren Sie
im 70 Jahre alten Lotsenturm.
Dorfstraße 28b
Karnin, Usedom Stadt
Tel. 30 92 21 29 66
www.lotsenturm-usedom.de

FERIENDOMIZIL WOHLTAT €€
Entzückendes Apartment mit Terrasse, super Frühstück, eigenem Strand-
bereich und Wassersportmöglichkei-
ten, 3 km südlich von Usedom Stadt.
Westklune 9, Wilhelmshof
https://feriendomizil-wohltat-
wilhelmshof.hotel-mix.de

Mündung. Das Glück währte, bis die Dänen die Burgsiedlung 1115 zerstörten. Geschickter verhielt sich der ins Land gerufene **Bischof Otto
von Bamberg**. Er handelte einen Freundschaftsvertrag zwischen den
widerstreitenden Territorialherren aus, dem Polenherzog Boleslaw
und den Pommernherzog Warcislaw. Und so fanden sich am Pfingst-
fest des Jahres 1128 die vorpommerschen Fürsten auf dem Hügel ein,
um den Übertritt zum **Christentum** zu besiegeln. Eine 800 Jahre später angefertigte Tafel erinnert auf dem **Schlossberg** zusammen mit
dem großen Kreuz aus Granit an die Weichenstellung. Bis Mitte des
13. Jh.s gehörte Usedom zu den Lieblingsresidenzen der Herzöge von
Pommern. Spirituelle Impulse lieferte das nahe der Stadt 1155 gegründete Kloster Grobe, von dem heute kein Stein mehr steht. Richtig
in Schwung kam die Entwicklung mit Ankunft der ins Land gerufenen
deutschen Kolonisten. 1298 erhielt Usedom **Lübisches Stadtrecht**
und leistete sich eine wehrhafte Mauer mit drei Toren.

*Einzige
Stadt
der Insel*

▎ Wohin in Usedom und Umgebung?

Wahrzeichen

Anklamer
Tor

Von den ursprünglichen drei Stadttoren blieb nur das 32 hohe Anklamer Tor erhalten, ein schön gegliederter spätgotischer Backsteinbau von 1450. Heute widmet sich hier die **Heimatstube** dem Alltag

der Fischer, Bauern und Handwerker. Vom Turmzimmer bietet sich ein weiter Blick über die Insel. Man kann sich hier auch trauen lassen.
Schulstr. 1 | tgl. außer Mo. 11 – 15 Uhr

Im Namen des Herrn

Den **Marktplatz** beherrscht die spätgotische dreischiffige Marienkirche. Ihre heutige Gestalt erhielt sie von 1726 bis 1893, als man bei einer Erneuerung den vorhandenen Chorraum verkleinerte. Auch die Inneneinrichtung stammt aus dieser Zeit. Älter sind die Altarschranke von 1743 und die spätmittelalterliche Grabplatte des Herzogpaares Ralibor und Pribislawa, die Gründer des Klosters Grobe südlich der Stadt. Zu Recht gerühmt werden die Buntglasfenster, wenn sie von der aufgehenden Sonne angestrahlt werden.
Am Markt | Mo. – Sa. ab 10 Uhr

Marienkirche

Naturkunde

Im denkmalgeschützten Gebäude des ehemaligen Bahnhofs befinden sich die **Touristinformation** sowie das **Naturpark-Infozentrum**. Neben lebensechten Tierpräparaten informieren Schautafeln über Flora und Fauna im Naturpark Usedom. Wer diesen erkunden will, kann sich im Sommer zu meist kostenlosen geführten Wanderungen und Radtouren anmelden.
Bäderstr. 5 | Mai – Sept. Mo. – Fr. 10 – 18, Sa. 10 –14,
Okt. – April Mo. – Fr. 10 – 16 Uhr | www.naturpark-usedom.de

Klaus-Bahlsen-Haus

Mahnmal im Wasser

Von den Nazis gesprengt, steht die mächtige **Hubbrücke** von Karnin heute einsam und verlassen im Wasser (▶Baedeker Wissen S. 146).

Karnin

Beschaulich und naturnah

Der abgeschiedene **Usedomer Winkel** zwischen Peenestrom und Stettiner Haff gilt als eine der ursprünglichsten Ecken auf der Insel. Die Feuchtwiesen im Nordosten sind ein Refugium für Wasservögel. Den Rest der Halbinsel dominieren Weiden und Ackerland. In Usedom Stadt beginnt beim Anklamer Tor eine schöne Rundwanderung um den **Usedomer See**, die Sie auch gut per Rad machen können. Für die 13 km brauchen Sie drei Stunden reine Wanderzeit. Nach Kaffee und Kuchen in der Blaumerie (▶S. 144) beim Anklamer Tor wandern bzw. radeln Sie nach Osten über den **Weißen Berg**, dann durch Kiefernwald und über eine kopfsteingepflasterte Kastanienallee nach **Welzin**. Bei Steffen Schulze in der **Inselkäserei** können Sie handgemachten Käse nach Schweizer Rezept kaufen, der drei, sechs oder zwölf Monate reift. Probieren Sie auch den Käsekuchen. Im kleinen Gastraum werden zudem badische Weine und Mitbringsel der Glashütte Griebenow angeboten (Welzin 30, tgl. 10 – 17, So. ab 13 Uhr, www.inselkaese.de). Über die schmale Nehrung zwischen See und

Rund um den Usedomer See

HUBBRÜCKE KARNIN

Bei Karnin ragen aus dem Peenestrom die rostigen Überreste der einstmals modernsten Hubbrücke Europas. Auch heute noch gilt das Bauwerk, bei dem das Ausfahren der Überbauten der Brücke unter Beibehaltung des Schiffs- und Bahnverkehrs möglich war, als Meisterleistung der Ingenieurskunst.

❶ Direkte Bahnanbindung nach Berlin
Die 38 km lange Strecke zwischen Ducherow und Swinemünde wurde 1876 als zweigleisige Bahnlinie eröffnet. Die erste Brücke mit Drehvorrichtung war bald zu langsam geworden und wurde 1933 durch eine neue Konstruktion ersetzt. Die neue Brücke passierten im Sommer 1935 täglich 26 Züge, die diese mit einer Höchstgeschwindigkeit von 100 km/h befahren konnten.
Da der heutige Pkw-Verkehr im Sommer extrem ist, wird über den Wiederaufbau der Bahnstrecke Ducherow – Swinemünde – Ahlbeck (– Heringsdorf) nachgedacht.

❷ Mittelpfeiler der Drehbrücke
Um die Schiffsdurchfahrt durch den Eisenbahnverkehr nicht zu behindern, konnte man bereits die erste Brücke mittels einer Drehvorrichtung öffnen: Der Ausleger lag dabei auf dem Mittelpfeiler auf. Anfangs wurde dieser per Hand bedient, was rund 1,5 Stunden dauerte; ab 1908 verkürzte nach einer Generalüberholung der alten Brücke ein elektrischer Antrieb diese Zeit auf 30 Minuten.

❸ Türme
Vier 35 m hohe Stahltürme bilden das Grundgerüst für die Hebekonstruktion.

❹ Schalthaus
Im Schalthaus war die Steuerung der Brückentechnik untergebracht. Um auch bei schlechter Sicht arbeiten zu können, kam dafür ein Bau an Land nicht in Frage. Das Schließen der Hubkonstruktion dauerte nur 2 Minuten.

Ducherow
Swinemünde Hbf.
Ducherow
Swinemünde Hbf.

Über Ducherow b
nach Swinemünde
Reise nach Ahlbec
muss einmal ums

❺ Hubüberbau
Jeder der beiden Hubüberbauten wog 134 t; acht Stahlseile mit einem Durchmesser von 48 mm verbanden diesen mit 132 t schweren Gegengewichten, sodass der Motor nur die Differenz von 2 t anheben musste. Im Normalzustand waren die Überbauten hochgezogen, da damals noch sehr starker Schiffsverkehr herrschte.

❻ Hubwerk
Für das Heben der Überbauten war jeweils ein 33 PS starker Motor zuständig.

❼ Laufsteg
Zwölf Personen durften das Spektakel auf eigene Gefahr miterleben und sich mit hochziehen lassen. Fotoapparate mussten vorher allerdings abgegeben werden.

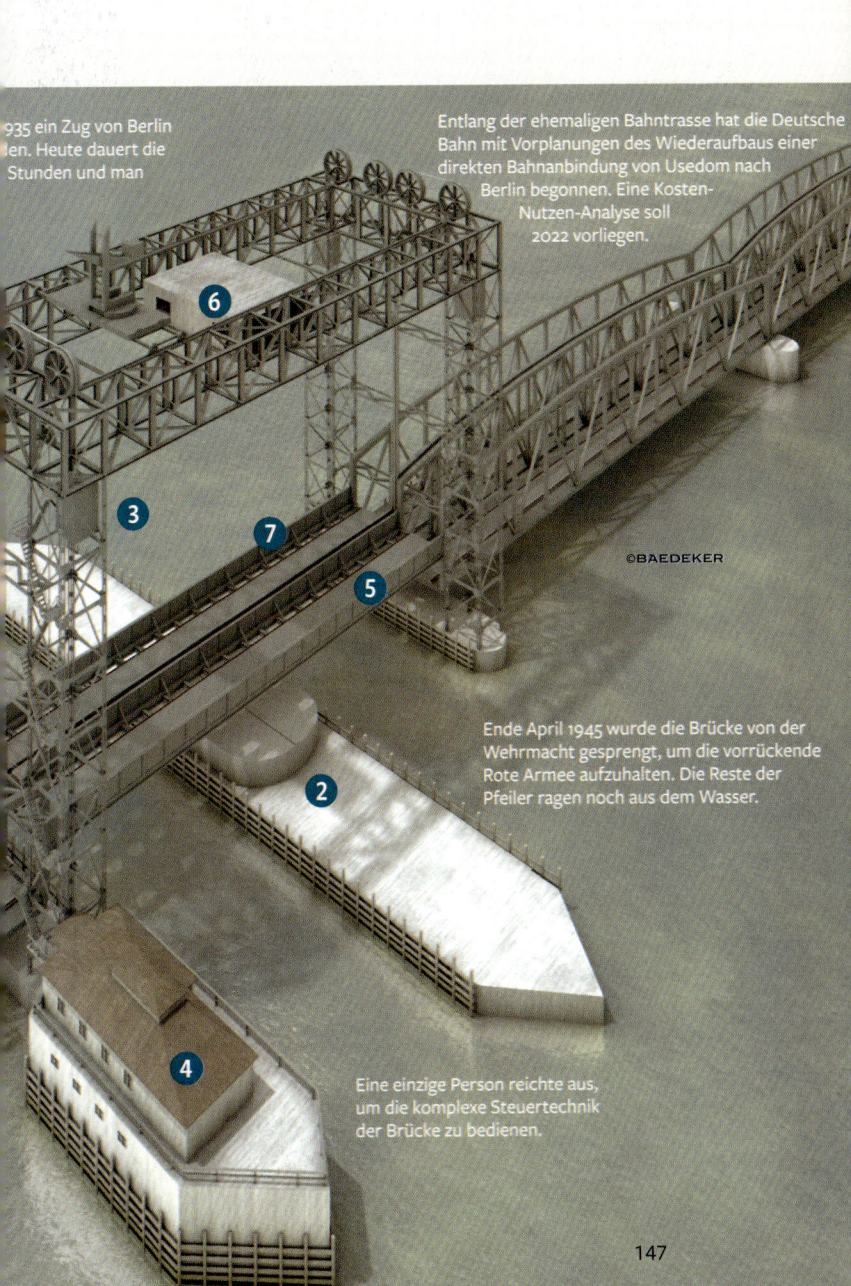

935 ein Zug von Berlin
...en. Heute dauert die
...Stunden und man

Entlang der ehemaligen Bahntrasse hat die Deutsche Bahn mit Vorplanungen des Wiederaufbaus einer direkten Bahnanbindung von Usedom nach Berlin begonnen. Eine Kosten-Nutzen-Analyse soll 2022 vorliegen.

©BAEDEKER

Ende April 1945 wurde die Brücke von der Wehrmacht gesprengt, um die vorrückende Rote Armee aufzuhalten. Die Reste der Pfeiler ragen noch aus dem Wasser.

Eine einzige Person reichte aus, um die komplexe Steuertechnik der Brücke zu bedienen.

Haff erreichen Sie **Ostklüne**, wo eine **Ruderfähre** nach **Westklüne** übersetzt, die auch Fahrräder mitnimmt. Auf dem Deich und dann am Ufer entlang geht es zurück nach Usedom Stadt. Hätten Sie jetzt Lust auf einen Pott Kaffee, selbst gemachten Kuchen oder ein leckeres Fischbrötchen? Für den kleinen Hunger zwischendurch können Sie sich in den gemütlichen Garten von **Snack am Hafen** setzen (Wieck-Str. 12, Usedom, April bis Okt., www.snack-am-hafen.de).

Fähre: Bei starkem Wind wird die Fähre über die 300 m von Ost- nach Westklüne eingestellt, also besser vorher bei Familie Gaede anrufen, Tel. 0151 15 35 87 75. »Fährmann hol över!« – auf Zuruf setzt der Fährmann der kleinen Ruderfähre Sie über oder man kann ihn per Klingel rufen.

Nadelöhr

Zecheriner Brücke

Die blaue Zecheriner **Klappbrücke** ist für viele die schnellste Inselzufahrt. Insbesondere im Sommer kann es während der Brückenöffnungszeiten zu längeren Rückstaus für Autofahrer kommen. Radler sind davon nicht betroffen, da sie auf den beidseitigen Fahrradwegen bis zur geöffneten Brücke vorfahren können.

Öffnungszeiten: tgl. 5.45, 8.45, 12.45, 16.45, 20.45 Uhr

Romantik mit Genuss

Schloss Stolpe

Die Geschichte des Dörfchens Stolpe, das 2018 sein 800-jähriges Jubiläum feierte, beginnt 1321 mit Ritter Dietrich von Schwerin, dessen Linie 12 Generationen hier saß und dem festen Haus verschiedene Bauphasen gab. So erhielt das 1570 begonnene zweigeschossige Herrenhaus der Hochrenaissance um 1700 barocke Elemente. Zwischen 1896 und 1905 ließ Friedrich Graf von Schwerin das Anwesen zu einem romantischen **Schloss im Stil des Historismus** umbauen mit Türmen und Arkadengang mit Rundbogenfenstern. Die Eingangshalle erhielt eine umlaufende Galerie, auf die eine geschwungene Freitreppe führte.

Nach der Bodenreform 1945 musste die letzte Besitzerin, Friedrichs Witwe **Freda Gräfin von Schwerin**, Stolpe verlassen. Als sie 1957 verarmt in Lüneburg starb, wurde sie nach Stolpe überführt und dort auf dem Friedhof beigesetzt. Mehr als 2000 Gutsarbeiter, Freunde und Verwandte gaben der Gräfin das letzte Geleit – gegen den Willen von Staat und Partei. Zu DDR-Zeiten wurde der Mittelteil abgerissen, um Baumaterial für andere Gebäude zu liefern. Ab 1996 nahmen sich die Gemeinde Stolpe und ein Förderverein der Sanierung der weitgehend verfallenen Anlage an. Heute finden im neobarocken Saal **Konzerte, Theater, Lesungen und Vorträge** statt. Die Fassade und die originalgetreue Wiederherstellung des Gelben Salons und der Gräfinnenzimmer mit Stuck, Wandnischen und handgefertigten Tapeten nach zeitgenössischen Vorlagen sind abgeschlossen. Andere Räume werden noch restauriert. Eine Ausstellung informiert über die

Schmuckstück für Feinschmecker: Schloss Stolpe

Bau- und Besitzergeschichte. Besonderheit ist eine große **Lubinsche Karte**, 1618 die erste, auf Vermessung und mathematischer Berechnung beruhende, annähernd wirklichkeitsgetreue kartografische Abbildung Pommerns. Schloss, Remise und die benachbarte neogotische **Backsteinkirche** sind wieder lebendiges Zentrum des Dorfes.

Im **Restaurant Remise** in der ehemaligen Wagenscheune verwöhnt Lars Lindemann mit seinem Team in stilvoller Atmosphäre mit fangfrischem Fisch, rosa gegartem Rinderfilet und ausgefallenen Pommern-Tapas wie Matjeshäckerle, Minibacktüfte und Spanferkelbäckchen. Wenn noch Platz ist, sollten Sie zum Schluss die warmen Schokoküchlein mit Vanilleeis bestellen.

Schloss: Am Schloss 9, Stolpe | Di.–Fr. 11–18, Sa., So. 14–18 | Führungen 14–18 Uhr | Eintritt frei | www.schloss-stolpe.de | Ferienwohnungen im Westflügel und in der Remise | www.schlossamhaff. com | €€€/€€ **Restaurant Remise**: Alte Dorfstr. 7 Tel. 038372 77 80 80 Mo. geschlossen | https://restaurant-remise-schloss-stolpe.de

★★ WOLGAST

Einwohnerzahl: 12 500

*Wer nach Usedom will, erlebt in Wolgast ein »blaues Wunder«:
Die blaue Brücke ist mit 256 m die längste und vermutlich auch
schönste Waagebalken-Klappbrücke in Deutschland. Sie ist das
Nadelöhr, auf dem Autos wie Züge den Peenestrom überqueren,
um auf die Ostseeinsel zu gelangen. Auf der Schlossinsel, wo einst
die Herzöge Pommerns residierten, können Sie im alten Speicher
wunderbar wohnen und schlemmen und mit der »Weissen Düne«
auf Törn im Achterwasser gehen (▶Magischer Moment S. 154).*

E/F 5

*Tor zu
Usedom*

Mit Zerstörung des Tempels, der dem slawischen Kriegsgott Gerowit
geweiht war, setzte Missionsbischof **Otto von Bamberg** 1128 ein
starkes Zeichen. Um die Überlegenheit des Christengottes zu zeigen,
wurde über dem heidnischen Heiligtum eine Kirche erbaut, die man
Anfang des 15. Jh.s durch die St.-Petri-Kirche ersetzte. Lübisches
Stadtrecht erhielt Wolgast 1250. Auf der Schlossinsel im Peenestrom
bauten die **pommerschen Herzöge** im 13. Jh. eine slawische Burg
zur Festung um, aus der im 15. Jh. ein bequemes Residenzschloss

Schöner Treffpunkt: das schneeweiße barocke Rathaus mitten in der Altstadt

wurde. Die nahe Zollstelle sorgte für das notwendige Kleingeld der aufstrebenden **Hansestadt**. Als die Herzöge von Pommern-Wolgast 1625 ausstarben, geriet die Stadt unter schwedischer Hoheit in den Kampf um die Vorherrschaft im Ostseeraum. Dabei verlor sie 1675 durch Bombardierung das Schloss. Caspar David Friedrich verewigte es 1813 als romantische Ruine. 1713 von Zar Peter dem Großen niedergebrannt, erfolgte der Wiederaufbau der Stadt im Barockstil. Ende des 18. Jh.s sorgten Getreidehandel und Industrien für Wohlstand. Den Zweiten Weltkrieg überstand Wolgast unzerstört, doch die historische Bausubstanz litt in den DDR-Jahren erheblich. Inzwischen ist viel restauriert, dennoch gibt es triste Ecken und die strukturschwache Region ringt um Arbeitsplätze. Während andere Werften in Mecklenburg-Vorpommern am Kämpfen sind, hat die zur Lürssen-Gruppe gehörende **Peene-Werft** gut zu tun. Aufschwung soll ab 2021 die neue **Modellregion Wolgast-Usedom** bringen, zu der künftig eine gemeinsame Kurkarte und damit die kostenlose Nutzung von Bus und Bahn auf der gesamten Insel gehören wird, was mehr Besucher in die eigentlich hübsche Kleinstadt locken soll.

Wohin in Wolgast?

Herz der Altstadt

Mittelpunkt der Altstadt mit denkmalgeschützten Kaufmannshäusern ist der Rathausplatz. Das barocke **Rathaus** aus dem 18. Jh. mit geschwungenem Giebel ist im Kern noch mittelalterlich. Hier sind Touristinformation und Kulturamt untergebracht. Ein **Brunnen** vor dem Rathaus erzählt seit 1936 die wichtigsten Ereignisse der Stadtgeschichte. Nebenan in einem Kornspeicher des 17. Jh.s, der wegen seiner eigenwilligen Form den Spitznamen »Kaffeemühle« trägt, erzählt das **Stadtgeschichtliche Museum** Wissenswertes vom Tempel des Gerowit über die Seefahrt bis zum Bau der Peene-Werft, bis heute wichtiger Arbeitgeber. In der Handwerkerstraße des Museums sind Frisörzimmer, Schusterstube, Druckerei, Apotheke und eine Knüpfstube von anno dazumal zu bewundern. Donnerstags zwischen 9 und 16 Uhr ist **Wochenmarkt** auf dem Rathausplatz. Zur Weihnachtszeit duftet es rund ums Rathaus nach Glühwein, gebrannten Mandeln und Maronen, wenn am dritten Adventswochenende der **Weihnachtsmarkt** stattfindet.

Um den Rathausplatz

Stadtgeschichtliches Museum: Rathausplatz 6 | Mai – Okt. Di. – Fr. 11 – 18, Sa., So.11 – 16 Uhr | www.museum.wolgast.de

Vor dem Tod sind alle gleich

Die dem Apostel Petrus geweihte dreischiffige Basilika aus dem 15. Jh. war Hofkirche und Grablege der pommerschen Herzöge. Besondere Beachtung verdient in den beiden Seitenschiffen »**Der**

St.-Petri-Kirche

WOLGAST ERLEBEN

TOURISTINFORMATION
Rathausplatz 10, Tel. 03836
60 01 18, www.wolgast.de

SCHIFFSAUSRÜSTER HAHN
Sie wissen nicht, was Sie mitbringen
sollen? Maritime Geschenke, nauti-
sches Material, Tauwerk, alte Seekis-
ten, Laternen, Schäkel, Netze und
modernes Schiffszubehör – selbst
Landratten lieben Henrys Laden.
Hafenstr. 6, Tel 03836 20 23 27
www.schiffsausruester.de

FLECHTWERKSTATT
Bei Anja Müller können Sie beim
Korbflechten zusehen und geflochte-
ne Handkörbe, Tabletts, Souvenirs
und Gartendeko kaufen. Neu-
gierig auf das schöne Handwerk?
Es gibt auch Flechtkurse! Und eine
hübsche Ferienwohnung in der
Altstadt mit maritimem Charme.
Schusterstr. 27
Tel. 03836 238 23 66
www.verflochtenes.de

❶ DER SPEICHER €€€/€€
Dorschfilet mit Süßkartoffel-Kürbis-
stampf, saftige Rumpsteaks vom Grill
mit Salat oder XL-Burger vom Wild,
in dem maritim dekorierten historischen Speicher auf der Schlossinsel
schmeckt alles – besser reservieren!
Hafenstr. 22
Tel. 03836 233 85 50
www.speicher-wolgast.de

❷ ONKEL BEN'S €€/€
Romantische Sitzgruppen, Antikes
aus Großmutters Zeiten, im Sommer
Draußentische und tolles Frühstück.
Auf der Karte stehen ebenso Königs-
berger Klopse und pommersche
Fischtüften wie gebratene Leber mit
Äpfeln, Zwiebeln und Stampf-
kartoffeln wie bei Muttern.
Rathausplatz 8
Tel. 0162 449 44 72

❸ FISCHER KLAUS €
Fisch aus heimischen Gewässern sehr
lecker zubereitet am Museumshafen
auf der Schlossinsel. Im Sommer
kann man draußen sitzen.
Hafenstr. 24
Tel. 03836 23 42 72

❹ GOA €
Hervorragendes indisches Lokal mit
Terrasse und sehr freundlicher Bedie-
nung direkt an der Holzbrücke übers
Achterwasser. Probieren Sie die
knusprige Ente Karahi oder das Chi-
cken Tikka Masala. Es gibt auch Pizza.
Kleinbrückenstraße 6
Tel. 03836 20 26 73

❶ DER SPEICHER €€
Wunderschöner, umgebauter Getrei-
despeicher aus dem 18. Jh. mitten
im Museumshafen mit hellen, sehr
geschmackvollen, allergikerfreund-
lichen Zimmern und zwei großen
Apartments unterm Dach im nordischen Stil samt Küche und Panoramablick auf die Peene oder den Museumshafen und die Altstadt. Frau
Fiedler verwöhnt ihre Gäste mit einem fantastischen Frühstück. Eine
Etage tiefer können Sie ausgezeichnet im Restaurant speisen, s. links.
Wer hier war, will wiederkommen!
Hafenstr. 22
Tel. 03836 233 85 50
www.speicher-wolgast.de

Kröslin, Freest.
Tierpark Tannenkamp

WOLGAST
200m
©BAEDEKER

»Blaues Wunder« / Peenebrücke nach Usedom

Spitzenhoern-
bucht

Yacht-
hafen

SCHLOSSINSEL

Flechtwerkstatt

Stadt-
geschichtliches
Museum

Rathaus

Museums-
hafen

Dampffährschiff
Stralsund

St. Petri-
Kirche

Rungehaus

Weisse
Düne

Gertruden-
kapelle

Skulpturenpark
Katzow

Peene-Werft

❶ Der Speicher
❷ Onkel Ben's
❸ Fischer Klaus
❹ Goa

❶ Der Speicher

Totentanz«, den der Reeder Caspar Siegmund Köppe um 1700 malte, nachdem er durch eine Pestepidemie Frau und Kinder verloren hatte. Er zeigt, wie der Tod die Menschen unabhängig von Stand, Alter und Beruf zu sich holt und wie präsent der Sensenmann im Alltag der Frühen Neuzeit war. Der Zyklus aus 24 Bildern entstand nach der berühmten Holzschnittfolge von Hans Holbein dem Jüngeren. »Durch Evas Lust und Satans List – Der Tod in diese Welt kommen ist.« Auch wenn der Zyklus nicht unbedingt durch seine Dichtkunst besticht, gilt er europaweit als eine der am vollständigsten erhaltenen Totentanz-Darstellungen.

In der **Fürstengruft** im Chor wurden zwischen 1560 und 1587 die Herzöge von Pommern-Wolgast in Sarkophagen beigesetzt. Blickfang ist das Messing-Epitaph für Herzog Philipp I., das 1560 die Werkstatt des Meisters Wolf Hillinger schuf.

Besichtigung und Turmbesteigung: Mai – Sept. Mo. – Fr. 10 – 15,
So. nach dem Gottesdienst bis 12 Uhr | Turm Eintritt 2,50 €
www.kirche-wolgast.de

UNTER SEGELN

Die dicken Trosse ächzen, als die Festmacher von den Pollern gelöst werden. Ruhig dreht der betagte Zweimast-schoner vom Steg weg und gleitet dann mühelos hinaus aufs Achterwasser mitten in die Abendsonne, die sich glit-zernd über die Wellen legt. Am Steuer der »**Weissen Düne**« steht Jane Bothe. Die Kapitänin liebt ihr Platt-bodenschiff. Hier stellt sich ein anderes Lebensgefühl ein, kann man den Kopf freipusten und den Gedanken Raum geben. Während des Törns von Wolgast nach Neppermin gibt es ein maritimes Dinner, darf beim Segeln mit Hand angelegt werden. Langsam neigt sich die Sonne dem Hori-zont entgegen und wirft Schatten übers Achterwasser. Der Anker fällt, der Motor verstummt. Stille kehrt ein. (3,5 Std., 67–85 €, Hafenstr. 4, Wolgast, Tel. 0174 943 69 62, www.weisse-duene.com).

Rungehaus

Wahlhamburger aus Wolgast

In der **Kronwiekstraße**, wo einige schmucke Kapitänshäuser erhal-ten sind, kam im Haus Nr. 45 **Philipp Otto Runge** (▶ Interessante Menschen) zur Welt, der nach Caspar David Friedrich bekannteste romantische Maler Deutschlands. Dass in seinem Geburtshaus Origi-nalbilder oder Möbel aus dem Nachlass gänzlich fehlen, ist kein Manko des Museums. Alles Authentische in dem soliden Bürgerhaus, in dem Runge seine ersten zehn Lebensjahre verbrachte, wurden sorgsam restauriert. Im Erdgeschoss werden erste kreative Versuche beleuchtet und wie die Familie das Haus nutzte. Welchen Lärm mag es gemacht haben, wenn die elf Kinder die knarrende Holztreppe hochstürmten, während der Vater im Kontor saß? Die Originale der auf mattiertem Glas aufgebrachten Repliken von Runges Bildern hängen heute alle in der Hamburger Kunsthalle. Mithilfe von Medieninstallationen werden Runges Symbolsprache im Zyklus der »**Zeiten**« und seine **dreidimensionale Farbenlehre** erklärt sowie sein Einfluss auf die Moderne. Am Computer können Sie durch die Farbenkugel surfen und das Spektrum der drei Grundfarben Rot, Blau und Gelb mit ihren Farbvariationen entdecken.

Kronwieckstr. 45 | Mai – Okt. Di. – Fr. 11 – 18, Sa., So. 11 – 16 Uhr
Eintritt 4 € | www.museum.wolgast.de

Schiffe, Speicher & pommersche Küche

Vom Runge-Haus sind es nur ein paar Schritte zum **Museumshafen** an der **Schlossinsel**, der im 19. Jh. ein wichtiger Getreideumschlagplatz war. Er dient längst nicht mehr dem regulären Schiffsverkehr. Dafür liegt hier als technisches Denkmal das **Dampffährschiff** »**Stralsund**« vor Anker. Das älteste Originalfahrzeug seiner Art lief 1890 auf der Schichauwerft in Elbing vom Stapel, ersetzte zeitweise die gesprengte Brücke von Karnin und brachte bis 1990 Personen und Güter über das Wasser. Heute liegt die Fähre an ihrem letzten Einsatzort als Museumsschiff im Wolgaster Hafen und kann besichtigt werden. Mit dem Fahrgastschiff »**Der Stralsunder**« können Sie von der Südspitze der Schlossinsel zur **Spitzenhörnbucht** mit Segelclub und Badestelle schippern, Achterwasserrundfahrten machen oder Peenestrom- und Steilküstenfahrten bis zur Halbinsel Gnitz. Die Schlossinsel ist auch Heimathafen der »**Weissen Düne**«, mit der Sie von Mai bis Oktober Segel setzen können für Törns auf dem Achterwasser, Peenestrom und durch die geöffnete Klappbrücke in Wolgast (▶Magischer Moment S. 154).

August Wilhelm Homeyer, Reedersohn, Innovator und Wohltäter der Stadt, baute Mitte des 19. Jh.s auf der Schlossinsel an der Stelle des abgetragenen Schlosses die modernsten Fachwerkspeicher, wo gut 5000 t Getreide gelagert werden konnten. Der Kommerzienrat Homeyer brachte pommersches Korn bis in die USA und dafür Kohle und Eisen an den Peenestrom, wo in Folge Stahlwerk und Werft entstanden. Im letzten **Speicher** können Sie heute aussichtsreich übernachten und moderne pommersche Küche probieren (▶S. 152).

»**Stralsund**«: Hafenstraße | geführte Rundgänge Mai, Sept. tgl. außer Mo. 11 – 15.30, Juni – Aug. bis 18, am Wochenende bis 16 Uhr | www. dampffaehrschiff-wolgast.org | »**Der Stralsunder**«: Rundfahrten Mai bis Mitte Okt. Di.–Do. | Fahrplan: www.schiff-usedom.de

Leben
am Strom

Tor zu Usedom

Blaues Wunder Ihren Namen verdankt die Brücke über den Peenestrom ihrer Größe und markanten Farbgebung. Die kombinierte **Straßen- und Eisenbahnklappbrücke**, die 1994 eingeweiht wurde, öffnet täglich bis zu sechsmal für 15 bis 20 Minuten, um wartende Schiffe passieren zu lassen, die zum Achterwasser oder in Richtung Ostsee wollen. Geplant ist bis 2030 eine neue 6,5-km-Brücke, die in 42 m Höhe über den Peenestrom führt. Anders als beim »Blauen Wunder« muss das neue Bauwerk bei Schiffsverkehr nicht aufgeklappt werden. Die derzeitigen massiven Rückstaus bei Öffnung wären damit vorüber.

Brückenöffnungszeiten: 5.45, 7.45, 12.45, 17.45, 20.45, 23.45 Uhr

Unterm Sternenzelt

Kapelle St. Gertrud Im Jahr 2020 feierte die Kapelle St. Gertrud auf dem Friedhof an der Chausseestraße nach umfangreicher Sanierung ihr 600-jähriges Jubiläum. Der schlichte Bau mit dem ungewöhnlichen 12-eckigen Grundriss wurde nach dem Vorbild der Jerusalemer Erlöserkirche errichtet. Das Gotteshaus liefert ein schönes Zeugnis der Norddeutschen Backsteingotik. Einzigartig ist das **Sternengewölbe** im Inneren, das von einem starken Mittelpfeiler getragen wird.

Zu besichtigen am »Tag des offenen Denkmals« 10 – 16 Uhr und nach Vereinbarung, Tel. 03836 20 22 69

Tierisch gut

Tierpark Tannenkamp Im Ortsteil Tannenkamp können Sie Waschbären, Erdmännchen, Rehe, Ziegen, Schafe, Präriehunde, Nasenbären, Kängurus, Alpakas, Otter, Stachelschweine und Kapuzineräffchen in naturnahen, zum

Teil auch begehbaren Gehegen kennenlernen. Spielplätze und eine Scooterbahn laden die kleinen Gäste zum Tollen ein. Auch Streichelzoo, Spielplätze und Scooterbahn, Naturlehrpfad, Bistro und Bollerwagen gehören zum Programm.

Tgl. April 10 – 15.30, Mai – Sept. 9 – 17.30, Okt. 9.30 – 16, Nov. – Feb. 10 – 14.30 Uhr | Eintritt 7,50 € | www.tierparkwolgast.de

Rund um Wolgast

Stierkopf, Gottesanbeterin und drei Ulanen
Über 100 große und kleine **Skulpturen** aus Stahl, Holz und Stein von 90 Künstlern aus 23 Ländern bevölkern den Garten, den der Bildhauer Thomas Radeloff 1991 auf einem 20 ha großen Wiesenareal an der L 26 kurz vor Wolgast eingerichtet hat. Im Sommer trifft man sich dort zu Bildhauer-Workshops. Künstler und Gäste finden in der **Kulturscheune** neben Atelierräumen auch vier Gästezimmer.

Skulpturenpark Katzow

Dorfstr. 45, Katzow | 24 Std. tgl. ganzjährig kostenlos zugänglich Oster- und Weihnachtsmarkt | www.skulpturenpark-katzow.eu

Für alle, die das Meer lieben
Seit über 100 Jahren sind Badegäste 8 km nördlich in Kröslin willkommen. Doch die Zeit ist nicht stehen geblieben. Aushängeschild ist die 5-Sterne-Marina **Baltic Sea Resort** mit 500 Liegeplätzen für Freizeitkapitäne, Werft, Jachtshop und Modeboutique mit maritimem Outfit, modernen Sanitärhäusern, vielseitigem Wellnessangebot, Fahrrad-, SUP- und Kajakverleih. Das **Steghouse** lädt zum kulinarischen Törn

Kröslin

Schöner wohnen am Wasser in schwimmenden Ferienhäusern des Baltic Sea Resort in Kröslin

mit rosa Roastbeef und hausgebeiztem Lachs, das **Burgerhouse** hat ausgefallene Burger. Oder darf es frische Pasta und ein Hummer sein? Im **Red Lobster** gibt es fangfrische Meeresfrüchte zum frisch Gezapften mit Blick auf die Boote. Für den Proviant an Bord liefert ein Supermarkt die Bestellung bis ans Schiff. Seit 2020 sind im ersten deutschen **Standesamt auf dem Wasser** auch Trauungen möglich. Zwölf **Floating Houses** punkten als schwimmende Ferienhäuser bei Schiffsfans wie seeliebenden Landtouristen (▶Abb. S. 156/157). 2021 sollen weitere sieben Pfahlhäuser im Krösliner See entstehen. Tagesausflüge nach Peenemünde sind mit der **Personen- und Fahrradfähre** direkt vom Hafen aus möglich. Wer Geschwindigkeit liebt, kann eine Tour mit dem 300-PS-**Speedboot** »Big Iven« buchen.
www.kroeslin.de | **Baltic Sea Resort**: Hafenstr. 9, Kröslin | Tel. 038370 25 10 | www.baltic-sea-resort.com | **Red Lobster**: Hafenstr. 9 Tel. 038370 251 16 | Mi., Do. Ruhetag | www.red-lobster.org

Maritimes mit Tradition

Freest

An der großen Bootshalle der Marina Kröslin weist ein beschrifteter Findling den Weg über den Deich zum idyllischen Dörfchen Freest. Ockerfarbene Bootshäuser und Arbeitsschuppen reihen sich dekorativ rund um den Fischerhafen, der bereits für das 13. Jh. belegt ist. Kutter landen täglich frischen Ostseefisch an. Nachdem die EU-Fangmenge für Hering 2021 um weitere 50 Prozent gegenüber dem Vorjahr gekürzt worden ist, befürchten allerdings viele Fischer das Ende ihrer Branche. Bei der **Fischereigenossenschaft** in der Dorfstraße 25 bekommen Sie täglich außer Montag leckere Fischbrötchen und Dorschbouletten. In Nr. 29 verkauft die **Räucherei** tagesfrisch Buttermakrelen, Stremellachs, Heilbutt und Seesaibling.

Das Knüpfen von **Fischerteppichen** ist an der Ostsee schon für 1495 belegt. In den 1920ern erfuhr das Teppichknüpfen als Zusatzverdienst seine Renaissance. Auch in der DDR war die Volkskunst der Frauen aus Freest gefragt. Ihre Muster kommen aus dem Alltag. Wellen, Kogge, Wappen, Anker, Stranddisteln und Fische in gedeckten Farben. Helga Grabow ist eine der Letzten, die Technik wie Motive kennt – und gelegentlich in der **Heimatstube** vorführt, wo einige der robusten »Teppiche för´t Leben« zu bewundern sind. Riesenrad, Krämermarkt, Fahrgeschäfte und Feuerwerk gehören zum **Fischerfest** im Sommer. Helle, freundliche Zimmer mit Balkon und Meerblick erwarten Sie im **Hotel & Fischrestaurant Leuchtfeuer**. In maritimer Atmosphäre werden Sie mit dem Fang des Tages und einem herrlichem Blick auf Seglerhafen, Ostsee und die Inseln Rügen und Ruden verwöhnt.
Fischereigenossenschaft und Räucherei: www.fischerei-freest.de **Freester Heimatstube**: Dorfstr. 67 | März – April, Nov., Dez. Mo. - Fr. 9 - 14, Mai – Okt. Di. - Sa. 10 - 15 Uhr | Eintritt 3,50 €€ **Hotel & Fischrestaurant Leuchtfeuer**: Dorfstraße 1, Freest Tel. 038370 207 10 | www.hotel-leuchtfeuer.de

6x
GUTE LAUNE

Das hebt die Stimmung

1.
FANGFRISCH
Ein Tag auf dem Wasser macht richtig hungrig. Wie wäre es mit Hummer oder hausgemachter Pasta? Im **Red Lobster** in **Kröslin** gibt es fangfrische Meerestiere zum frisch Gezapften mit Blick auf Boote. (▶S. 158)

2.
SOMMERKINO
Setzen Sie sich für das launige Erlebnis an der **Seebrücke** in **Heringsdorf** einfach in den Sand oder kuscheln Sie sich in einen bequemen Strandkorb, um mit einem Lieblingsmenschen ganz großes Kino zu erleben. (▶S. 89)

3.
LANDLUST
Zeit spielt im Lieper Winkel keine große Rolle. Auch im **Hofcafé Landlust** scheinen die Uhren langsamer zu ticken. Wenn der Duft von frischen Waffeln durch den Apfelgarten am Achterwasser weht, sind Stress und Hektik schnell vergessen. (▶S. 112)

4.
SHOPPEN UND SCHLEMMEN
Lässige Mode haben das Pier 14 und Marc O'Polo Strandcasino in **Heringsdorf**. Im Obergeschoss kommen im O'ne und im The O'Room leichte Gerichte auf den Tisch (▶S. 92)

5.
TEA TIME
Drachenglut, Sonnengruß, Sternenklang – die Teemanufaktur **Kräutergarten Pommerland** in Pulow zaubert mit altem Kräuterwissen und viel Handarbeit erfrischende Mischungen, die auch zu Hause die Stimmung heben und wunderbar nach Urlaub schmecken. (▶S. 57)

6.
JAZZ WANTED
Am ersten Juliwochenende begeistern Jazzabende in der romantischen **Klosterruine von Eldena**, die schon Caspar David Friedrich inspiriert hat. (▶S. 80)

★ ZINNOWITZ

Einwohnerzahl: 4150

H 4/5

Das größte und traditionsreichste Seebad im Norden Usedoms kann durchaus mit den Kaiserbädern mithalten. Repräsentative Villen der Bäderarchitektur, ein 40 m breiter Sandstrand, das Publikum vielleicht einen Tick jünger als in Ahlbeck und Heringsdorf und als Traum ohne Wirklichkeit die viel besuchten Festspiele um die sagenhafte, versunkene Stadt Vineta.

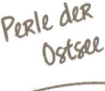

Perle der Ostsee

Die Geschicke der 1309 erstmals urkundlich erwähnten »Perle der Ostsee« verliefen im Gleichklang mit der Inselgeschichte: Erst bestimmten die Slawen, dann die Pommern, die Schweden und die Preußen. Der junge, später »Alte« Fritz machte aus Zinnowitz eine Preußische Domäne, die seine Nachfolger zur Füllung des Staatssä-

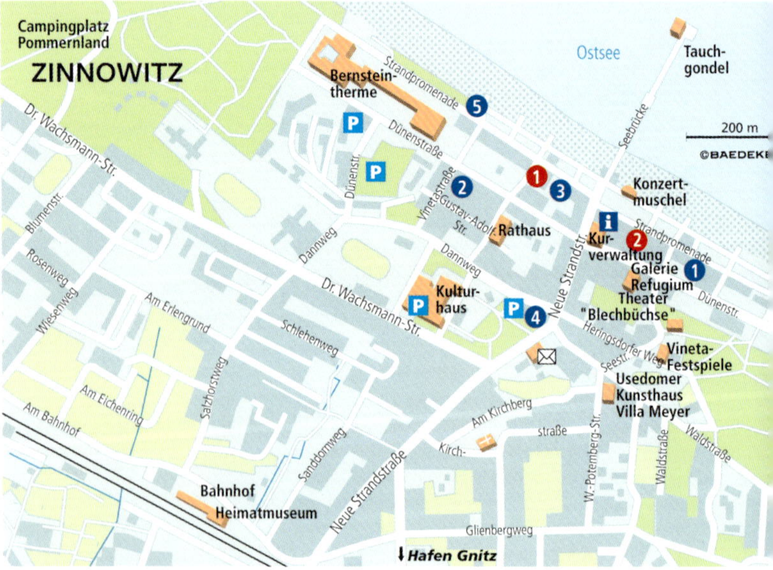

Campingplatz
Pommernland

ZINNOWITZ

Dr. Wachsmann-Str.

Bernstein-
therme

Strandpromenade

Dünenstraße

Ostsee

Tauch-
gondel

Seebrücke

200 m

©BAEDEKER

Gustav Adolf Str.

Rathaus

Dannweg

Konzert-
muschel

Strandpromenade

Kur-
verwaltung

Galerie
Refugium
Theater
"Blechbüchse"

Dünenstr.

Dr. Wachsmann-Str.

Kultur-
haus

Neue Strandstr.

Heringsdorfer Weg

Vineta-
Festspiele
Usedomer
Kunsthaus
Villa Meyer

Schlehenweg

Am Erlengrund

Am Eichenring

Sathorstweg

Sanddornweg

Am Kirchberg

straße

Kirch-

W. Pötermgr-Str.

Waldstraße

Waldstraße

Am Bahnhof

Bahnhof
Heimatmuseum

Neue Strandstraße

Glienbergweg

↓ **Hafen Gnitz**

❶ Meereswarte Roter Hummer   ❹ Fischkiste
❷ Zum Smutje   ❺ MS Libelle
❸ Museumscafé

🅛 Usedom Palace
🅜 Kleine Strandburg

ZINNOWITZ ERLEBEN

TOURISTINFORMATION
Haus des Gastes
Neue Strandstraße 30, Zinnowitz
Tel. 038377 49 20
www.zinnowitz.de

VINETA-FESTSPIELE
Ostseebühne, Seestr. 8, Juni bis
Aug., ▶Baedeker Wissen S. 167

Angesagte Modelabels, mediterrane
Häppchen und ein tolles Frühstück
bietet das **Pier 14** (Neue Strandstr.
36). Skandinavische Modemarken wie
Lillun, LauRie's und die leuchtenden
Regencapes von Lillebo, Schmuck und
Spirituosen hat **Nordische Lebensart**
(Neue Strandstr. 29). Urlaubslektüre
finden Sie in der **Strandbuchhand-
lung** (Neue Strandstr. 29).

❶ MEERESWARTE
ROTER HUMMER €€€
Seeterrasse oder Wintergarten, probieren Sie die ausgezeichnete Fischküche. Eis, Torten und Kuchen kommen aus der hauseigenen Konditorei
im Café Wien mit Meerblick.
Hotel Asgard, Dünenstraße 20
https://hotelasgard.de

❷ ZUM SMUTJE €€€/€€
Klein, aber sehr fein und ausgesprochen gastfreundlich. Hier geht es um
Fisch mit hohem Anspruch an Qualität und Genuss – vorher reservieren!
Vinetastr. 5A, Tel. 038377 415 48
www.zum-smutje.de

❸ MUSEUMSCAFÉ €€
Das Restaurant im Stil der goldenen
1920er erinnert an die Kaiserzeit.
Köstliche Kuchen und romantisches
Candle-Light-Dinner.
Strandhotel Preussenhof
Dünenstr. 10, Tel. 038377 394 60
www.schoener-inseln.de

❹ FISCHKISTE €
Hier werden der Fang des Tages und
Räucherfisch aus Freest verkauft,
aber auch Hummer, Fischbrötchen
und Fischsuppe nach Hausrezept.
Neue Strandstr. 22
Tel. 038377 375 67
www.fischkiste-zinnowitz.de

❺ MS LIBELLE €
Schiffsähnliches Fischlokal in den
Dünen mit nettem Personal, gut-
bürgerlicher Küche und Ostseeblick.
Strandpromenade
Tel. 038377 406 94

❶ USEDOM PALACE €€€€/€€€
Buchen Sie ein Balkonzimmer zur
Seeseite oder eine Ferienwohnung
für die ganze Familie. Kulinarische
Köstlichkeiten werden in Schwabes's
Restaurant serviert. Entspannen Sie
im Spa bei einer Rückenmassage mit
Aloe-Cocktail, relaxen Sie im wohlig
warmen Whirlpool oder schwimmen
Sie ein paar Bahnen im Pool.
Dünenstr. 8, Tel. 038377 39 60
www.usedom-palace.de

❷ KLEINE STRANDBURG €€
Schöne Zimmer in freundlichen Farben, Sauna, Wellnessbereich und
gutes Essen in der Strandburg.
Dünenstr. 11, Tel. 038377 380 00
www.kleine-strandburg-
zinnowitz.de

ckels 1812 an einen Reeder abtrat, dessen Erben das Land den Bauern verkauften. Als dritter Ort auf Usedom erwarben die Zinnowitzer 1851 den **Badekonsens**, der offiziell den Badebetrieb erlaubte. Bald gab es Badehütten und einfache Pensionen, um 1900 folgten die Hotelpaläste entlang der Promenade für betuchte Gäste, 1909 wurde die Vineta-Seebrücke als Landungsbrücke eingeweiht. Der Grundstein für die neogotische **Backsteinkirche**, die heute die Silhouette des Seebads bestimmt, wurde 1894 gelegt. Im Zweiten Weltkrieg gehörte Zinnowitz zum militärischen Sperrgebiet um die ▶Peenemünder Raketenversuchsanstalt, blieb aber von Bomben verschont. Nach

Von der Vineta-Brücke können Sie trockenen Fußes auf den Grund der Ostsee abtauchen.

Vinetabrücke

Ostseebad Zinnowitz

1947 kamen Arbeiter, Techniker und Angestellte der Bergbauwirtschaft, vor allem Uranbergleute aus Wismut. Für sie wurde 1956 am Dannweg das monumentale **Kulturhaus** im Stil der Stalinzeit erbaut, das jetzt exklusive Eigentumswohnungen birgt, eine Meerwasserschwimmhalle und eine Freilichtbühne mit 2000 Sitzplätzen, die heutige **Ostseebühne** der **Vineta-Festspiele** (▶Baedeker Wissen S. 166). Am Tag der Deutschen Einheit 1993 konnten die neue **Vineta-Seebrücke** und die **Bernsteintherme** eröffnet werden. In Zinnowitz lädt heute die **Vineta-Bahn** zu Rundfahrten bis über die Halbinsel ▶Gnitz ein (www.vineta-bahn-zinnowitz.m-vp.de).

▎ Wohin in Zinnowitz?

3D-Erlebnis unter Wasser

Vineta-Seebrücke

Lassen Sie sich auf der 315 m langen Vineta-Brücke mit Blick auf Meer und Promenade die frische Brise um die Nase wehen. Am Kopf der Seebrücke, die einen durch Eisgang zerstörten Vorgängerbau ersetzte, bringt eine türkisfarbene **Tauchgondel** bis zu 24 Gäste auf den Grund der Ostsee (▶Abb. S. 162/163). Die 50 t schwere Gondel gleitet an einem Stahlträger 4 m in die Tiefe. Durch die 6 cm dicken Fensterscheiben ist die trübe Ostsee allerdings eher zu erahnen. Dafür können Sie im 3D-Kino Kegelrobben, Dorsche, Heringe, Krabben und Ohrenquallen bestaunen. Sie werden überrascht sein, welche Vielfalt das größte Brackwassermeer der Erde zu bieten hat.

Juni – Aug. tgl. 10 – 21, April/Mai, Sept./Okt. tgl. 10 – 19, Nov. – März Mi. – So. 11 – 16 Uhr | Eintritt 8 € | www.tauchgondel.de

Flaniermeile

Strandpromenade

Rad fahren, spazier gehen, in kleinen Geschäften stöbern oder im Café sitzen – an der breiten, gepflegten Strandpromenade lässt sich herrlich der Tag verbummeln. Mit klassizistischen Erkern, Marmorsäulen, Dreiecksgiebeln und Türmchen aller Art, Fachwerkhäusern und Romantikschlösschen hatten sich hier finanzkräftige Bürger um 1900 mit unterschiedlichsten Bauten im Stil der **Bäderarchitektur** verwirklicht. Scannen Sie mit Ihrem Mobiltelefon einfach die QR-Codes der 31 **Informationstafeln** und tauchen Sie in die spannenden Geschichten der historischen Häuser ein. Immer wieder lassen sich eigenwillige Skulpturen des alljährlichen Holzbildhauer-Symposiums entdecken. In der schlichten **Konzertmuschel** werden regelmäßig Open-Air-Events von Schlager bis Jazz geboten.

Blickfang an der Dünenstraße ist das 1890 erbaute Strand- und Wellnesshotel **Preussenhof** (Nr. 10, www.schoener-inseln.de), das seinen Namen Kronprinz Wilhelm verdankt, der hier 1924 in der Turmsuite logierte. Eine Ausstellung im Haus erzählt mit historischen Fotos und Ansichtskarten Geschichten von den ersten warmen Bädern über die Ära als »Glück auf« für Bergleute der DDR bis zur Schwimmmode und illustren Gästen von anno dazumal. Auch der 1900 eröffnete, zur Jahrtausendwende originalgetreu wiedererstandene **Usedom Palace** (Nr. 8, ▶S. 161) lässt die Kaiserzeit aufleben. Anfang des 20. Jh.s wurden hier für Bestsellerautorin Hedwig Courths-Mahler, den Schriftsteller Hans Fallada und Außenminister Walther Rathenau die Kissen aufgeschüttelt. Für Roman Polanskis Film »The Ghost« logierten hier Pierce Brosnan und Ewan McGregor.

Kunst am Meer

Galerie Refugium

In der Kunstgalerie an der Dünenstraße 34 werden Wechselausstellungen zeitgenössischer Maler, Grafiker und Bildhauer veranstaltet,

im Galerieshop können Sie Schmuck und junge Kunst kaufen, in der Vinothek klassische Weine aus Europa. Außerdem werden strandnah nette Apartments mit mediterraner Note vermietet.
www.usedomrefugium.de

Abtauchen und Auftanken

Auch bei Schietwetter können Sie in der **Badelandschaft** der Bernsteintherme im **Hotel Baltic** einen herrlichen Urlaubstag verbringen. Am Westende der Dünenstraße warten Meerwasserpool, Thermalbad, Wellness-, Saunawelt und Wasserspielplatz. Vielleicht mieten Sie sich hier auch einen Strandkorb oder ein Fahrrad und radeln entspannt am Meer entlang.
Dünenstr. 2 | www.baltichotel.de/de/bersteintherme

Bernsteintherme

Vorhang auf!

Das nur fünf Minuten vom Strand entfernte gelbe Theater in der Seestraße leugnet seine Herkunft nicht: In der Wellblechhalle lagerten einst Strandkörbe, heute bietet hier **Die Blechbüchse** das ganze Jahr Schauspiel, Kabarett, Puppentheater, Lesungen und Konzerte. Im nahen **Usedomer Kunsthaus Villa Meyer** präsentiert die malende Künstlerfamilie Meyer zeitgenössische Gemälde, Collagen und Cartons. Sohn Robert spielt auch auf dem Theremin, einer Ätherwellengeige, die 1919 in Russland erfunden wurde. Swing, Blues, Pop und Evergreens gibt es mittwochs ab 20 Uhr im Jazzcasino.
Die Blechbüchse: Tel. 03971 20 89 25 | www.blechbuechse.de
Usedomer Kunsthaus: Wilhelm-Potenberg-Str. 1 | Tel. 038377 422 34
tgl. 14 – 18 Uhr | www.kunstreinhardmeyer.de

Kunst, Theater und Musik

Mit Blick aufs Wasser

Nach kurzem Spaziergang durch eine kopfsteingepflasterte Allee erreichen Sie den modernen **Sportboothafen** in einer kleinen Bucht am Achterwasser mit 90 Liegeplätzen und kurzer Entfernung zum Ostseestrand. Zum beliebten Wasserwanderrastplatz für Segler und Kanuten gehören Grillplatz, Gaststätte und Biomarkt ums Eck. Von Frühjahr bis Herbst bietet die Ückeritzer Personenschifffahrt zweistündige **Rundfahrten auf dem Achterwasser** an.
www.zinnowitzer-yachtclub.de | Gaststätte Kombüse 3 mit Sommerterrasse | Tel. 038377 37 12 04 | www.kombuese-zinnowitz.de
Rundfahrten: www.ms-astor.de

Hafen

Vom Fischerdorf zum Ostseebad

Das Museum im **Bahnhof** widmet sich der Usedomer Bäderbahn. Mit Beginn des Badebetriebs 1825 stellte sich die Aufgabe, die Gäste schnell und bequem mit der Eisenbahn auf die Insel zu bringen. Highlight: eine **Modelleisenbahnanlage** von Zinnowitz 1943/1944.
Im Sommer tgl. 10–17 Uhr | www.heimatmuseum-zinnowitz.de

Heimatmuseum

ATLANTIS DES NORDENS

Um die reiche Hafenstadt der slawischen Wenden ranken sich märchenhafte Sagen. So sollen die Kirchenglocken aus purem Silber, die Spindeln der Mädchen aus Gold gewesen sein. Aber wo lag Vineta tatsächlich?

Wie endete die reiche Stadt Vineta? Versank sie – wie einst Atlantis – nach einem Sturm im Meer? Wurde sie von Eindringlingen zerstört? Seit jeher macht es Archäologen stutzig, dass Vineta nach seinem Ende im 12. Jh. nirgends mehr erwähnt wird.
Vineta überdauerte nur in Legenden – was dazu führte, dass es heute an unterschiedlichen Stellen verortet wird: Viele wähnten Vineta vor **Usedom**, eine Karte des Geografen Abraham Ortelius von 1573 zeichnet sie auch dort ein (▶S. 182/183). Zwischen **Koserow** und Zinnowitz lag im Meer das Vinetariff, heute **Vinetabank** genannt: An der Untiefe wurden Reste der einstigen Stadt vermutet, da dort Dachziegel auftauchten. Auch Koserows Vorwerk Damerow kam als Standort in Betracht. Bis 1700 aber »wanderte« Vineta auf Usedom gen Norden. Nun galt ite Stelle östlich der Insel Ruden vor der Peenemündung als Vineta. Heute geht man allerdings davon aus, dass der Nordwesten Usedoms nie slawisch besiedelt war. Geblieben ist die Faszination für das **»Venedig der Ostsee«**, Stoff für viele Geschichten, Gedichte, Opern, Festspiele – und Souvenirs.

Spurensuche

Die älteste Vineta-Überlieferung geht auf Ibrāhīm ibn Yaʿqūb zurück. Der Gesandte des Kalifen von Córdoba besuchte um 965 Kaiser Otto I. und berichtete später von der **reichen Meermetropole** »mit zwölf Toren« und einer allen Völkern des Nordens überlegenen Streitmacht. Ihre Schiffe brachten die schönsten und kostbarsten Waren von allen Kontinenten. Eine andere Quelle besagt, dass schon 935 auf der Insel Wolin die Wikingerfestung Jomsburg/Jumme gegründet worden sei, in der König Harald Blauzahn 987 starb. Die Festung soll das sagenhafte Vineta geschützt haben oder sogar mit der Stadt identisch gewesen sein, vermutete Rudolf Virchow 1872.
Domherr Adam von Bremen indes beschrieb 1075 in der »Hamburger Kirchengeschichte« Lage und Aussehen der Stadt mit drei Gestaden genauer: »Es ist wirklich **die größte von allen Städten**, die Europa birgt ... Die Stadt ist angefüllt mit Waren aller Völker des Nordens, nichts Begehrenswertes oder Seltenes fehlt ... Von dieser Stadt aus setzt man in kurzer Ruderfahrt nach der Stadt Demmin in der Peenemündung über, wo die Ranen wohnen ...«.

Versunken im Meer?

Anno 1043 soll Vineta erstmals vom dänisch-norwegischen König Magnus I. erobert, 1159 schließlich durch eine dänische Flotte – oder einen Sturm? – zerstört worden sein. Anfang des 20. Jh.s versuchten Forscher wie Carl Schuchardt, die Existenz der Stadt an der Mündung des Peenestroms nachzuweisen. Dass die sommerlichen **Vineta-Festspiele** auf der **Ostseebühne** in **Zinnowitz** stattfinden, kommt also nicht von ungefähr. Bei der Aufführung der Sage um die versunkene Stadt wollen die Vineter den Untergang nicht akzeptieren und beschließen mit viel Witz und jeder Menge Action, Tanz und Gesang, auch ohne Gold und böse Taten berühmt zu werden. Als die Götter, slawische Wiedergänger und das Einhorn Vinetas auftauchen, um erlöst zu werden, muss die Stadt aber ihrer Bestimmung folgen – ein gutes Vineta wäre ein Traum ohne Wirklichkeit (Seestr. 8, Ticket-Tel. 03971 268 88 00, https://vorpommersche-landesbuehne. de/vineta-festspiele).

Bei Grabungen auf der polnischen Nachbarinsel **Wolin** entdeckte Wladislaw Filipowiak **Reste slawischer Siedlungen**. Der Stettiner Professor legte vier Häfen, Handwerksviertel und Friedhöfe aus dem 8. Jh. frei, also handelte es sich um einen wichtigen Seehandelsplatz, doch welcher?

Für Klaus Goldmann spricht vieles für die Lage Vinetas im **Barther Bodden**.

Mit Satellitenaufnahmen und den Jahrhunderthochwassern der Oder konnte er die ursprüngliche Odermündung ausfindig machen. Da Vineta an der Odermündung gelegen haben soll, könnte es im Schlamm des Barther Boddens begraben sein.

Koserow, Zinnowitz oder Wolin?

Nach Goldmanns Theorie besaß Vineta ein **ausgeklügeltes Damm- und Deichsystem**, das den Bodden entwässerte. Durch dessen Zerstörung könnte die Stadt tatsächlich versunken sein. Weitere Untersuchungen sollen folgen. Zinnowitz zumindest profitiert von dieser Entwicklung. Aber Vineta-Sucher sollten ebenso die Insel Wolin in Betracht ziehen …

Auch die Vineta-Festspiele klären nicht, wo die sagenhafte Stadt lag.

H
HINTER-
GRUND

Direkt, erstaunlich, fundiert

Unsere Hintergrundinformationen
beantworten (fast) alle Ihre
Fragen zu Usedom.

Wind und Wetter ausgesetzt: »Die Drei Weisen«
des Hamburgr Bildhauers Johannes Speder sind
beliebte Fotomotive in Greifswald. ▶

DIE INSEL UND IHRE MENSCHEN

Die Pandemie hat das Reiseverhalten verändert. Im Aufwind sind vor allem heimische Ziele, die mit dem Auto gut erreichbar sind. So war Usedom im Sommer 2020 Corona-bedingt gefragter denn je. Zu Recht. Auf Usedom warten kilometerlange weiße Sandstrände, charmante Seebäder und ein vielerorts noch unberührtes Hinterland. Zwischen den Kaiserbädern, Peenestrom und Achterwasser lässt sich gut und gerne eine Woche verbringen, ohne dass je Langeweile aufkäme. Und nirgendwo sonst scheint die Sonne in Deutschland so häufig wie auf Usedom.

▌ Erbe der Eiszeit

Geformt von Meer und Eis

Usedom verdankt seine Entstehung der **letzten Eiszeit** und ist damit aus erdgeschichtlicher Sicht mit etwa 12 000 Jahren relativ jung. Gigantische Gletscher schoben von Skandinavien aus Gesteinsmassen zusammen, Mergelhügel und Moränen bildeten sich dabei heraus. Nach dem Schmelzen des Eises entstand nicht nur die Ostsee, sondern es wurden auch zahlreiche Binnenseen, Moore, Salzwiesen, Kliffe sowie Hügel aus Kies und Sand geschaffen. Imposante Hinterlassenschaften der Eiszeit sind die **Findlinge**, riesige Felsbrocken, die auf dem Transport abgeschliffen wurden und ihre charakteristischen runden und ovalen Formen erhielten. Als das Eis schmolz, blieben sie an Ort und Stelle liegen. Beeindruckende Beispiele dafür sind auf Usedom der Sagenstein am Ostufer des Schmollensees und der Teufelsstein am Achterwasserufer bei Pudagla. Wissenswertes über die eiszeitliche Wanderschaft vermittelt der Gesteinsgarten in Ückeritz. Der älteste Findling wird auf über zwei Milliarden Jahre geschätzt, der schwerste Koloss wiegt gut sieben Tonnen.

Ostsee

Die Ostsee ist ein **junges Meer**. Sie bildete sich im Laufe von Jahrtausenden durch das Abtauen der Gletscher nach dem Ende der letzten Eiszeit (Weichsel-Kaltzeit) und veränderte ihre Form, ihr Volumen und ihren Salzgehalt mehrmals im Wechsel von **Meeresspiegelanstieg und Landhebung**. Als Baltischer Eisstausee bestand sie vor 12 000 Jahren aus dem Schmelzwasser der abtauenden Gletscher. Dann stieg der Meeresspiegel so stark an, dass eine Verbindung zum Atlantik entstand: Das einströmende Salzwasser vermischte sich mit dem Süßwasser. Vor 9000 bis 7000 Jahren hob sich das Land weiter, weil die Eislast zunehmend schmolz, Meeresverbindungen wurden blockiert und das Wasser wurde wieder süß. Das Spiel wiederholte sich: Im Laufe von weiteren 5000 Jahren stieg der Meeresspiegel an, Landbrücken versanken im Wasser, und der Austausch von Süß- und Salzwasser sorgte für einen Anstieg des Salzgehalts. Heute trennt die Ostsee die Skandinavische Halbinsel von Nord- und Mitteleuropa. Mit einer Größe von 412 500 km² und einer Tiefe von bis zu 456 m ist die Ostsee das **größte Brackwassermeer der Erde**. Der Salzgehalt ist im östlichen Teil geringer als im Westen, wo die Verbindung mit der salzigen Nordsee besteht.

Usedoms Küstenform ist eine typische **Ausgleichsküste** der Ostsee. Sie ist Resultat gleichbleibender Strömungsverhältnisse, die einen flachen und breiten Sandstrand ausbildeten. Begünstigt durch die dauerhaften küstenparallelen Strömungen trennten die Ablagerungen nach und nach ehemalige Meeresbuchten von der Ostsee ab. Die buchtenreiche Boddenlandschaft von **Oderhaff** und **Achterwasser, Peenestrom und Swine** entstand, ebenso zahlreiche Binnenseen. Den Nordwestteil Usedoms prägen Küstenwälder und feuchte Moorwiesen. Südöstlich der Schmalstelle bei Koserow sind Sanddünen sowie Binnenseen in einer hügeligen Moränenlandschaft charakteristisch. Ausgedehnte Mischwälder und Moorgebiete, wie rund um Thurbruch und den 69 m hohen Golm, sind nur im Süden anzutreffen. *Buchtenreiche Bodden*

Um die einzigartige Natur zu erhalten, wurden Usedom und die Nachbarinsel Wolin als **Naturpark** ausgewiesen. Die Flachgewässer und Salzwiesen des Peenemünder Hakens, die Kliffranddüne des Streckelsbergs, die eiszeitliche Landschaft von Thurbruch und Gothensee und die Vogelschutzgebiete der Inseln Werder und Böhmke stehen unter besonderem Schutz. Außerdem wurden Naturschutzgebiete für seltene Orchideen und Sumpfblaubeeren sowie ein Reservat für Wisente geschaffen. Die Ostsee ist eine ständige Gefahr für Usedom, vor allem im Winterhalbjahr, wenn **Sturmfluten** und Eis der Insel stark zusetzen. Jährlich tragen die Stürme mehrere Meter Küste ab und verursachen Schäden an den Seebrücken. Noch 1872 durchbrach eine Sturmflut die Insel an ihrer schmalsten Stelle zwischen Koserow und Zempin und zerstörte den Ort Damerow vollständig. Mit Buhnen und Dünenbefestigung wird versucht, der Landabtragung Einhalt zu gebieten. In **Eiswintern** kann sich bei lang anhaltenden Minusgraden und starkem Wind das Eis am Strand bis zu 3 m auftürmen und Seebrücken und Küstenschutz gefährden. *Naturpark und Küstenschutz*

Pflanzen und Tiere

Während sich die Ostsee auf der einen Seite der Insel sehr stürmisch zeigen kann, legt sich nur wenige Hundert Meter entfernt davon eine wohltuende Ruhe über die Weite des Achterwassers. Willkommen im *Schatzkiste Mutter Natur*

Naturliebhaber finden am Achterwasser ein nahezu unberührtes Paradies.

Naturpark Insel Usedom (▶Baedeker Wissen S. 174/175). Hier können Sie den Anblick weiter Wiesen, tiefblauer Seen und mystischer Wälder genießen und den Flügelschlag der Seeadler beobachten. Die Pflanzen- und Tierwelt Usedoms ist beeinflusst durch die außergewöhnliche Lage zwischen Ostsee und Oderhaff und durch die Abgeschiedenheit von **Inseln, Buchten und Binnenseen**. Durch das Fehlen großer Industriebetriebe konnten sich ganze Landstriche mit naturnahem Lebensraum erhalten. Auf die unberührte **Halbinsel Gnitz** haben sich Flussregenpfeifer, Uferschnepfe und Rotschenkel zurückgezogen, laden Wacholder-Kiefernwälder entlang der bewaldeten Steilküste und Salzwiesen zu ausgedehnten Wanderungen ein. Halten Sie Ausschau nach den Nisthöhlen der Uferschwalben in den Sandklippen. Auch Fischotter nutzen das Biotop als Lebensraum. In den Feuchtgebieten sind Moor- und Springfrösche heimisch, lassen sich Sumpfläusekraut oder Knabenkraut entdecken. Haubentaucher brüten an den schilfbewachsenen Ufern und im seichten Achterwasser sind Watvögel und Reiher auf Futtersuche, während über der Landspitze die Seeadler kreisen (www.naturpark-usedom.de).

Nur wenige Pflanzen gedeihen auf den nährstoffarmen und trockenen Sandböden der Dünen, vertragen die salzige Seeluft und halten den starken Winden und frostigen Wintertemperaturen in Seenähe stand. Die Dünenvegetation erweist sich als die sensibelste und zugleich erfolgreichste Art im Küstenschutz. Denn intakte Dünen sind der wirksamste Schutz vor massiver Landabtragung durch Wind und Sturmfluten. Hilfreich bei der Dünenbefestigung sind die genügsamen, dornigen **Sanddornbüsche** mit weit verzweigten Wurzeln (▶Das ist Usedom S. 26) sowie **Strandhafer** und **Strandroggen** mit bis zu 40 m Wurzellänge. Die Dünen bieten aber auch Lebensraum für andere seltene Pflanzen, weshalb sie nur auf den ausgewiesenen Wegen durchquert werden dürfen.

Sensible Dünen

Die allmähliche Verlandung eiszeitlicher Binnenseen erzeugte typische Moorvegetation. Am Wockninsee bei Ückeritz schlossen wachsende Schilfgürtel Flachmoorzonen ein. Bei niedrigem Nährstoffgehalt des Torfbodens ist neben Heidekrautarten, Sumpfveilchen und Moosbeere auch der fleischfressende Sonnentau heimisch, wie am **Mümmelkensee** nordwestlich von Bansin. Namensgeber des schon fast völlig verlandeten Moorsees sind die Mummeln genannten Teichrosen, die hier zahlreich blühen. Ein Naturlehrpfad führt auch zum fleischfressenden Sonnnentau. In einer großen Senke an der Straße von Zirchow nach Swinemünde liegt das Naturschutzgebiet **Zerninsee**. An dem verlandeten, eiszeitlichen Gletschersee brüten Kraniche, Rohrdommeln, Seeadler und Stockenten. Die Auerochsen (slawisch: Thur), die im Usedomer Niedermoor (Bruch) einst heimisch waren, standen Pate bei der Namensgebung des **Thurbruchs** zwischen Gothensee und Achterwasser mit von Weiden, Erlen und Birken umstandenem Moorwald. Hier betreibt das Gut Thurbruch mit artgerechter Tierhaltung Öko-Landbau mit Zukunft. Der Thurbruch ist auch ein Topziel für Schmetterlingsliebhaber. In den ausgedehnten Wäldern sind Rot- und Damwild beheimatet – nicht umsonst war Usedom bevorzugtes Jagdrevier der Pommernherzöge wie auch späterer Politgrößen.

Mystische Moore

Der 60 m hohe **Streckelsberg** weist einen uralten Rotbuchenbestand für den Küstenschutz auf. Neben der beeindruckenden Steilküste locken im Sommer seltene Orchideenarten, Vogelnestwurz oder das Rote Waldvöglein Besucher an. Die zarten Frühjahrsblümchen, für die der lichte Wald optimale Bedingungen bietet, bedecken den Waldboden mit gelben und blauen Blütenpolstern.

An den »Bergen«

DIE GRÜNE INSEL

Ganz Usedom, das Westufer des Peenestroms und die umliegenden Küstengewässer des Stettiner Haffs, des Achterwassers und des Peenestroms gehören zum Naturpark Usedom. Vierzehn Naturschutzgebiete bezaubern durch ihre von Wald und Wiesen durchzogenen Areale, viele seltene Tier- und Pflanzenarten lassen sich hier beobachten. Allein 11 Greifvogelarten brüten regelmäßig im Naturpark, darunter der Seeadler. Vor allem während des Vogelzugs machen zehntausende Gänse, Enten und Schnepfenvögel auf Usedom Station.

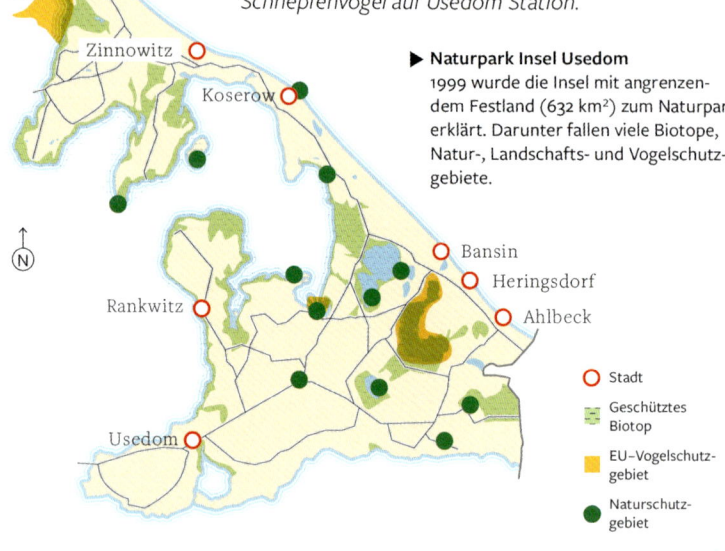

Peenemünde

Zinnowitz

Koserow

Rankwitz

Bansin

Heringsdorf

Ahlbeck

Usedom

N

▶ **Naturpark Insel Usedom**
1999 wurde die Insel mit angrenzendem Festland (632 km²) zum Naturpark erklärt. Darunter fallen viele Biotope, Natur-, Landschafts- und Vogelschutzgebiete.

○ Stadt

Geschütztes Biotop

EU–Vogelschutzgebiet

● Naturschutzgebiet

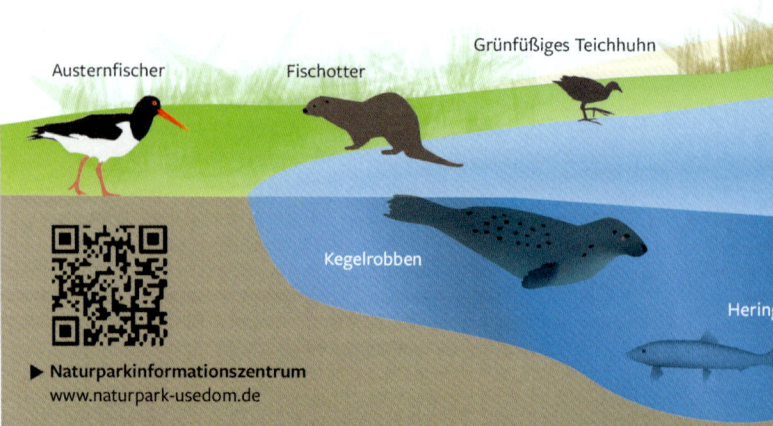

Austernfischer

Fischotter

Grünfüßiges Teichhuhn

Kegelrobben

Hering

▶ **Naturparkinformationszentrum**
www.naturpark-usedom.de

174

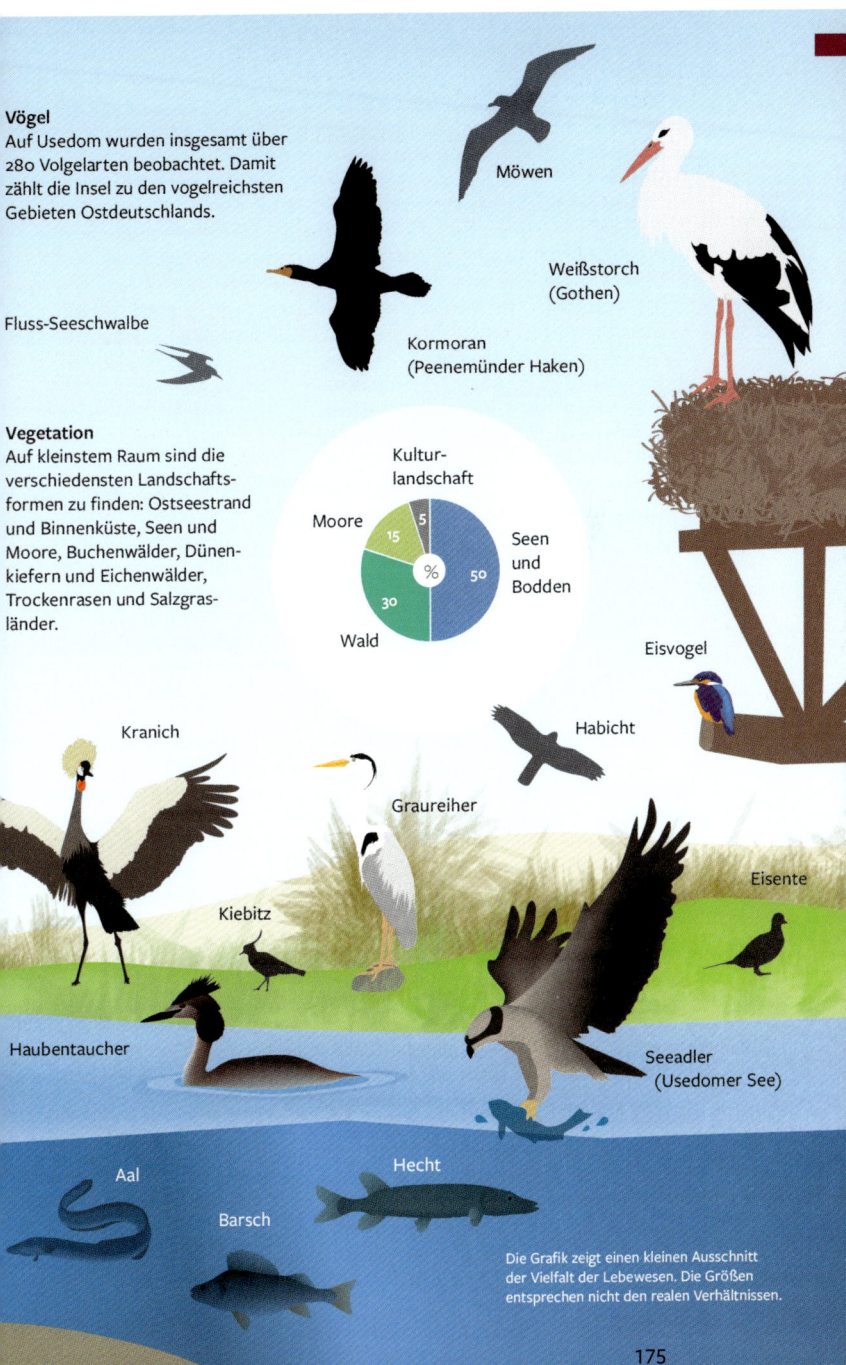

Vögel
Auf Usedom wurden insgesamt über 280 Vogelarten beobachtet. Damit zählt die Insel zu den vogelreichsten Gebieten Ostdeutschlands.

Möwen

Weißstorch (Gothen)

Kormoran (Peenemünder Haken)

Fluss-Seeschwalbe

Vegetation
Auf kleinstem Raum sind die verschiedensten Landschaftsformen zu finden: Ostseestrand und Binnenküste, Seen und Moore, Buchenwälder, Dünenkiefern und Eichenwälder, Trockenrasen und Salzgrasländer.

Kultur-landschaft

Moore

%

5

15

50 Seen und Bodden

30

Wald

Eisvogel

Kranich

Habicht

Graureiher

Eisente

Kiebitz

Haubentaucher

Seeadler (Usedomer See)

Aal

Hecht

Barsch

Die Grafik zeigt einen kleinen Ausschnitt der Vielfalt der Lebewesen. Die Größen entsprechen nicht den realen Verhältnissen.

175

Artenreiche Vogelwelt

Auf Usedom ist es vor allem die Vogelwelt, die auf engem Raum so artenreich ist wie kaum woanders an unserer Küste (▶Baedeker Wissen S. 174/175). Am weitesten verbreitet sind **Möwen**, unter denen sich leicht die kleinere Lachmöwe mit ihrem charakteristischen schwarzen Kopf und die große Seemöwe mit ihrem graubräunlichen Gefieder ausmachen lassen. Die Fluss-Seeschwalbe ähnelt den Möwen, weist aber eine flachere und lang gestrecktere Körperform auf. Ausgesprochen vielfältig sind die **Enten**, wie Schnatter-, Pfeifoder Eisente. An den Binnenseen sind im Sommer ebenso Hauben- und Zwergtaucher wie das Grünfüßige Teichhuhn oder das Tüpfelsumpfhuhn zu beobachten. Rebhühner und Fasane lassen sich selbst in der Nähe der Bundesstraßen sehen. In den ausgedehnten Waldgebieten sind Wiedehopf, Kiebitz sowie Große und Kleine Rohrdommel anzutreffen.

Die eindruckvollen schwarzen **Kormorane** haben am Peenemünder Haken ein ideales Rückzugsgebiet gefunden. Hier nisten sie auf Schiffswracks und in strandnahen Bäumen, die durch den giftigen Kot der Vögel jedoch abgestorben und zu bizarren, weißen Wäldern mutiert sind. Gerade an der Mündung des Peenestroms finden die Kormorane den Fischreichtum, den sie brauchen. Deshalb sind sie bei den Fischern ebenso unbeliebt wie die **Kraniche und Reiher**. Ebenfalls ein Fischfresser ist der kleine Eisvogel. Dutzende besetzter **Storchennester** begründen Usedoms Ruf als Storcheninsel. Vor allem in Gothen ist es gelungen, mehrere Storchenpaare anzusiedeln. Die Lage abseits größerer Straßen und des geschäftigen Heringsdorfs sichert den Tieren ruhige Nistplätze. Greifvögel wie Falken oder Habichtarten kann man auf Usedom leicht finden. Weißstorch, Graureiher und Seeadler haben auf den Vogelinseln Böhmke und Werder eine Heimat gefunden. Im Frühjahr und Herbst lässt sich mit dem **Vogelzug** ein einzigartiges Naturschauspiel beobachten, wenn Zehntausende nordischer Gänse, Enten und Schnepfenvögel auf der Insel Station machen. Einige Arten wie Drosseln, Finken und Rotkehlchen überwintern auch auf Usedom. Die Früchte von Holunder und Sanddorn sind bevorzugte Nahrung.

Könige der Küste

Bei den **Seeadlern** hält Usedom einen besonderen Rekord. Nirgendwo in Deutschland brüten so viele der majestätischen Greifvögel wie hier. Zwei Dutzend Brutpaare wurden 2019 gezählt. Der größte Greifvogel Europas – seine Flügelspannweite erreicht 2,40 m –, den man in der Nähe der großen Seebäder vergeblich sucht, lebt an Flüssen, Binnenseen und Meeresküsten. Zum Brüten zieht er sich jedoch in die Wälder des Achterlands zurück. Zu den Hotspots gehören der Gnitz am Achterwasser, der Krienker See und der Schmollensee bei Bansin. Seeadler gehen enge Partnerbindungen ein und sind daher oft zu zweit. Das Weibchen ist etwas größer und kräftiger als das Männchen. Die Vögel beginnen bereits im Winter mit dem Bau eines Horstes auf

Ausgewachsene Seeadler haben eine sehr hohe Erfolgsquote beim Fischen.

einer hohen Baumkrone. Ab Mitte März liegt dann ein Ei im Horst, selten sind es mehr. Die scheuen Adler sind an ihren riesigen Flügeln, dem keilförmigen weißen Schwanz, einem gelben Schnabel und starken Krallen zu erkennen. Jungvögel bleiben die ersten fünf Jahre dunkelbraun und bekommen erst dann die typische Färbung. Mit viel Glück sehen Sie sogar, wie die stolzen Jäger einen Fisch oder Wasservogel erbeuten – Fernglas nicht vergessen!

Früher war Usedom berühmt für **Heringe** – der Name Heringsdorf kommt nicht von ungefähr –, heute liefern die heimischen Gewässer nur einen Bruchteil der auf Usedom konsumierten Heringe. Dennoch gehen sie den Usedomer Fischern immer noch am häufigsten ins Netz. Auch Aal, Barsch und Lachs gehören zu den typischen, wenn auch inzwischen seltenen heimischen Fischarten. In Peenestrom und Achterwasser liegen Laichgründe in geschützten Gewässern. Die Binnenseen locken Angler mit Hecht, Zander und Plötze. Die Peene ist Heimat der **Biber** geworden (▶Magischer Moment S. 57), am Gothensee leben **Fischotter**. Einige Exemplare der seltenen **Sumpfschildkröte** soll es noch im Wockninsee geben. Im Greifswalder Bodden können Sie **Seehundbänke** anfahren (▶ S. 97).

Fische, Seehunde, Biber und Otter

Fläche:
445 km², davon 72 km² in Polen
25 % sind bewaldet
(bundesweit 31 %)

Einwohner:
31 500 Deutsche
41 000 Polen

14° östl. Länge

Ostsee

Nordsee

54°
nördlicher
Breite

Usedom

Hamburg ■ ⟶ 250 km

Berlin ■ ⟶ 150 km

POLEN

▶ Verwaltung (deutscher Teil):

Bundesland: Mecklenburg-Vorpommern (seit 1990)
Landkreis: Ostvorpommern

▶ Natur

200 km Küstenlinie, davon **40 km Sandstrand** am Meer
13 Binnenseen

▶ Höchste Erhebungen

(in m ü.d.M.)
Golm: 69 m
Zirowberg: 59 m
Kückelsberg: 58 m
Streckelsberg: 58 m

▶ Tourismus

10 Orte mit Seebad-Status
1,2 Mio. Besucher
6,2 Mio. Übernachtungen (2019)
Herkunft der Urlauber: schwerpunktmäßig aus Berlin und Brandenburg, Sachsen, NRW; ausländische Gäste 1,5 % (davon 36 % Schweizer und 20 % Österreicher)

▶ Sonnenscheinstunden

1906 Stunden (Freiburg im Breisgau: ca. 1800 Stunden)

©BAEDEKER

▶ Die deutschen Ostseeinseln

20 km

■ Zinnowitz

■ Bergen auf Rügen

■ Neuendorf

■ Burg

■ Poel

DE

■ Świnoujście
PL

	Hiddensee	Poel	Fehmarn	*Usedom*	Rügen
Fläche in km²	19	37	185	445	920
Einwohner	980	2460	12 640	76 500	77 000
Einw. pro km²	51	66	68	170	84

▎ Eine Insel für zwei Länder

Deutschland und Polen teilen sich die 445 km² große Insel. Auf der polnischen Seite in Świnoujście/Swinemünde leben auf 72 km² rund 45 000 Menschen. Der deutsche Teil ist mit 373 km² gut fünfmal so groß, zählt aber nur 31 500 Bewohner. Die Usedomer sind stolz auf ihre viel besuchte **Sonneninsel** mit breiten, endlos langen Sandstränden, großen und kleinen **Seebädern**, dem wunderbar verträumten Achterland und Fisch und Wild in köstlichen Variationen. Aber nicht nur die Insulaner lieben Ihre Insel. Viele Künstler, Literaten und betuchte Prominenz entdeckten in den letzten zwei Jahrhunderten mit dem aufkommenden **Bädertourismus** den besonderen Reiz der Insel zwischen Peenestrom und Ostseeküste. Heute ist Usedom ein Topreiseziel, das im Sommer mit extremen **Staus** kämpft, denn der Ansturm der Urlauber auf die Ostseestrände ist in der Saison gewaltig. Dennoch gibt es viele scheinbar **unberührte Fleckchen** und abgelegene Orte, laden idyllische Wanderpfade und Radwege Naturbegeisterte zu herrlichen Touren ein. Die Attraktivität der Insel nutzt auch der populäre **Usedom-Krimi**, der seit Jahren beste Einschaltquoten bei den Donnerstags-Krimis im Ersten erzielt.

Jedes Jahr kommen mehr Urlauber auf die Insel, 2019 wurden über 1,2 Mio. Besucher gezählt. Die heimische Ostseeküste gehört zu den beliebtesten Reisezielen der Deutschen. **Corona** veranlasste 2020 viele zum Urlaub im eigenen Land, waren die Unterkünfte Usedoms von Pfingsten bis weit in den Oktober ausgebucht. Doch Lockdowns und Auflagen haben auch der Tourismuswirtschaft auf Usedom viel abverlangt. 2021 setzt man wieder zuversichtlich auf die Vorzüge der Sonneninsel, den anhaltenden **Wellnesstrend** (▶Das ist Usedom S. 20) und einen **ganzjährigen Tourismus**. Gleichzeitig wird versucht, die massive Belastung durch den Pkw-Verkehr speziell in Ferienzeiten zu verringern. Dafür ist auch der Wiederaufbau der Bahnstrecke Berlin – Ducherow – Swinemünde – Ahlbeck im Gespräch.

Usedom besitzt mit Ostsee, Achterwasser, Haff und Binnenseen ausgezeichnete Fischgründe. Hölzerne Fischkutter zeugen entlang der Ostseeküste von der alten Tradition. Bis zur Wiedervereinigung gab es Hunderte hauptberuflicher Fischer auf der zweitgrößten Insel Deutschlands. Die wenigen verbliebenen sorgen sich um ihre Zukunft. Kaum einer kann seinen Lebensunterhalt noch mit der Fischerei erwirtschaften. Zum Schutz der Bestände wurden von der EU die **Ostsee-Fangquoten 2021** für den westlichen Hering um 50 Prozent gekürzt. Schon im Vorjahr war die Fangmenge um 65 Prozent reduziert worden. Bei Dorsch, Scholle und Sprotte gab es indes ein leichtes Plus um 5 Prozent. Nur eine Handvoll **Strandfischer** ist Usedom geblieben. Uwe Krüger und sein Schwiegersohn sind die letzten Vollerwerbsfischer in Ahlbeck, wo sie auch ihr uriges Restaurant »Uwes

Sonnenanbeter, Krimifreunde und Wellnessfans

Fischerei

Usedoms Fischer hadern mit den sinkenden Fischfangquoten.

Fischerhütte« betreiben. Wer möchte, kann im Sommer mit dem Kutter rausfahren und sich ein Bild vom Leben der Fischer machen inklusive Gratiskurs im fachgerechten Filetieren. Um 6 Uhr früh geht es aufs Achterwasser, wo mit Stellnetzen Zander, Hechte, Brassen und Stinte gefangen werden (www.uwes-fischerhuette.de, ▶S. 46). Doch wie lange noch? Laut Fisch-Infozentrum in Hamburg wurden 2020 fast 90 Prozent des in Deutschland verbrauchten Fisches importiert.

GESCHICHTE

Dank des begehrten Bernsteins war Usedom bereits zur Bronzezeit ein wichtiges Handelszentrum. Nach den Herzögen von Pommern herrschten Schweden und Preußen. Der Bäderboom des 19. Jh.s machte Usedom zur »Badewanne Berlins«, die auch zu DDR-Zeiten viel besucht war. Heute ist die geteilte Sonneninsel ein Lieblingsziel der Deutschen mit Europas längster Strandpromenade zwischen den Kaiserbädern und Swinemünde.

Die Anfänge   Ein Megalithgrab bei Lütow auf der Halbinsel Gnitz zeugt von der Besiedlung in der späten Jungsteinzeit. Die Anlage wurde um 3000 v. Chr. von Menschen der Trichterbecherkultur errichtet.

Bronze und Bernstein   Die strategisch günstige Lage an der Odermündung ermöglichte den Inselbewohnern bereits während der **Bronzezeit** weitreichende

CHRONOLOGIE

DIE ANFÄNGE
Um 4500 v. Chr. Nordische Stämme besiedeln das Gebiet.
ab 4. Jh. Die Germanen wandern nach Süden ab.

UNRUHIGE ZEITEN
ab dem 7. Jh. Besiedlung durch westslawische Stämme
946 Uznam (Usedom) wird slawischer Hauptort.
ab 1128 Christianisierung durch Otto von Bamberg
13. Jh. Greifswald und Anklam werden Hansestädte.
Der Ort Usedom wird Lieblingsresidenz der Herzöge von Pommern und erhält 1298 Stadtrecht.
1648 Nach dem Dreißigjährigen Krieg fällt die Insel wie ganz Vorpommern an Schweden.
1720 Usedom geht endgültig an Preußen.

ALLE WOLLEN ANS MEER
1824/1825 Beginn des Badebetriebs in Heringsdorf und Swinemünde, Mitte des 19. Jh.s in Zinnowitz und Ahlbeck
1875 Eröffnung der Bahnlinie Berlin – Swinemünde
19. Jh. Bäderboom: Usedom wird zur »Badewanne Berlins«.

ZWEITER WELTKRIEG
1936 Einrichtung der Heeresversuchsanstalt Peenemünde
1942 Erster Start einer A4-Rakete (V2)
1945 Swinemünde wird durch Bomben zerstört.

DDR
1945 Teilung der Insel, Swinemünde kommt zu Polen.
ab 1952 Private Hotels und Pensionen werden enteignet. Volkseigene Betriebe organisieren den Urlaub auf Usedom.

NACH DER WENDE
1989 Der Grenzübergang zu Polen wird wieder geöffnet.
1990 Mecklenburg-Vorpommern wird Bundesland der BRD.
1995 Heringsdorf bekommt die längste Seebrücke. Seebäderschiffe verkehren wieder auf der Ostsee.
2011 Europas längste Strandpromenade verbindet die Kaiserbäder mit Świnoujście/Swinemünde.
2020/2021 Corona-Pandemie beschert hohe Besucherzahlen.
2021 Fertigstellung der neuen Seebrücke in Koserow
2022 Geplante Eröffnung des Swine-Tunnels in Swinemünde

Die Pommern-Karte des Geografen Abraham Ortelius erschien ab 1570 in über 40 Auflagen. Die Karte in Kupferstichtechnik zeigt Usedom mit dem Gnitz und der sagenumwobenen Insel Vineta (Greifswald, Pommersches Landesmuseum).

Handelsbeziehungen und brachte Ansehen und Wohlstand. Zeichen dafür ist ein bei Ückeritz entdecktes prunkvolles Pferdegespann des bronzezeitlichen Sonnenkults. Die Römer bezeichneten die Stämme, die auf der Insel siedelten, als Goten. Im Altertum war **Bernstein** ein beliebtes Zahlungsmittel. Der begehrte Stein von Usedoms Küsten wurde über weitverzweigte Bernsteinstraßen im gesamten Mittelmeerraum gehandelt.

Slawen folgen auf Germanen Zur Zeit der **Völkerwanderung** kamen **Westslawen** ab dem 7. Jh. in das dünn besiedelte Gebiet Pommerns und verdrängten die germanischen Stämme von der Insel. Sie herrschten 500 Jahre zwischen Oder und Elbe. Sie gründeten Siedlungen, errichteten wehrhafte Burgen, brachten Handwerke wie Töpferei und Holzverarbeitung zu hoher Blüte, verehrten mächtige Götter und installierten an der Odermündung eine frühdemokratische Form der Selbstverwaltung. Die Inseln Usedom und Wolin hatten große strategische Bedeutung als **Handelszentrum** im südlichen Ostseeraum. Noch heute verraten die Dorfnamen, die auf die Silben -in, -ow, -itz oder -gast enden, den slawischen Ursprung vieler Ortsgründungen. Die Handelsbeziehungen der Slawen reichten bis in den Vorderen Orient.

Ein gewaltiges Granitkreuz auf dem Schlossberg der Stadt Usedom erinnert daran, dass Bischof Otto 1128 die slawischen Bewohner **christianisierte**. Mit der Festigung der deutschen Herrschaft setzte die Einwanderung von Bauern und Handwerkern aus Westfalen, vom Niederrhein und der Nordseeküste ein. Die Slawen gingen allmählich in der neuen Bevölkerung auf. Den größten Landbesitz besaß das 1155 vom Pommernfürsten Ratibor I. gegründete, 1309 nach Pudagla verlegte reiche und mächtige **Prämonstratenserkloster**.

Im Namen des Herrn

Aus Fahrtengemeinschaften von Kaufleuten erwuchs um 1280 der Städtebund der **Hanse** (althochdeutsch »Hansa« = Gruppe von Gleichgesinnten), die zunehmend Macht im Fernhandel um Nord- und Ostsee erhielt. Sie erleichterte den überregionalen Seehandel, bot Schutz gegen Piraterie, verhängte aber ebenso Handelsblockaden und führte, wenn notwendig, auch Kriege. In ihrer Blütezeit gehörten ihr Kaufleute aus 200 europäischen Städten an. In Pommern beteiligten sich 22 Städte, darunter Stralsund, **Greifswald** und **Anklam**. Erst im Jahr 1644, im Zuge des Westfälischen Friedens, sagten sich die pommerschen Hansestädte von der Hanse los.

Die Hanse – eine Erfolgsgeschichte

Seit der Christianisierung gehörte Usedom zum Gebiet der Pommernherzöge, 1282 erhielt die Residenzstadt Wolgast Lübisches Recht, 1298 auch die Stadt Usedom. Ein schwieriges Bündnis verband Pommern mit Dänemark, das Schutz gewährte, aber auch Ansprüche er-

Herzöge von Pommern

hob, wodurch der von der Hanse beherrschte Ostseehandel stark eingeschränkt wurde. 1478 sorgte der mächtige Pommernherzog **Bogislaw X.** für Frieden, dem eine wirtschaftliche Blütezeit folgte. 1535 traf eine andere einschneidende Veränderung Usedom: Die **Reformation** führte zur Auflösung des Kirchenbesitzes und traf auch das Kloster in Pudagla, das bisherige Machtzentrum der Insel. Der Adel gewann zwar an Einfluss, konnte das Machtvakuum jedoch nicht wirklich ausfüllen. Mit der schwachen Regentschaft des Stettiner Pommernherzogs Bogislaw XIV. geriet auch Usedom in die noch lang andauernden Wirren des **Dreißigjährigen Krieges**.

Unter Schweden
»**Pommernland ist abgebrannt**« – diese Zeile aus dem bekannten Kinderlied beschreibt den Zustand des Landes am Ende des verheerenden Dreißigjährigen Krieges. Nachdem kaiserliche Truppen das Land geplündert und verwüstet hatten, erschien Schwedenkönig Gustav II. Adolf geradezu als Retter, als er am 6. Juni 1630 bei Peenemünde landete und Sicherheit ins Land brachte. Obwohl der Brandenburgische Kurfürst versuchte, aus der Konkursmasse der 1637 ausgestorbenen Linie der Pommernherzöge Kapital zu schlagen, wurde ihm im Zuge des **Westfälischen Friedens** nur der Teil östlich der Oder zugesprochen. Pommern wurde in Vor- und Hinterpommern aufgeteilt. Die pommersche Herzogswürde ging zusammen mit **Vorpommern**, das neben der Stadt Stettin auch die Inseln Usedom und Wolin umfasste, an das Königreich Schweden.
Neben dem strategisch wichtigen Landbesitz war jedoch die politische Tragweite dieses Schrittes von besonderer Bedeutung: Schweden erhielt mit dem Herzogstitel auch Sitz und Stimme im deutschen Reichstag. So blieb die **Zweiteilung Pommerns** in den folgenden Jahrhunderten ein Unruheherd, der die europäische Politik mitbestimmte. 1675 gewann der brandenburgische Große Kurfürst eine entscheidende Schlacht gegen die Schweden. Um ausgewogene Machtverhältnisse zu behalten, verweigerte Frankreich jedoch die geforderte Abtretung Vorpommerns, was eine Schwächung Schwedens bedeutet hätte. Ein Vierteljahrhundert später sah Brandenburg nach dem Tod des Schwedenkönigs erneut seine Chance. Im **Nordischen Krieg** fielen 1711 sächsische, russische und polnische Truppen in Usedom ein. Brandenburg im Verbund mit Preußen kaufte nach der Niederlage Schwedens beim **Stockholmer Frieden** 1720 für 2 Mio. Taler die Inseln Usedom und Wolin sowie das übrige Land Vorpommerns bis zur Peenemündung.

Preußische Ära
Friedrich Wilhelm I. brachte Ruhe ins Land, etablierte ein straffes Verwaltungssystem und kurbelte die Wirtschaft an. Die größten Bemühungen galten der Schaffung landwirtschaftlich nutzbarer Flächen, wozu Wälder gerodet und durch aufwendige Entwässerungsmaßnahmen Sümpfe trockengelegt wurden. Handel und Verkehr

gewannen an Bedeutung. So rückte bald auch die **Swine** als Nadelöhr zwischen Oder und Ostsee ins Blickfeld. Fast hundert Jahre dauerte der Ausbau der Swine zu einer leistungsfähigen Wasserstraße, bei dem Untiefen beseitigt und die dauernde Versandung gestoppt wurden. 1765 erhielt **Swinemünde** Stadtrecht, es folgte der Aufstieg zum bedeutenden **Ostseehafen Preußens** und zur prosperierenden Garnisonsstadt. Rückschläge brachten der Siebenjährige Krieg und die Truppen Napoleons: 1815 beim Wiener Kongress wurde die Zugehörigkeit Vorpommerns zu Preußen endgültig bestätigt. Besonders in den landwirtschaftlichen Gebieten besaßen Junker die Ländereien und die Macht. 1820 wurde die Leibeigenschaft aufgehoben. Doch viele Menschen waren Anfang des 19. Jh.s so bitterarm, dass sie die Heimat verließen, um ihr Glück in **Amerika** zu suchen. Erst die Umverteilung des landwirtschaftlichen Besitzes wie 1824 die Aufhebung der Domäne Pudagla, verschaffte vielen Bauern kleine, eigene Felder. Neben Swinemünde erlebte nun auch **Wolgast** einen Aufschwung als Hafen- und Handelsstadt.

1793 wurde mit Heiligendamm das erste deutsche Ostseebad gegründet. Doch so richtig in Mode kam das Bad im Meer erst in der zweiten Hälfte des 19. Jh.s. Auf Usedom öffnete in Heringsdorf mit | Beginn des Bädertourismus

Alle wollen ins Meer. Die Aufnahme von 1919 zeigt Schauspielerin Käthe Haack (1897 – 1986; 4. v. r.), wie sie in den Heringsdorfer Wellen großen Spaß hat.

GETEILTE INSEL

Die Insel Usedom ist etwas Besonderes. Nicht nur wegen ihres Erholungswertes, sondern auch, weil sie zu den wenigen Inseln auf der Welt gehört, die durch eine Staatsgrenze geteilt werden. Swinemünde, die größte Stadt der Insel, ist heute polnisch.

▶ **Das Potsdamer Abkommen**
Nach dem Zweiten Weltkrieg entschieden die Siegermächte Sowjetunion, USA und Großbritannien in Potsdam über die politische und geografische Neuordnung Deutschlands. Große Landflächen gingen an Polen, darunter auch der wirtschaftlich bedeutendere Teil der Insel Usedom.

Fläche D km²	373
Fläche PL km²	72
Einwohner D	31 500
Einwohner PL	45 000
Einwohner von Zinnowitz (D)	4150
Einwohner von Świnoujście (PL)	41 500
Grenze seit	1945

▶ **Geteilte Inseln**
Nur wenige Inseln auf der Welt sind geteilt. Die zehn größten:

	Neuguinea	Borneo	Irland
Fläche km²	786 000	743 122	84 421
Einwohner	11 300 000	18 590 000	5 000 000
Grenze seit	1949	1963	1921

▶ **Kleiner Grenzverkehr**

Zu Fuß, mit dem Rad oder per Bahn

Nach dem Beitritt Polens zur EU baute man den Grenz-
zaun ab. 2008 wurde die Usedomer Bäderbahn von
Ahlbeck nach Swinemünde verlängert. Seit 2011 können
Gäste auf der mit 12 km längsten Strandpromenade
Europas zwischen den Ländern bummeln und radeln.

Shoppen & Wellness in Świnoujście

Früher kam man vor allem zum Billig-Shoppen auf den
»Polenmarkt« am Ortseingang von Swinemünde. In den
kleinen Buden gibt es noch immer Hochprozentiges,
Klamotten und Billigramsch. Die meisten Gäste kommen
heute aber zum Strand- und Wellnessurlaub.

Fähranbindung

»Swinemünde mit großer Hafenrundfahrt«
startet regelmäßig von den Seebrücken
der drei Kaiserbäder (www.adler-schiffe.de).

Kartenbeschriftungen:

rassen-
eide

Zinnowitz

Zempin

Koserow

Ückeritz

Bansin

Heringsdorf

Ahlbeck

Swinemünde/Świnoujście

Kamminke

Flughafen Heringsdorf ✈

Usedom

Untere Grafik:

HAITI
DOM. REP.
Hisaniola

Timor
OST
WEST

Zypern
(NORDZYPERN
völkerrechtlich
nicht anerkannt)
ZYPERN

Corocoro
VENEZUELA
GUYANA

Usedom
DEUTSCH-LAND
POLEN

Feuer-land
CHILE
ARGEN-TINIEN

MALAYSIA
| 20 |

Sebatik
INDO-NESIEN

700	47020	33850	9251	690	452	445
000 000	137 000	2 800 000	1 200 000	-	27 000	76 500
08	1881	2002	1960	-	1891	1945

dem legendären »Weißen Schloss« 1820 das erste Logierhaus, das auch dem preußischen König Friedrich Wilhelm III. gefiel. Damit war das Baden »en vogue«. 1822 nahm in **Swinemünde** die erste Seebadeanstalt den Betrieb auf. Von Swinemünde aus entdeckten Adel, Militär und Hochfinanz außerdem das idyllische Hinterland. Durch die Gründung der **Aktiengesellschaft Seebad Heringsdorf** gelang es dem des Industriellen Hugo Delbrück binnen weniger Jahre, weite Küstenstreifen aufzukaufen, moderne Gästehäuser zu bauen, Strände und Badeanstalten für den Badebetrieb einzurichten und ein mondänes Publikum anzulocken. Vom Bäderboom profitierten bald auch die Nachbarorte **Bansin** und **Ahlbeck**. Spätestens mit dem Bau der **Bäderbahn** von Berlin nach Swinemünde 1875 wurde Usedom zum beliebten Ziel betuchter Hauptstädter. Weitere Seebäder wie Zinnowitz und Koserow entstanden. Zunehmend kamen auch Bürgerliche als Sommergäste. Bis in die 1920er galt Usedom als »Badewanne Berlins« (▶Das ist Usedom S. 10). Zu den prominenten Gästen gehörten UFA-Stars wie Lilian Harvey und Willy Fritsch, Größen aus Politik, Wirtschaft, Kunst und Kultur wie die Schriftsteller Heinrich und Thomas Mann, Kurt Tucholsky und Maxim Gorki.

Zweiter Weltkrieg

Nach der Machtübernahme durch die Nazis dauerte es nicht lange, bis auch auf Usedom jüdischer Besitz beschlagnahmt wurde, darunter viele der schönsten Villen und Hotels. In der Heeresversuchsanstalt **Peenemünde** wurde ab 1936 Raketenforschung betrieben und die »Vergeltungswaffe V2« entwickelt. Mit der großen Flüchtlingswelle, die die zurückweichende Ostfront vor sich herschob, wurde **Swinemünde** Hauptanlaufstelle für Flüchtlinge aus dem Osten. Auch die Krankenhäuser der Stadt waren seit 1944 durch verwundete Soldaten überbelegt. Zur Katastrophe kam es am 12. März 1945, als amerikanische Flugzeuge die überfüllte Stadt bombardierten. Nach Schätzungen verloren in dieser Nacht fast 14000 Menschen ihr Leben. Am 4. Mai besetzte die Rote Armee Usedom. Die Potsdamer Konferenz legte 1945 die **polnische Westgrenze** fest, die aus strategischen Gründen die Hafenstädte Stettin und Swinemünde umfasste. Im Oktober übernahm die polnische Verwaltung.

Staatlich organisierter Urlaub

Durch die Grenzziehung verlor Usedom sein Hinterland, die Verkehrswege waren abgeschnitten. Aufschwung brachten ab 1952 erneut Feriengäste, diesmal staatlich organisiert. Hotels wurden zu Ferienheimen des Freien Deutschen Gewerkschaftsbundes (FDGB) umfunktioniert. Doch schon bald reichten die Kapazitäten nicht mehr. Am Morgen des 9. Februar 1953 startete v. a. in den Ostseebädern die »**Aktion Rose**« mit Hausdurchsuchungen und einer großen Verhaftungswelle, um möglichst viele Häuser **enteignen** zu können, die dann in staatliche Hand übergingen, sodass ab 1954 bereits Urlaubsplätze für 250000 Menschen zur Verfügung standen. Der staatlich organisierte Urlaub war fester Bestandteil der DDR-Wirtschafts- und Sozialpolitik. Mit den heiß begehrten **Ferienschecks** für gute Arbeitsleistungen konnten Familien sehr günstig 14 Tage Urlaub in einem Ferienheim machen. Zinnowitz wurde beispielsweise Seebad der Bergleute, aber auch andernorts entstanden **Betriebsferienhäuser**. Zudem richtete man Ferienlager für Kinder und Jugendliche ein. In Ahlbeck entstand als zentrale Verpflegungsstelle das **Haus der Erholung**, in dem 900 Urlauber dreimal täglich ihre Mahlzeiten einnehmen konnten. Und der FDGB sorgte natürlich auch für das Unterhaltungsprogramm. Zusätzlich strömten jedes Jahr unzählige **Camper** auf die Insel. Die DDR wurde geradezu von einem Campingboom erfasst – östlich von Ückeritz entstand ein Campingplatz mit 16 000 Plätzen. Insgesamt gab es zwölf Campingplätze auf Usedom, auf denen sich auch die **FKK-Anhänger** trafen. Zunächst streng verboten, etablierte sich der FKK-Trend schnell und wurde durch Ausschilderung separater Bereiche offiziell akzeptiert. Für viele Ostdeutsche ist Usedom noch immer der schönste Urlaubsort und mit vielen Erinnerungen verbunden – im populären **DDR-Museum** in Dargen lässt sie sich auffrischen.

Auch Heringsdorf und Wolgast waren 1989 Schauplätze friedlicher Demonstrationen, die zum Ende der DDR führten. Im Herbst 1989 traten Regierung und SED-Politbüro zurück. Am 9. November wurden die Grenzen geöffnet. Am 3. Oktober 1990 schloss sich die DDR der Bundesrepublik an. Mit der Aufbruchstimmung kamen bald auch die ersten »Westler« und Investoren, die günstige Objekte suchten oder ehemaliges Eigentum beanspruchten. **Goldgräberstimmung** kam auf, und so manches Haus und manche schicke Villa wechselten den Besitzer. Am sichtbarsten wurde der **Bauboom** durch den Neubau der Seebrücke in Heringsdorf, die 1995 eingeweiht wurde. Im selben Jahr nahm auch die Bäderlinie ihren Betrieb wieder auf. In dieser Zeit wurden fast alle Häuser modernisiert. Dabei waren sich Investoren und Hausbesitzer bewusst, dass der Stil der Bäderarchitektur und die idyllischen Dorfhäuser neben der Natur das Hauptkapital Usedoms sind, sodass Bausünden weitgehend vermieden wurden. Seit der Jahrtausendwende prägt den Usedomer Tourismus der **Wellnesstrend** (▶Das ist Usedom S. 20).

Ende der DDR und Neuanfang

Der EU-Beitritt Polens 2004 brachte für die Insel weitreichende Veränderungen. Grenzkontrollen gibt es keine mehr. Die **Usedomer Bäderbahn** (UBB) fährt als DB Regio Nordost über Ahlbeck bis nach Swinemünde. Die Kaiserbäderpromenade wird 2011 auf 12 km bis Swinemünde zur **längsten Strandpromenade Europas** verlängert (▶Das ist Usedom S. 10). 2020/2021 prägt die **Corona-Pandemie**. 2021 wird die neue Seebrücke in **Koserow** fertiggestellt. Ende 2022 soll der **Swine-Tunnel** in Swinemünde eröffnet werden.

Auf gute Nachbarschaft

KUNST & KULTUR

Mittelalterliche Backsteingotik, reetgedeckte Häuschen und ver-
spielte Bäderarchitektur – Usedom hat architektonisch einiges zu
bieten. Licht und Farbe der Ostseelandschaft inspirierten Maler
und Schriftsteller von der Romantik bis zu Klassikern der Moder-
ne und junger Street Art. Auch die Kulturevents der Sonneninsel
begeistern mit breitem Repertoire von den opulenten Vineta-Fest-
spielen bis zu bunten Hafenfesten, Schlosskonzerten und Litera-
turtagen untermalt von Meeresrauschen und Möwengeschrei.

Steine
erzählen
Geschichte

Im Mittelalter ließen sich in der Ostseeregion Kirche, Adel und mächtige hanseatische Kaufleute in Stein verewigen. Weil Naturstein in der
norddeutschen Tiefebene rar war, erfanden die Baumeister etwas
Neues: Sie brannten Lehmquader, aus denen Dank oxidierendem Eisen leuchtend roter Backstein wurde. Im Vergleich zur prächtigen
Hansestadt **Greifswald** mit einer der schönsten Domkirchen der
nordischen Backsteingotik, war man auf Usedom bescheidener.
Schöne Beispiele der Backsteingotik sind das Anklamer Tor und die
Marienkirche in Usedom. Bei den mittelalterlichen **Dorfkirchen** wie
in **Benz**, **Koserow** oder **Mellenthin** wurden aus Kostengründen die
unteren Teile aus Feldsteinen erbaut. Erst für die mit Arkaden oder
Blendbogen verzierten Türme nahm man die eleganteren Backsteine.

Reetdach-
idylle

Was man andernorts nur noch in Heimatmuseen bestaunen kann, ist
auf Usedom noch für viele Dörfer typisch. Reetdächer verleihen
nicht nur alten Bauernhäusern einen besonderen Charme, sondern
werden auch für moderne Bauten verwendet. Reet ist der **Ökobau-**
stoff schlechthin: Das Schilfrohr wächst vor Ort, verfügt über hervorragende Klimaeigenschaften, wirkt stark isolierend und hält zwei
Generationen, also deutlich länger als die üblichen Dachziegeln. Das
Dachdecken selber erfordert große **Handwerkskunst**, die heute
nur noch wenige beherrschen. Zuerst muss das Rohr, das in harten
Wintern besonders hohe Qualitäten erreicht, sorgfältig nach Länge
und Stärke sortiert werden. Auf den offenen Dachstuhl wird zunächst die »Streulage« aus langen und groben Halmen aufgebracht.
Anschließend werden die Bündel einzeln an den Dachlatten befestigt.
Für ein normal großes Reetdach müssen auf diese Weise rund 10 000
Reetbündel festgenäht werden. Zum Schluss werden die Bündel ge-
klopft, wodurch das Dach glatt und fest wird. Ein besonders kunst-
voller und stabiler Dachfirst sowie das Beschneiden der Kanten geben dem Reetdach den letzten Schliff. Schöne reetgedeckte
Häuschen zwischen alten Obstbäumen und weiten Feldern finden Sie
z. B. im **Lieper Winkel**, in **Neppermin**, **Loddin** und **Morgenitz**.

Stilvolle Zeiten müssen das gewesen sein, als Ahlbeck »Badewanne Berlins« war.

Mit dem Bäderboom entstanden im 19. Jh. in den **Seebädern** binnen weniger Jahre ganze Straßenzüge mit prachtvollen **Villen, Strand-promenaden und Musikpavillons**. Da die alten Dorfkerne häufig von der See abgewandt lagen, man jedoch schon damals Seeblick bevorzugte, reihte sich entlang der Strände bald ein Neubau an den anderen. Auch die **Seebrücken** waren Ausdruck dieser Entwicklung, von denen allein die in Ahlbeck den Stürmen trotzen konnte. Die schneeweißen Sommervillen sollten Reichtum zum Ausdruck bringen oder vornehme und zahlungskräftige Gäste anziehen. Als erster Bau der Usedomer Bäderarchitektur gilt das **»Weiße Schloss«** in Heringsdorf. Ganz im neoklassizistischen Schinkel-Stil gehalten, diente es jahrelang der kaiserlichen Familie als Feriendomizil. Die weißen Säulen und attischen Giebel wurden zum Vorbild für andere Bauten an der **Heringsdorfer Strandpromenade** wie die Villa Oppenheim im Palladio-Stil mit großzügiger Außentreppe oder die klassizistische Villa Diana in einen schönen Park. Verspielter präsentieren sich die Häuser der Heringsdorfer Delbrückstraße oder an den Promenaden

Prachtvolle Bäder-architektur

Das Spannende an Street Art sind die kleinen Überraschungsmomente.
Graffiti in der Waldstraße von Bansin bringen Farbe in das Seebad.

von **Ahlbeck und Bansin**. Hier sind Balkone, Erker, Türmchen und Säulen in unzähligen Variationen zu sehen, Skulpturen, Ornamente und Schmuckelemente aus Stuck sowie Schmiedeeisen verweisen auf ihre Entstehung in der Gründerzeit. Manche Fassade zeigt Anleihen bei Renaissance oder Gotik, anderswo sieht man reiche Jugendstil-Verzierungen, vor allem bei den bunten Glasfenstern. Im Kontrast zu den Prachtbauten eher intimer wirkt die Bäderarchitektur in Ahlbeck zwischen Dünen- und Kaiserstraße. Filigrane Holzkonstruktionen an Balkonen, elegant verglaste Wintergärten und verspielte Friese lassen die kleinen Villen viel gemütlicher wirken als mancher Strandpalast. Die Villa Vineta an der Bansiner Promenade präsentiert sich als skandinavisches Holzhaus, die Heringsdorfer Jugendherberge erinnert an englische Fachwerkhäuser. In den **Kaiserbädern**, **Zinnowitz** und **Swinemünde** lässt sich kilometerweit schönste Bäderarchitektur entdecken (▶Das ist Usedom S. 10).

Von alten Schlössern zu junger Street Art

Im Achterland wurde das **Renaissanceschloss Mellenthin** zur Jahrtausendwende von der Familie Fiodora restauriert und in ein stimmungsvolles Hotel zwischen uralten Eichen und breitem Wassergraben verwandelt. Auch das romantische **Schloss Stolpe** im Stil des **Historismus**, das bei Usedom Stadt liegt, ist originalgetreu restauriert worden – reservieren Sie hier einen Tisch im Restaurant Remise! Kunstfreunde müssen in Greifswald in das **Pommersche Landesmuseum**, um Gemälde der beiden Romantiker **Caspar David Friedrich** und **Philipp Otto Runge** zu bewundern

(▶ Interessante Menschen). Runges Geburtshaus in Wolgast widmet sich heute dem Multitalent. Ein Muss ist in Koserow der Lüttenort des Malers **Otto Niemeyer-Holstein** (▶ Interessante Menschen). Die Kunsthalle im Bahnhof von Ahlbeck zeigt in Zusammenarbeit mit dem Kunsthaus Lübeck Grafiken von **Armin Mueller-Stahl**. Der mit Usedom eng verbundene Schauspieler ist auch für seine Malerei bekannt. Werke von **Lyonel Feininger**, der zu Lebzeiten Mitglied der Berliner Secession war und auf Radtouren die Insel entdeckte (▶ Interessante Menschen), faszinieren in Bansin in der Galerie des Kaiserstrand Beachhotel. Im **Usedomer Kunsthaus** in Zinnowitz lädt das Künstlerpaar Brigitte und Reinhard Meyer zu wechselnden Ausstellungen und Jazzkonzerten ein.

Junge **Street Art** zeigt auch auf Usedom die eigenwillige Kunst der Verwandlung, integrativ, erfrischend anders oder auffällig farbenfroh. Lokale Stromversorger lassen ihre Trafostationen mit Graffiti gestalten, und das richtig gut. Im Sommer 2020 verwandelten 3D-Kunstwerke von **Enrico Lein** und Alin Lipka das Straßenpflaster der Promenade der drei Kaiserbäder durch Illusionsmalerei. Das Besondere auf Usedom ist nicht nur die Vielfalt, sondern auch die Art, wie man Kunst begreift. Nicht elitär, sondern bodenständig und einladend. Jeder ist willkommen sich von Kunst erfreuen zu lassen, die begeistert.

Einer der Hotspots der Insel ist die Ostseebühne in **Zinnowitz**, von Ende Juni bis Ende August Schauplatz der **Vineta-Festspiele** mit bis zu 25 000 Zuschauern. Jedes Jahr wird ein anderes Stück aufgeführt, das sich der sagenumwobenen Stadt Vineta widmet, die wegen moralischem Verfall, Hochmut und Verschwendung der Bewohner in den Fluten der Ostsee versank. Ob und wie die Götter, Wiedergänger und das mystische Einhorn es schaffen, Vineta zu seiner Bestimmung zu verhelfen, wird in einem turbulenten Mix aus Musik- und Tanztheater, Lasershow und Pyrotechnik erzählt (▶Baedeker Wissen S. 166). Ebenfalls in Zinnowitz steht die »**Blechbüchse**«. Im sonnengelben Wellblech-Theater applaudiert man bei Premieren, Schauspiel, Literaturabenden und Musikevents. Nebenan bildet die Theaterakademie Vorpommern den Künstlernachwuchs aus.

An der Strandpromenade von **Heringsdorf** steht das knallrote Theaterzelt **Chapeau Rouge**, wo Komödien und Tragödien aufgeführt werden. Im Sommer laden die Konzertmuscheln der Seebäder zu kostenlosem Musikgenuss ein. Anhänger der Klassik zieht es zum **Usedomer Musikfestival**, das sich über mehrere Spielstätten der Insel verteilt, darunter Schloss Stolpe und das Kraftwerk Peenemünde mit modernem Industrieflair. Das große schriftstellerische Erbe, das einst Gorki, Mann und Fontane begründeten, pflegen die **Usedomer Literaturtage**. »Oh, Ihr Menschen« – das tonangebende Zitat aus Ludwig van Beethovens Heiligenstädter Testament vereinte 2020 unterhaltsam moderierte Lesungen am Strand von Heringsdorf.

Vorhang auf!

INTERESSANTE MENSCHEN

▌ Hochbegabt und rastlos: Manfred von Ardenne

(1907 – 1997)
Forscher
und Erfinder

Geboren im deutschen Kaiserreich, erwachsen geworden in der Weimarer Republik und Wissenschaftler in zwei Diktaturen, erlebte von Ardenne ein Jahrhundert voller Umwälzungen. Schon mit 15 meldete er sein erstes Patent an: Die Dreifach-Radioröhre wurde Kernstück des legendären Rundfunkempfängers Loewe-Opta, der den Siegeszug des Radios in deutschen Haushalten begründete. Am Ende seines Lebens hielt er **fast 600 Patente** in der Funk- und Fernsehtechnik, Elektronenmikroskopie, Nuklear-, Plasma- und Medizintechnik.

Seinen Werdegang vom Schulabbrecher zum anerkannten Wissenschaftler verdankt der Hamburger aus einer preußischen Offiziersfamilie seinem Scharfsinn und Fleiß. Statt die Schulbank zu drücken, führte er lieber Experimente durch. 1928 gründete er ein Llabor für Elektronenphysik in Berlin, 1931 zeigte er auf der Berliner Funkausstellung das erste elektronische **Fernsehgerät**. Und seine Technik eroberte die Welt. Danach entwickelte er das Rasterelektronenmikroskop, das bis heute aus der Forschung nicht mehr wegzudenken ist. 1945 holten ihn die Sowjets in ihren Stab zum Bau der Wasserstoffbombe nach Suchumi. Erst 1955 kam er wieder nach Deutschland. In Dresden gründete er das einzige private Institut der DDR mit Sonderstatus, da er aus der Sowjetunion hochdekoriert und mit allerhöchster Unterstützung zurückgekehrt war. Er widmete sich nun v.a. der Medizin, doch konnten sich seine systematische Krebs-Mehrschritt-Therapie und die Sauerstoff-Mehrschritt-Therapie nicht nachhaltig durchsetzen. Ardenne war Nationalpreisträger der DDR und (parteiloser) bgeordneter der Volkskammer.

Es war der familiäre Rückhalt – mit seiner Frau Bettina Bergengruen hatte er vier Kinder –, den Ardenne für seine Arbeit brauchte. Seit den 1950ern verbrachte die Familie den Urlaub häufig in **Heringsdorf**, wo von Ardenne sich intensiv der Astronomie widmete und eine für jedermann zugängliche **Sternwarte** errichtete.

»

Die Liebe, die große Erfindung aus der unendlichen Weisheit der Natur, hat mir in allen Phasen meines Lebens immer wieder die Kraft gegeben, mehr zu leisten, als die Umwelt erwartete.

«

Von den Nazis zur NASA: Wernher von Braun

Er war Deutscher, Wissenschaftler, NSDAP- und SS-Mitglied und schließlich Amerikaner: Seine ambivalenten Identitäten machten Wernher von Braun zur umstrittenen Persönlichkeit. Ende der 1920er war Berlin im Raketenfieber. In seinem Studium erzielte der Raumfahrtenthusiast zwar keine guten Noten, dafür verbrachte er jede freie Minute mit den Raketenbastlern auf dem Flugplatz Tegel. Durch die guten Kontakte seines Vaters, der Reichsminister war, ernannte man den erst 25-jährigen von Braun 1937 zum technischen Leiter der Raketenentwicklung in **Peenemünde**, wo es aber nicht um Raumfahrt, sondern um Vernichtunsgwaffen ging. Ende 1942 flog die **A 4** (später V 2) erstmals bis an den Rand des Weltraums – die Geburtsstunde der Raumfahrt. Dass die Rakete vor allem eine schnelle, tödliche Waffe war, für deren Serienproduktion in Mittelbau-Dora im Harz fast 20 000 KZ-Häftlinge ihr Leben ließen, wusste von Braun, auch wenn er dies später immer verneinte. Briefe und Aussagen überlebender Häftlinge belegen, dass er persönlich Zwangsarbeiter für die Produktion ausgewählt hatte.

Nach Kriegsende machte er nahtlos und unbehelligt Karriere bei den Amerikanern, die sein technisches Knowhow wollten. Mitsamt seinen rechtzeitig beiseite geschafften Forschungsunterlagen, Raketenteilen und Mitarbeitern ging von Braun in die USA und nahm schon im Herbst 1945 in der Wüste von Texas die Arbeit wieder auf. Seine Raketen transportierten Satelliten in den Weltraum und wurden Prototypen für Mittelstreckenraketen. Im Auftrag der NASA entwickelte er die Saturn-V-Rakete für das Apollo-Programm. Am 21. Juli 1969 betrat Neil

(1912 – 1977)
Umstrittener
Raketeningenieur

Wernher von Braun (Mitte) ergab sich mit mehr als 100 Mitarbeitern bei Kriegsende den US-Truppen.

Armstrong als erster Mensch den Mond. Seine Worte sind unvergessen: Ein Riesenschritt für die Menschheit – und ein persönlicher Triumph für Wernher von Braun. So ist er für die einen genialer Visionär, für die anderen skrupelloser Opportunist.

Herrin der Ringe: Franka Dietzsch

Zehn WM-Teilnahmen, **dreimal Gold**: Mehr als Franka Dietzsch hat keine Diskuswerferin der Welt gewonnen. Den Traum vom 70-Meter-Wurf konnte sich die Athletin aus Wolgast aber nicht erfüllen.

(geb. 1968)
Diskus-Ikone

Stark: Diskuswerferin Franka Dietsch war »Sportlerin des Jahres 2007«.

49 Zentimeter fehlten zum Traum mit dem **Diskus**, der über 20 Jahre ihr Leben bestimmte. Dietzsch ist eine Frau der Extreme: ihr Kampfgeist, ihre Liste an Auszeichnungen, ihre Größe – alles außergewöhnlich. Doch nicht nur die 1,83-m-Erscheinung der blond gelockten Hünin ist beeindruckend, sondern vor allem ihr Durchhaltewille. Als eine Meniskusoperation anstand, schien ihre Karriere beendet, doch nur wenige Wochen danach meldete sie sich mit beeindruckenden Ergebnissen zurück. Franka verbrachte ihre Kindheit auf Usedom. Beim Verein ASG Koserow fand das »Landei« seine erste sportliche Heimat, hier wurde ihr Talent erkannt und gefördert. Mit 18 holte sie bei der Junioren-WM die Silbermedaille und gehörte seitdem zu den Hoffnungsträgern der DDR. In den 1990ern stand sie bei fast allen Meisterschaften auf dem Treppchen, wurde 1998 Europa- und 1999 Weltmeisterin. In Helsinki gewann sie 2005 überlegen den zweiten WM-Titel: Vier ihrer fünf Würfe hätten zum Sieg gereicht. Schon im ersten Versuch konnte sie zwei Jahre später in Osaka mit 66,61 m WM-Gold Nummer drei erzielen. Lebensbedrohlich hoher Blutdruck verhinderte 2008 ihren Start bei den Olympischen Spielen in Peking, wo sie als Favoritin galt. Nachdem sie bei der WM 2009 in Berlin bereits in der Qualifikation scheiterte, beendete sie ihre aktive Laufbahn. Heute arbeitet sie in Neubrandenburg als Nachwuchstrainerin.

▌ Ein New Yorker auf Usedom: Lyonel Feininger

Für Lyonel Feininger wurde Usedom zur Offenbarung. Während seiner Sommeraufenthalte 1908 – 1912 fand er Motive, die ihn das ganze Leben lang begleiten sollten. Eigentlich wollte Feininger wie seine
deutschstämmigen Eltern Musiker werden. Als er ihnen 1887 bei einer Deutschlandtournee hinterherreiste, entschloss er sich, statt
Musik Kunst zu studieren, was er in Hamburg und Berlin tat. Aufent-
halte in Weimar, Belgien, London und Paris folgten, die er mit Zeichnungen und Karikaturen für Zeitschriften finanzierte.
Auf Usedom fand Feininger Motive, die ihn in allen Schaffensperioden
inspirierten. Neben den mondänen Seebädern faszinierte ihn vor allem
das Hinterland, das er mit einem Cleveland Ohio Fahrrad mit Holzfel-
gen und Gummibereifung erkundete (▶ Tour 3, S. 36). Dem Galeristen
Hannes Albers gelang es, für seine Feininger-Sammlung in Bansin ein
Exemplar von 1897 auf die Insel zu holen. Adaptionen von Motiven in
Benz, Zirchow, Alt-Sallenthin und Neppermin entstanden, wo Feinin-
ger für zwei Monate wohnte. 1909 wurde Feininger Mitglied der **Berliner Secession**, 1913 nahm er auf Einladung von Franz Marc am Ersten
Deutschen Herbstsalon teil, 1919 kam die Berufung ans **Bauhaus** in
Weimar, wo man ihn zum »Meister der Formlehre« ernannte. Mit
Wassily Kandinsky, Paul Klee und Alexej von Jawlensky gründete er
1924 die Gruppe »Die Blaue Vier«. Von den Nazis als entartet diffa-
miert, kehrte Feininger in seine Geburtsstadt New York zurück.
Deutschland zu verlassen fiel ihm schwer. Kurz vor seinem 66. Geburtstag bestieg er im Juni 1937 gemeinsam mit seiner Frau Julia, die
jüdischer Herkunft war, in Bremerhaven einen Dampfer in Richtung
USA. Seine Wahlheimat Deutschland sollte er nie wiedersehen.

(1871 – 1956)
Maler der
Klassischen
Moderne

▌ Wandernder Literat: Theodor Fontane

»Herr von Ribbeck auf Ribbeck im Havelland, ein Birnbaum in seinem
Garten stand ...«, »Stine« oder »Effi Briest« – Fontanes Werke begleiten auch heute noch Kinder und Jugendliche durch die Schulzeit.
Wie seine Protagonisten hatte auch Fontane es nicht immer leicht.
Nachdem sein Vater die Apotheke in Neuruppin aufgrund von Spiel-
schulden veräußern musste, zog die Familie 1826 nach **Swinemünde** und übernahm dort die Adler-Apotheke. Als ältester Sohn absol-
vierte auch Theodor die Ausbildung zum Apotheker, bevor er sich
entschloss, Schriftsteller zu werden. Schon in die frühen Werke flos-
sen Jugenderinnerungen ein. Seinen Vater charakterisiert er als hu-
morvollen Geschichtenzähler, seine Mutter dagegen als sachlich, un-
nachsichtig und gewaltsam. Als 75-Jähriger zeichnet er in »**Meine
Kinderjahre**« ein lebendiges Bild der damaligen Zeit. Er erzählt von
Swinemünde ohne Seebrücke und Promenaden, wie Gäste im Som-

(1819 – 1898)
Schriftsteller,
Dichter und
Journalist

mer im Haus unterkamen und an den Strand kutschiert wurden. In »Oceane von Parceval« ist Heringsdorf 1882 bereits zum mondänen Seebad geworden, das Adel und betuchte Bürger aus Berlin anzog. Dort lebte auch Fontane mit seiner Familie. Trotz weiter Reisen blieb er der Hauptstadt Preußens zeitlebens treu. Fontane reiste als Berichterstatter deutscher Zeitungen bis nach England und Schottland, **wanderte durch die Mark Brandenburg** und veröffentlichte seine Landesbeschreibungen in mehreren Bänden. Erst im fortgeschrittenen Alter begann er, Romane und Erzählungen zu verfassen wie »**Effi Briest**« – der Hauptschauplatz Kessin trägt deutlich Züge von Swinemünde. Die Arbeit als freier Journalist und Romancier bescherte Fontane notorische Geldsorgen. Doch wie er selbst sagte: »So schön das ist, man kann doch nicht immer bloß aufs Meer blicken.«

▌ Zu Lebzeiten verkannt: Caspar David Friedrich

1774 – 1840
Maler der
Romantik

Caspar David Friedrich, geboren in **Greifswald** als Sohn eines Seifensieders und völlig verarmt gestorben, gilt heute als bedeutendster **Landschaftsmaler der Romantik**. Nach dem Studium an der Kopenhagener Kunstakademie ließ er sich in Dresden nieder, wo er im Mittelpunkt eines Malerkreises stand, zu dem auch ▶Philipp Otto Runge und Georg Friedrich Kersting gehörten. Ausgangspunkt seiner Malerei war die Naturanschauung. Auf **Wanderungen** durch das Riesengebirge, den Harz, das Elbetal und auf Rügen fertigte er zahlreiche Skizzen an. Sechsmal besuchte er zwischen 1801 und 1826 die Insel. Doch Landschaften und Naturphänomene wurden nicht um ihrer selbst willen festgehalten. Sie dienten als Symbole für menschliche Empfindungen und Zustände, waren Ausdruck für Melancholie, Trauer, Einsamkeit, aber auch für das Streben nach Befreiung – sowohl im gesellschaftlich-politischen als auch im seelischen Sinne. Obwohl Friedrich Naturstudien als Vorlagen für seine Gemälde benutzte, waren die Bilder selbst kunstvoll komponierte Fantasielandschaften. Als der Maler 1840 starb, war seine Naturphilosophie bei seinen Zeitgenossen längst nicht mehr gefragt. Erst im Verlauf des 20. Jh.s fand sein Werk wieder die verdiente Anerkennung.

▌ Der Käpt'n: Otto Niemeyer-Holstein

(1896 – 1984)
Der
Usedom-
Maler

Letzter Wunsch von Otto Niemeyer – das »Holstein« hängte er sich als Reminiszenz an seine Herkunft selbst an – war es, mit Blick zur Ostsee begraben zu werden, »meiner großen Geliebten, die mich täglich gefordert und nie enttäuscht hat«. Für Niemeyer-Holstein wurden

Lebensgroß grüßt Caspar David Friedrich an der Lappstraße in Greifswald. ▶

»Das Konzert«: Samstagabends machten Niemeyer-Holstein und der befreundete Maler Otto Manigk gern Hausmusik mit Rosa Kühn.

das Licht und die Farben Usedoms zur Inspiration, die Ruhe zum Ausgangspunkt seiner Schaffenskraft. Für seine Familie war er schlicht der »Käpt'n«, für seine Schüler Mentor, doch er selbst sah sich stets als Suchenden. 1932 entdeckte der gebürtige Kieler mit seiner Jolle »Lütten« die Schmalstelle zwischen Zempin und Koserow, die sein persönliches Paradies wurde: **Lüttenort**, benannt nach seinem Segelboot. »Hier auf der Insel bleibe ich – für immer«, und so ließ er aus Berlin einen ausrangierten S-Bahn-Waggon als provisorische Unterkunft herbeischaffen, die »Keimzelle« eines eigenwilligen, über viele Jahre gewachsenen Ensembles aus Wohnhaus, Garten und Atelier. Ab 1935 besaß Niemeyer-Holstein den Kutter »Orion«, mit dem er im Notfall seine jüdische Frau und deren Mutter nach Skandinavien bringen wollte. Was glücklicherweise nicht nötig war. Der von der Gestapo und später von der Stasi argwöhnisch beobachtete Künstler war leidenschaftlicher Segler. Immer an Bord: Skizzenbuch, Leinwand und Farbe. In Lüttenort sind viele seiner Werke ausgestellt (▶Magischer Moment S. 102). Im stimmungsvollen Garten fand Niemeyer-Holstein für Pflanzen und Skulpturen befreundeter Künstler genau den richtigen Platz: Je nach Jahres- oder Tageszeit setzt die Natur die Kunstwerke open air ins »rechte Licht«. Vom 1974 verliehenen Nationalpreis für Kunst kaufte er die **Benzer Windmühle**, die er als Atelier einrichten ließ. Nach seinem Tod wurde er in Benz beigesetzt.

▌ Überflieger: Otto (und Gustav) Lilienthal

▶ S. 51 ff.

Flugpioniere

▌ Multitalent: Philipp Otto Runge

Keiner konnte es so schön Morgen, Mittag, Abend oder Nacht werden lassen wie Philipp Otto Runge. Das Museum in seinem Geburtshaus in **Wolgast** widmet sich dem neben ▶ Caspar David Friedrich wichtigsten Vertreter der **romantischen Malerei** in Deutschland. Genau wie Friedrich studierte Runge an der Kopenhagener Akademie und im kunstfreundlichen Dresden, beide prägte das klare Licht der pommerschen Küstenlandschaft und die Weite des Himmels. Nach dem Studium wurde Hamburg Runges Zuhause, wo heute die meisten seiner Bilder in der Kunsthalle zu sehen sind. Als sein Hauptwerk gilt der 1803 in Kupfer gestochene allegorische Zyklus der »**Zeiten**«, der ihm große Bekanntheit brachte. Goethe schwärmte: »Dieses Zeug ist zum rasend werden, toll und schön zugleich.« Die vier Tageszeiten symbolisieren mit einem komplexen Gefüge von Arabesken stimmungsvoll die Schöpfung und den Kreislauf des Werdens, Wachsens und Vergehens als göttliche Einheit von Mensch und Natur. Mit dem Bild »**Wir Drei**«, das Runge mit seiner Frau und dem älteren Bruder Daniel zeigt, entstand 1805 das wohl schönste Freundschaftsbild seiner Zeit. Seit seiner durch Krankheit gezeichneten Kindheit wollte Runge Maler werden, ein Berufswunsch, der vom Vater – Kaufmann und Reeder – abgelehnt, aber von seinem Bruder Daniel wohlwollend unterstützt wurde. Runge gilt als der vielleicht vielseitigste Künstler des 19. Jh.s, der die erste **dreidimensionale Farbenlehre** in Form einer Kugel schuf. Mit Goethe führte Runge ab 1803 einen Briefwechsel zu seinen Farbforschungen. Unter Anleitung von Mutter und Schwester fertigte Runge filigrane Scherenschnitte an. Er gestaltete Tapeten, und die Idee, die Figuren auf den Spielkarten zweigeteilt und spiegelverkehrt darzustellen, geht auf ihn zurück. Runge schrieb auch Märchen wie »Fischer un sien Fru« auf und sandte sie an die Brüder Grimm mit der Bitte um das Sammeln von Märchen. Mit nur 33 Jahren erlag Runge seinem Tuberkulose-Leiden in Hamburg und wurde – ebenso wie Caspar David Friedrich – erst im beginnenden 20. Jh. wiederentdeckt.

(1777 – 1810)
Meister der
Romantik

▌ Geschichten aus Bansin: Hans Werner Richter

Die Werke des Initiators der »**Gruppe 47**«, einer der wichtigsten Literaturvereinigungen der jungen Bundesrepublik, verschwinden aus dem Buchhandel. Doch in seinem Heimatort **Bansin** kann man noch auf seinen Spuren wandeln. Im ehemaligen Feuerwehrhaus zeigt ein

(1908 – 1993)
Schriftsteller

Museum seine Bücherei, Kunstwerke aus dem Privatbesitz des Autors und das originalgetreu erhaltene Arbeitszimmer. Am eindrücklichsten geben jedoch die Romane und Erzählungen Auskunft über sein Leben: 1908 kam er als Spross einer vielköpfigen Fischerfamilie auf die Welt. Seine Bansiner Geschichten »Blinder Alarm« berichten liebevoll-ironisch von seiner Kinderwelt und vom **Alltag der kleinen Leute**. Seine Jugendzeit beschreibt der gelernte Buchhändler vor dem Hintergrund der politischen Entwicklungen in »Spuren im Sand«. Ab 1946 veröffentlichte er gemeinsam mit Alfred Andersch die Zeitschrift »Der Ruf«, aus deren Umfeld die »Gruppe 47« entstand, die dank Richters freundschaftlicher Leitung 30 Jahre zusammenhielt und in dieser Zeit in der deutschsprachigen Literatur den Ton angab.

Vielschichtig, eigensinnig und sehr intellektuell: Carola Stern

(1925 – 2006)
Journalistin

Eigentlich wollte sie Tänzerin werden. Oder Badegastkind. Schließlich wurde sie eine der bekanntesten deutschen Journalistinnen. Die zwei Leben der Carola Stern lassen sich erst im Alter vereinen – in ihrer Autobiografie »**Doppelleben**«, die auch verfilmt wurde, beschreibt sie sehr offen und selbstkritisch ihre persönlichen Brüche. Die Ostexpertin der 1970er und **Vizepräsidentin des PEN** wurde als Erika Assmus in Ahlbeck geboren.

Aus der überzeugten NS-Jungmädelführerin wurde nach dem Zweiten Weltkrieg ein SED-Mitglied, das die Parteischule besuchte und auf dem besten Weg zur linientreuen Politfunktionärin zu sein schien. Zu diesem Zeitpunkt hatte sie jedoch schon der **CIA** angeworben, den sie drei Jahre mit belanglosen Informationen versorgte und dafür Lebensmittel und Medikamente für ihre krebskranke Mutter erhielt. Unmittelbar vor der stalinistischen Säuberungswelle von 1951 wechselte sie nach Westberlin, wo sie den Namen »Stern« wählte. Sie wurde wurde **Journalistin** in Köln. Viele Jahre wirkte sie als Verlagslektorin und politisch links stehende Kommentatorin beim WDR. Aufmunterung für ihre kritischen Beiträge, die auch beim WDR nicht durchweg auf Zustimmung stießen, erfuhr sie vom Fernsehdirektor Werner Höfer höchstselbst: »Sie werden damit noch viel Ärger bekommen. Bleiben Sie dabei. Ich rate Ihnen das sehr.« Hilda und Gustav Heinemann waren enge Freunde. Sie begleitete Willy Brandt auf seinen Wahlkampf- und Auslandsreisen und setzte sich für seine Ostpolitik ein, ebenso für die Friedens- und Frauenbewegung und später für die Entschädigung von Zwangsarbeitern. Heinrich Böll und Günter Grass zählten zu ihren persönlichen Freunden. Stern war Gründungsmitglied der deutschen Sektion von **Amnesty International,**. Mit Alice Schwarzer engagierte sie sich gegen den Abtreibungsparagraphen 218. Das Frauenthema schlug sich in mehreren Büchern nieder wie in den Biografien von Rahel Varnhagen und Dorothea Schlegel, deren Leben als aufgeklärte Frauen der Romantik Stern faszinierte. Als **Kommentatorin** setzte sie Maßstäbe, die sie bis heute zum Vorbild für einen kritischen, politischen Journalismus machen. Sie ruht auf dem Friedhof von Benz.

▌ Der Erfinder des Reiseführers: Karl Baedeker

Als Buchhändler kam Karl Baedeker viel herum, und überall ärgerte er sich über die »Lohnbedienten«, die die Neuankömmlinge gegen Trinkgeld in den erstbesten Gasthof schleppten. Nur: Wie sollte man sonst wissen, wo man übernachten könnte und was es anzuschauen gäbe? In seiner Buchhandlung hatte er zwar Fahrpläne, Reiseberichte und gelehrte Abhandlungen über Kunstsammlungen. Aber wollte man das mit sich herumschleppen? Wie wäre es denn, wenn man all das zusammenfasste? Gedacht, getan: Zwar hatte er sein erstes Reisebuch, die 1832 erschienene »Rheinreise«, noch nicht einmal selbst geschrieben. Aber er entwickelte es von Auflage zu Auflage weiter. Mit der Einteilung in »Allgemein Wissenswertes«, »Praktisches« und »Beschreibung der Merk(Sehens-)würdigkeiten« fand er die klassische Gliederung des Reiseführers, die bis heute ihre Gültigkeit hat. Bald waren immer mehr Menschen unterwegs mit seinen **»Handbüchlein für Reisende, die sich selbst leicht und schnell zurechtfinden wollen«**. Die Reisenden hatten sich befreit, und sie verdanken es bis heute Karl Baedeker. Usedom beschreibt er erstmals im 1842 erschienen »Reisehandbuch für Deutschland und den Österreichischen Kaiserstaat«.

1801-1859
Verleger

> »
>
> Vineta, die sagenhafte üppige Hauptstadt und Meeresfeste der wendischen Anwohner soll [...] ebenfalls auf Usedom gelegen haben. Ihre zahlreichen Thürme und Paläste erblicken Seher heute noch tief unter der blauen Fluth während weniger poetische Gemüther nur Felsen und Klippen sehen.
>
> «

Baedeker's Deutschland, Zweiter Theil, Mittel- und Norddeutschland, 4. Aufl. 1851

E
ERLEBEN & GENIESSEN

Überraschend, stimulierend, bereichernd

Mit unseren Ideen erleben Sie typische,
tolle und ganz neue Seiten Usedoms.

Junge pommersche Küche: Im Gourmetrestaurant
Bernstein in Heringsdorf trifft klassisches
Handwerk auf kulinarische Kreativität. ▶

BEWEGEN UND ENTSPANNEN

Für Naturliebhaber und sportlich Aktive ist Usedom ein perfektes Urlaubsziel. Ostsee, Peene und Achterwasser prägen die Landschaft, sodass Baden, Angeln, Segeln, Kiten, Stand-up-Paddeln, Kajak- und Kanufahren möglich ist. Wanderer und Radfahrer genießen die weite, vielerorts fast unberührte Natur. Auch Reiter und Golfer kommen auf ihre Kosten. Für Ornithologen gibt es fantastische Beobachtungsplätze. Und wer Wellnessangebote nutzen möchte, findet reiche Auswahl auf hohem Niveu.

▌ Im und auf dem Wasser

Strand und Meer Usedom besitzt einen traumhaften 40 km langen und bis zu 70 m breiten **feinen Sandstrand**, der sehr flach ins Meer abfällt. Davon sind besonders Familien mit kleinen Kindern angetan, da sich die Küs-

Kleine Marina mit persönlicher Note: der sympathische Naturhafen Krummin

tenstreifen bei ruhiger See auch für Nichtschwimmer eignen. Als Schutz gegen raue Ostseewinde sind **Strandkörbe** sehr beliebt: Sie werden für 8 bis 10 € pro Tag vermietet (▶Das ist Usedom S. 18). An zahlreichen Strandabschnitten wachen während der Saison Rettungsschwimmer über die Sicherheit der Badenden. Die **Wasserqualität** liegt durchgehend zwischen gut und sehr gut, wobei »Blaue Flaggen« den höchsten Standard anzeigen.

An zehn **FFK-Stränden** freuen sich Inselgäste über streifenfreie Bräune und die heilsame Wirkung der Ostsee am ganzen Körper. Besonders der Abschnitt zwischen den Bernsteinbädern Koserow und Zempin ist sehr beliebt. An den ausgeschilderten **Hundestränden** sind Sie mit Ihrem Vierbeiner herzlich willkommen. Am Koserower Strand finden Sie einen **barrierefreien Zugang** zum Wasser, wo sich Rollstuhlfahrer im Sommer über Laufbretter uneingeschränkt am Strand bewegen können. An den Stränden der Kaiserbäder Ahlbeck, Bansin und Heringsdorf werden im Sommer auch Beach Volleyball, **Stand-Up-Paddling**, Slackline, **Yoga** und Strandgymnastik angeboten.

Segeln

Die Kraft des Meeres erleben und den Wind in den Segeln hören. Dafür eignen sich kurze Törns auf dem Achterwasser ebenso wie mehrtägige Ostsee-Ausflüge – Rügen, Polen und Skandinavien liegen vor der Haustür Usedoms. Die Sonneninsel verfügt über rund zwei Dutzend Häfen für Freizeitkapitäne (www.use dom sail.com). Modernste Ausstattung und beispielhaften Komfort bieten die große **Marina Kröslin** (www.baltic-sea-resort.com) gegenüber von Peenemünde und der **Krumminer Naturhafen** am Achterwasser – ab Krummin können Sie auch auf einem traditionellen **Zeesenboot** mitsegeln (https://naturhafen.de/wassersport, ▶Abb. S. 229). Geschützt, aber nicht zu klein, abseits der nächsten Schifffahrtsstraße und doch mit direktem Zugang zum Haff und zur offenen See ist das Achterwasser ideales Schulungsrevier für die **Segelschule Rückenwind** (Hafenstr. 25, Wolgast, www.segelschule-rueckenwind.de). Mit der »**Libertas**« können Sie von Krummin oder Lassan für drei Stunden über die Wellen gleiten (www.wassersport-usedom.com/portfo lio/ mitsegeln). An Bord der »**Weissen Düne**« lassen sich ab Wolgast, Nepperin oder Peenemünde Romantik, Abenteuer und Genuss auf See verbinden (▶Magischer Moment S. 154).

Kiten und Surfen

Ein weites Stehrevier, bestes Material und coole Trainer finden Kiter, Surfer und Stand-up-Paddler beim **Café Knatter** am Achterwasser in Ückeritz (https://kitesurfusedom.de). Mit seiner Westausrichtung und dem flachen Wasser ist **Lütow** nicht nur eine gute Adresse für Surfeinsteiger, sondern bietet auch gute Bedingungen für Könner. Hier und an der Wassersportbasis in **Peenemünde** gibt es Schnupper-, Grund-und Aufbaukurse sowie modernes Windsurfequipment zum Ausleihen für jedes Niveau (Natur Camping Usedom, Zeltplatzstr. 20, Lütow, Resort Halbinsel Peenemünde, Fährstr. 9, Peenemünde, Windsurf-Schnupperkurs 25 €, Surfbretter ab 10 €/Std., www.wassersport-usedom.com).

Kajak, Kanu und Kanadier Ausgedehnte Paddeltouren, besonders im Achterland und im Peenedelta, eröffnen tolle Möglichkeiten, die Natur Usedoms mit dem Kanu, Kajak oder Kanadier zu erkunden. Das **Forsthaus Damerow** in Koserow verleiht Kajaks. Gestartet wird vom hauseigenen Bootsanleger am Achterwasser (www.usedomsail.com). Kanus und geführte Touren bieten auch **Inselkanu** ab Neppermin (www.inselkanu.de) und die **Kanustation Anklam** (www.kanustation-anklam.de).

Petri heil! Zum Angeln brauchen Sie einen **Touristenfischereischein**. Er gilt 28 Tage, kostet 24 Euro und ist bei Kurverwaltungen oder Campingplätzen erhältlich. Von Peenemünde werden Touren mit Fischkuttern zu guten Fanggründen angeboten (www.halbinsel-peenemuende.de). **Geführte Angeltouren** rund um Usedom und Rügen lassen sich im Natur-Campingplatz Lassan buchen (http://anglercamp-peenestrom.de). Mit gültigem Fischereischein kann man die Angelrute vor der Ostseeküste und im Peenestrom nach Hering, Dorsch, Hecht, Flunder, Schnäpel, Zander, Aal und Barsch auswerfen. **Angelzubehör** hat Meier's Anglerladen (Kurze Str. 1, Kröslin, www.angelmeier.de).

▌ Golf und Reiten

Golf Direkt am **Balmer See** können Sie auf zwei 18-Loch-Plätzen mit verschiedenen Doglegs und Wasserhindernissen und einem anspruchsvollen 9-Loch-Platz mit Driving Range spielen. Zum Angebot gehören Golfschule, Gästeturniere und das reetgedeckte **Golfhotel Balmer See** mit drei Restaurants und großer Wellnessanlage (www.golfhotel-usedom.de). Bei Korswandt liegt **Baltic Hills** mit 18-Loch-Golfplatz, Driving Range und Golfschule mit Schnupper- und Platzreifekursen. Zum Hotel Baltic Hills gehören Restaurant und Golfshop (www.baltic-hills-golf.de).

Das Glück dieser Erde Viele Bauernhöfe haben wie der **Jaddatz Hof** in Ziemitz (www.hofjaddatz.de) **Reiterferien** im Programm. Das Angebot reicht von Reitunterricht über Tagesritte mit Satteltaschenpicknick bis zu mehrtägigen Wanderritten. Einmal am Strand der aufgehenden Sonne entgegen oder im goldenen Abendrot am Meer entlanggaloppieren – ein Erlebnis für alle Pferdefreunde! Der Reiterhof in **Sallenthin** und der Freisenhof in **Trassenheide** machen morgens um 9 und abends um 18 Uhr **Ausritte am Strand** möglich. **Kutsch- und Kremserfahrten** bietet der Pferdehof Will in Ahlbeck (www.pferdehof-will.de).

LIEBLINGSPLATZ

Sie träumen von Ruhe, Loslassen, Zeit für sich?
Duftende Aromen, sanfte Massagen und wohltuende
Wellnessprodukte versprechen im Meerness Spa des
Strandhotels Ostseeblick in Heringsdorf Tiefenentspannung mit Langzeitwirkung. Panoramapool, Sonnenterrasse, Biosauna und Beauty Lounge, Klimawanderungen
und Nordic Beach Walking gehören zum heilsamen
Verwöhnprogramm. Ob Sanddorn-Salzpeeling, Harmony-
Massage oder Anti-Aging-Behandlung – genießen Sie einfach! (Kulmstr. 28, Heringsdorf, Tel. 038378 540,
www.strandhotel-ostseeblick.de).

▌ Wellness

Für aktive, gesundheitsbewusste Urlauber, die sich etwas Gutes tun
wollen, ist Usedom das perfekte Reiseziel. Frische Seeluft, Sole, Seebäder und Thermen liefern an der Ostseeküste beste Voraussetzungen, um sich zu erholen, zu entschlacken, neue Energie zu tanken
und sich in renommierten **Spas und Wellnesseinrichtungen** rundum verwöhnen zu lassen (▶ Das ist Usedom S. 20).

Relaxen und regenerieren

NÜTZLICHE LINKS

ANGELN
http://anglercamp-peenestrom.de
www.angelmeier.de
www.halbinsel-peenemuende.de

GOLF
www.baltic-hills-golf.de
www.golfhotel-usedom.de

KAJAK, KANU UND KANADIER
www.inselkanu.de
www.kanustation-anklam.de
www.usedomsail.com

KITEN
https://kitesurfusedom.de
www.wassersport-usedom.com

RADFAHREN
https://usedomrad.de
https://usedom-fahrradverleih.de
www.bettundbike.de

REITERHÖFE
www.die-insel-reiter.de
www.reitenaufusedom.com
https://reiteninzirchow.
  jimdofree.com

SEGELN
https://naturhafen.de
www.baltic-sea-resort.com
www.segelschule-
  rueckenwind.de
www.wassersport-usedom.com
www.weisse-duene.com
www.ostsee-charter-yacht.de/
  yachthafen/insel-usedom-
  uebersicht.php
www.usedomsail.com

WANDERN
www.naturpark-usedom.de
www.abenteuer-
  flusslandschaft.de
https://usedom.de/wanderwege

Auf Pause drücken und gemeinsam zum Sonnenuntergang ans Meer radeln

▎Wandern und Radfahren

Auf rund 400 km ausgeschilderten **Wanderwegen** lässt sich die Insel wunderbar erkunden. Die 12 km lange autofreie **Strandpromenade** mit schicken Villen, Strand, Dünen und Wäldern, die von den Kaiserbädern bis nach Swinemünde verläuft, ist in einen Rad- und einen Fußweg unterteilt. Kurz und einfach zu laufen ist der aussichtsreiche **Rundwanderweg am Weißen Berg**, der durch das Naturschutzgebiet Südspitze Gnitz führt. Zahlreiche leichte bis mittelschwere Strecken zum Wandern sind auch bei Nordic-Walkern sehr beliebt. In Bansin, Heringsdorf und Ahlbeck gibt es sieben ausgeschilderte Nordic-Walking-Wege, die an der Heringsdorfer Seebrücke beginnen. **Abenteuer Flusslandschaft** organisiert für Naturbegeisterte dreistündige Rundwanderungen im Peenetal, wo sich Seeadler und Kraniche beobachten lassen (www.abenteuer-flusslandschaft.de).

Über das 200 km lange, gut ausgebaute **Radwegenetz** erobert man auch bei gemächlichem Tempo überraschend zügig jeden Winkel der Insel. Die Radwege steigen nur leicht an. Im Bereich der Steilküsten um Koserow oder zwischen Ückeritz und Bansin ist Usedom allerdings auch sehr hügelig und nicht zu unterschätzen – hier empfiehlt sich ein Tourenrad oder E-Bike. Die mitunter steife Brise sorgt dafür, dass Sie bei Radtouren auch mal etwas kräftiger in die Pedale treten müssen. Zu den beiden großen Themen, die trotz der Fülle interessanter Haltepunkte bei Bedarf in wenigen Stunden »abgeradelt« werden können, gehört die Fahrt über den 40 km langen **Küstenradwanderweg**, der Peenemünde mit den Kaiserbädern verbindet und sich bei guter Kondition bis nach Swinemünde verlängern lässt. Eröffnet wird die Fahrradsaison traditionell mit dem **Anradeln in den Bernsteinbädern** – vom 1. bis 5. Mai bieten diese Orte 12 bis 56 km lange geführte Themenradwanderungen an der Ostseeküste und ins Achterland an. Alte Windmühlen, Villen der Kaiserbäder, charmante Fischersiedlungen und der endlose Himmel über Meer und Strand – auf der 56 km langen **Feininger-Radtour** (▶ Tour 3, S. 36) lassen sich Lieblingsorte des begnadeten Künstlers entdecken. Touren- und Kinderräder mit Helm und Satteltaschen verleiht **UsedomRad** in Greifswald Anklam und auf Usedom (https://usedomrad.de). Tourenräder, Mountain- und E-Bikes bekommen Sie beim **Usedomer Fahrradverleih** (https://usedom-fahrradverleih.de). Fahrradfreundliche Unterkünfte stehen auf **www.bettundbike.de**.

Wer nicht auf eigene Faust losziehen möchte, für den sind geführte Wander- und Radtouren eine gute Alternative, die der **Naturpark Insel Usedom** zu verschiedenen Zielen auf der Insel anbietet, der sechs Reitrouten, 15 Wanderrouten und 14 Radrouten als Download zusammengestellt hat (www.naturpark-usedom.de). Im Herbst werden hier auch **geführte Pilz-, Kranich- und Schlemmer-Wanderungen** veranstaltet.

Strandpromenade, Wälder und Flüsse

ESSEN UND TRINKEN

*Nordische Fischgerichte, saftige Steaks vom Grill, heimisches
Wild, knackige Salate und köstliche Kuchen – auf Usedom lässt
es sich richtig gut essen. Und »gut« meint lecker und gesund. Das
liegt an dem natürlichen Reichtum der Region, der sich in den
frischen Produkten zeigt, die Meer, Seen und Wälder schenken.
Die Zutaten der neuen pommerschen Küche stammen meist aus
ökologischer Herstellung und naturnahem Anbau. Und Tradi-
tionelles wird dabei gern kreativ neu interpretiert.*

Traditionell deftig
Die traditionelle Küche des Bauernlandes Mecklenburg-Vorpommern
bereichern auf Usedom Salz- und Süßwasserfische aus Ostsee, Peenestrom, Achterwasser und Inselteichen. In jedem Fall hat sie eines
reichlich: **Kalorien**. Denn gekocht wurde auf der Ostseeinsel früher
vor allem, um hart arbeitende Fischer, Landwirte und Schiffsbauer
satt zu machen. Auf den Tisch kamen dazu Steckrüben und Kartoffeln, Birnen, Bohnen und Speck, Geräuchertes und Eingewecktes,
Hering und Maischolle, Schweinebraten, Gänse und Wild aus den heimischen Wäldern. Die schwedischen Besatzer brachten die Neigung
zum **Süß-Sauren** mit, was der Tollatsch-Blutwurst und dem Grün-
kohl die Zugabe von Rosinen bescherte, dem Schmalz die des Apfels
und dem Braten die Verfeinerung mit Backobst und Honig. Echte
süße Klassiker sind Sanddorntorte (▶ Das ist Usedom S. 24ff.) , Rote
Grütze und der Schwedenbecher aus DDR-Zeiten mit Vanilleeis, Ap-
felmus, Eierlikör und Schlagsahne.

Für jeden Gaumen etwas
Als Erfinder der **neuen pommerschen Küche** auf Usedom gilt Jörg
Gleißner, der mittlerweile pensionierte ehemalige Küchenchef des
»Restaurant 1900« in der Heringsdorfer Villa St. Hubertus, der vor
15 Jahren in alten Kochbüchern und Archiven recherchierte und his-
torische Gerichte mit modernem Touch versah. So servierte er das
traditionelle »Zanderfilet auf Haferstroh« mit einer Wildkerbelsoße
und pommerschen Kartoffeln, und es schmeckte.
Heute reicht das gastronomische Angebot auf Usedom vom leckeren
Fischbrötchen über die gutbürgerliche Küche Vorpommerns bis zu
Gourmetrestaurants für wahre Kenner. Kulinarik wird auf der ganzen
Insel großgeschrieben und dürfte jedem Gaumen gerecht werden.
Auch die jungen Starköche der Sonneninsel interpretieren Klassiker
mit Freude gerne mal anders, zaubern mit neuen Aromen, sind kalo-
rienbewusster und feiern **saisonale Bioprodukte** und die **Renais-
sance des Regionalen**. So ist der delikate und bis zu 1,20 m lange
Ostseeschnäpel (Steinlachs) mit festem, magerem Fleisch in die
Pommersche Bucht und ins Achterwasser zurückgekehrt und berei-
chert als wohlschmeckende und gesunde Spezialität wieder die Spei-

OBEN: Nordischer Klassiker
ist Heringssalat mit Matjes,
Zwiebeln, Gewürzgurken
und Roter Bete, der hervorragend zu Brot und Brat-
kartoffeln passt.
UNTEN: Im Usedomer Brauhaus
gibt es süffiges Inselbier vom
Schwarzen übers Naturtrübe
bis zum Sommer-, Mai- und
Weihnachtsbier.

Einfach, bodenständig und deftig ist die traditionelle Usedomer Hausmannskost mit Rüben, Kohl, Kartoffeln und Fisch als Hauptnahrungsmittel. Der jahrzehntelang verpönte Hering ist längst wieder ein Leibgericht, das nicht nur während der Heringswochen auch in guten Restaurants gern serviert wird.

Räucherfisch: Stremellachs und Butterfischfilet, Heilbutt, Rotbarsch, Markrele, Aal, Sprotte, Bückling und Flunder haben die Usedomer Fischräuchereien auf der Karte. Ganz frisch aus dem Räucherofen und noch etwas warm, dazu ein luftiges Weißbrot, schmeckt er am besten.

Ahlbecker Fischsuppe: Zu dieser nahrhaften Fischsuppe gehören Kartoffeln, Zwiebeln, Weißkohl, Milch, in relativ große Stücke geschnittenes Dorschfilet, Lorbeerblätter, Pfeffer und Salz. Mit etwas Dill garniert wird sie mit frischem Schwarzbrot serviert.

Hering: Gekocht, gebraten oder in Butter gedünstet und mit einer Soße aus Zucker, Senf und Zitrone serviert wird der beliebteste Speisefisch der Ostsee. Ein klassisches Gericht ist auch Salzhering mit Pellkartoffeln und »Schusterstippe«, einer Soße aus Zwiebeln, Speck, Mehl und Zucker. Für Hering in Sahnesoße badet man den Fisch zwei Tage lang in Sahne, belegt ihn anschließend mit sauren Gurken und beträufelt ihn mit einer Mischung aus Sahne, Öl und Essig. Brathering, Heringssalat oder Sahnehering zählen wie der geräucherte Bückling oder Salzhering mit Pellkartoffeln zur den Klassikern. Pikante junge Kreationen sind Heringspralinen mit

Boskopäpfeln, Orangenfilets und Jo-
ghurt, die zu kleinen Kugeln geformt in
Cornflakes gerollt und mit Wasabinüs-
sen dekoriert werden. Der eingelegte
Rollmops hilft nicht nur nach Partys
dem Magen. Die eiweißreichen Heringe
sind besonders bekömmlich und mit
diversen Marinaden – als Ostsee-Sushi
– auch zum rohen Verzehr geeignet.
Tüften werden in Vorpommern die
allseits beliebten Kartoffeln genannt. Es
gibt sie zu allem reichlich, seit die Knol-
le unter dem »Alten Fritz« per Dekret
bei Tagelöhnern und Landwirten zum
Hauptgericht und bei Adel und Bürger-
tum zur Beilage wurde. Der König hatte
1756 mit dem »Kartoffelbefehl« die
Richtung vorgegeben: »Wo nur ein lee-
rer Platz zu finden ist, soll die Kartoffel
angebaut werden.« An erster Stelle der
vielen Gerichte stehen die Bratkartoffeln. Typisch sind ebenso »Himmel und
Erde«, Kartoffelpüree mit gedünsteten

Äpfeln, Speck und Zwiebeln, Brat-, Blut-
oder Grützwurst. Auch gebratener
Zander auf Kartoffelpüree schmeckt
ausgezeichnet.
Pommerngans: Die obligatorische
Weihnachtsgans wird mit Äpfeln,
Schwarzbrot, Rosinen, Beifuß und
Backpflaumen gefüllt. Der Fond wird
samt Füllung durch ein Sieb passiert
und mit Rotwein und Orangensaft auf-
gekocht. Diese sämige Beilage wird
zur Gans mit Rotkraut und Knödeln gereicht. Alternativ gibt es eine durch Essig und Zucker süß-sauere Specksoße.
Rote Grütze: Wer als Dessert etwas
typisch Regionales probieren möchte,
sollte zu der aus roten Beeren und
Obstsaft hergestellten Rode Grütt
(Rote Grütze) greifen. Klassischer-
weise wird sie mit Vanillesoße serviert.
Aber auch die Variante mit Vanilleeis
oder Eierlikör ist durchaus einen
Versuch wert!

sekarten. Nicht nur in den Seebädern, sondern auch im Hinterland bekommen Sie Dorsch, Lachs, Hering, Makrele, Meerforelle, Flunder und Steinbutt, Zander, Aal und Barsch **geräuchert, mariniert und frisch vom Kutter**.

Matjes, Bismarck und Bückling

Reichtum brachte er den Insulanern nicht, doch über Jahrhunderte sicherte er ihnen das Überleben – der **Hering**. Er eignet sich gut zum Räuchern oder Einlegen und war im 19. Jh. der Verkaufsschlager der Küstenfischer. Bis in den hintersten Winkel Deutschlands wurde der Ostseehering verkauft und deckte einen Großteil des inländischen Fischbedarfs. Im Frühjahr tauchten riesige **Heringsschwärme** vor Usedom auf, heute kämpfen die letzten Fischer aufgrund der niedrigen Fangquoten in der EU ums Überleben (▶S. 179). Hering mit Kartoffeln war bis Anfang des 20. Jhs. ein Alltagsgericht. Heute ist das Armeleuteessen auf Usedom zu neuen Ehren gekommen. Die Heringe kommen zum Laichen in die Boddengewässer entlang der Küste, so auch ins Achterwasser. Mit drei bis sieben Jahren werden sie geschlechtsreif und wandern mit dem Schwarm ins Meer. Ostseeheringe können 20 cm lang und bis zu 20 Jahre alt werden. Die noch nicht laichreifen Jungfische kennt man als zarte **Matjes**, die ebenso wie die noch nicht abgelaichten Vollheringe einen besonders hohen Fettgehalt aufweisen. Der Fang wird entweder frisch verkauft, geräuchert oder eingesalzen. In den **Koserower Salzhütten** blieb ein gutes Dutzend der nun denkmalgeschützten, reetgedeckten Fachwerkhütten erhalten, in denen heute fangfrischer Fisch wie anno dazumal in den Rauchfang wandert, um dann gleich vor Ort verzehrt zu werden.   .
Grüne Heringe sind frische Fische, die gebraten oder gegrillt besonders gut schmecken. »Wenn der Hering so teuer wie der Hummer wäre, gälte er mit Sicherheit in den höchsten Kreisen als Delikatesse«, meinte Reichskanzler Otto von Bismarck, der sich nicht nur in der Politik, sondern auch als Feinschmecker einen Namen machte. Er schätzte gute bodenständige Küche. Ein Stralsunder Fischhändler schickte ihm zum Geburtstag ein Holzfässchen mit sauer eingelegtem Hering, seitdem als »**Bismarckhering**« bekannt, nachdem der Kanzler dafür handschriftlich sein Einverständnis gegeben hatte. Auch Kanzlerin Merkel beglückt hohe Staatsgäste gern mit dieser Delikatesse.

Kulinarische Highlights

Während der **Usedomer Heringswochen** demonstrieren im Frühjahr viele Restaurants, welche kulinarischen Kunststücke man mit Hering auf den Teller zaubern kann. Für die **Usedomer Wildwochen** im Herbst stehen besondere Gerichte aus heimischem Hirsch, Reh und Wildschwein auf der Karte. Die **Grand Schlemm** am Samstag nach Himmelfahrt ist eine kulinarische Strandwanderung. Spitzenrestaurants eröffnen dabei die Möglichkeit, zwischen Ahlbeck und Bansin einzelne Gänge etappenweise am Strand zu probieren. Dazu wird der passende Wein gereicht.

Im **Usedomer Brauhaus** in der Ostseeresidenz Heringsdorf laufen vier Varianten aus dem Hahn: ein eher hopfig-mildes Pils, das unetrgärige Naturtrübe mit 5 % Vol.Alkohol, ein Schwarzbier mit vollem, malzigem Körper und ein goldgelbes, weiches Weizenbier. Saisonal kommen Maibock und Festbiere dazu, außerdem Liköre und Brände der hauseigenen Destillerie (Seestr. 41, tgl. 12 – 21.30 Uhr, Brauereiführungen, www.seetel.de). Ganzjährig werden auf **Schloss Mellenthin** ein helles und ein dunkles Bier gebraut. Je nach Lust des Braumeisters gibt es auch Weizen, Bock, Rauch, Schwarz und Alt – lassen Sie sich überraschen (Schlossallee 5, tgl. ab 11 Uhr, www.wasserschloss-mellenthin.de).

Hopfen und Malz

FEIERN

Von Frühjahr bis Herbst vergeht auf Usedom kaum ein Wochenende ohne Festivitäten. Hafenfeste und Musiktage, Herings- und Wildwochen, bunte Märkte, Literaturtage, Seebrückenfeste und Strandpartys locken.

VERANSTALTUNGSKALENDER

GESETZLICHE FEIERTAGE IN MECKLENBURG-VORPPOMMERN

1. Januar: Neujahr
Karfreitag, Ostersonntag und Ostermontag
1. Mai: Tag der Arbeit
Christi Himmelfahrt
Pfingstsonntag, Pfingstmontag
3. Oktober: Tag der deutschen Einheit
31.Oktober: Reformationstag
25., 26. Dezember: Weihnachten

FEIERTAGE IN POLEN

1. Januar: Neujahr
6. Januar: Hl. Drei Könige
Ostersonntag, Ostermontag
Pfingstsonntag
3. Mai: Tag der Verfassung
Mai/Juni: Fronleichnam
15. August: Mariä Himmelfahrt

1. November: Allerheiligen
11. Nov.: Unabhängigkeitstag

EVENTS IM JANUAR/FEBRUAR

USEDOMER EISBADEN

Frostige Badefreuden gönnen sich Usedoms Winterbader selbst bei 1 °C Wassertemperatur gleich mehrfach:
Zu Silvester an der Seebrücke in Zinnowitz, im Januar beim »Winterstrandkorbfest« in Ahlbeck, im Februar beim Eisbaden in Trassenheide, an der Seebrücke in Koserow und an der Seebrücke von Ahlbeck – beim offiziellen »Anbaden« wagen über 100 kostümierte Eisbader den Gang ins kühle Nass, der offiziell die Badesaison an der Ostsee eröffnet.

MÄRZ/APRIL

USEDOMER HERINGSWOCHEN

Wenn der Ostseehering zum Laichen in die flachen Küstengewässer zieht, hält er auch Einzug auf den Speisekarten der Inselrestaurants. Vier Wochen feiert die Usedomer Gastronomie das »Silber des Meeres« mit tollen Rezepten der Spitzenköche. Traditionell eröffnet die Heringsgala im Strandhotel Seerose in Kölpinsee die Heringswochen, der Abschluss wird mit einem großen Heringsfest an der Koserower Seebrücke gefeiert. www.kaiserbaeder-auf-usedom.de

BERNSTEINWOCHE

Anfang April dreht sich in den vier Bernsteinbädern alles um das »Gold der Ostsee«.
https://usedomer-bernsteinbaeder.de

USEDOMER LITERATURTAGE

Hochkarätig besetzte Lesungen, PoetrySlam und Podiumsdiskussionen zum deutsch-polnischen Dialog sorgen eine Woche lang für literarische Sternstunden im Herzen der Kaiserbäder.
https://usedomerliteraturtage.de

VINETA-OSTERSPEKTAKEL

Die Eröffnung der Vineta-Spielsaison am Strand nahe der Zinnowitzer Seebrücke endet mit einem Osterfeuer.
▶Baedeker Wissen S. 166
https://vorpommersche-landesbuehne.de/vineta-festspiele

MAI

GRAND SCHLEMM

Fine Dining am Meeresstrand – kulinarischer Strandspaziergang in den

Eldenaer Jazz Evenings: In der Klosterruine treten Stars und Newcomer der deutschen und internationalen Jazzszene auf.

Kaiserbädern. Am Samstag nach Christi Himmelfahrt erwandert man sich der untergehenden Sonne folgend von der Seebrücke in Ahlbeck nach Bansin ein exklusives 10-Gänge-Menü von Spitzenköchen der Insel.
https://grandschlemm.de

INTERNATIONALES KLEINKUNSTFESTIVAL

Zu Pfingsten wird die Promenade um die Seebrücke von Heringsdorf für vier Tage zur Bühne der Kleinkunst. Man kann über den Kunsthandwerkermarkt bummeln, abends das Varieté am Meer besuchen und ein tolles Feuerwerk bestaunen.
www.kleinkunst-festival.com

KUNST:OFFEN

Usedomer Künstler öffnen zu Pfingsten ihre Werkstätten, Galerien und Ateliers und geben die Möglichkeit, kostenlos Kunst am Ort des Entstehens zu erleben.
www.vorpommern.de/kunst offen-in-vorpommern

USEDOMER LÄMMERMARKT

Mitte Mai herrscht lautes Geblöke auf dem Marktplatz in Usedom. Lassen Sie sich das Spektakel mit Schafschur, Wettspinnen und -stricken, Filzen, Honigschleudern, altem Handwerk und jeder Menge Unterhaltung nicht entgehen.
www.stadtinfo-usedom.de

JUNI

FESTSPIELE MECKLENBURG-VORPOMMERN

Dreimonatiger Festspielsommer von Mitte Juni bis Mitte September, bei dem auch auf Usedom Stars der Klassikszene und Nachwuchsmusiker aus aller Welt in Schlössern, Gutshäusern, Kirchen, Scheunen, Fabrikhallen oder unter freiem Himmel spielen.
https://festspiele-mv.de

CHAPEAU ROUGE

Schauspiel, Kindertheater, Kabarett, Musik und mehr im roten Zirkuszelt von Mai bis September an der Strandpromenade in Heringsdorf
https://vorpommersche-landes buehne.de/chapeau-rouge

JAZZFESTIVAL USEDOM

Gejazzt wird ein langes Wochenende unter dem großen Glasdach im historischen Heringsdorfer Kopfbahnhof
www.kaiserbaeder-auf-usedom.de

GREIFSWALDER BACHWOCHE

Das älteste Musikfest Mecklenburg-Vorpommerns ist dem Wirken Johann Sebastian Bachs gewidmet unnd begeht 2021 sein 75. Jubiläum.
www.greifswalder-bachwoche.de

BENZER KIRCHENSOMMER

Bach, Händel und Mozart, Orgelimprovisationen von Chris Jarrett oder Rock'n' Roll, Blues und Boogie Woogie – von Juni bis in den Sept. sind Chöre, Solisten, Ensembles und Kammermusiker in der mittelalterlichen Kirche St. Petri in Benz zu hören.
www.kirche-benz.de

USE-TUBE FESTIVAL

Rock, Pop, Funk, Rap, Soul und Folk – junge, leidenschaftliche Newcomer begeistern in den Kaiserbädern mit Groove, fetten Beats und balladenhaften Sounds das Publikum.
www.kaiserbaeder-auf-usedom.de

JULI

ELDENAER JAZZ EVENINGS

Seit vier Jahrzehnten treffen sich am ersten Wochenende im Juli Jazzfreunde aus ganz Deutschland und darüber hinaus in der Klosterruine Eldena in Greifswald. Die Konzertnächte beginnen in der Abendsonne, die die roten Backsteinmauern im

offenen Konzertraum leuchten lässt, und enden kurz vor Mitternacht in den angestrahlten Klostermauern unterm Nachthimmel.
www.greifswald.de

KITE SURF MASTERS

Anfang Juli ist in den Kaiserbädern die Kitesurf-Elite zu Gast, können Sie tollkühne Brettartisten mit ihren Schirmen erleben.
www.kitesurf-masters.de

VINETA-FESTSPIELE

Die Ostseebühne Zinnowitz ist jedes Jahr Schauplatz eines neuen Theaterspektakels in Vineta.
▶Baedeker Wissen S. 166
https://vorpommersche-landes buehne.de/vineta-festspiele

KLASSIK AM MEER

Hofmannsthals »Jedermann«, Ibsens »Per Gynt«, O'Caseys »Juno und der Pfau« oder unterhaltsame Ringelnatz-Kost – seit mehr als 20 Jahren locken Schauspiel-Promis und hoffnungsvolle Nachwuchstalente im Sommer ihr Publikum mit anspruchsvollem Theater und Lesungen in die 750 Jahre alte Feldsteinkirche von Koserow.
www.klassik-am-meer.de

SEEBRÜCKEN- UND HAFENFESTE

Über den ganzen Sommer bis zum September amüsieren sich Einheimische und Gäste in den Seebädern bei einer Fülle von Hafen- und Seebrückenfesten mit Konzerten, bunten Märkten und viel Kunsthandwerk – mal mit, mal ohne sprühendes Feuerwerk.
www.kaiserbaeder-auf-usedom.de

AHLBECKER SOMMERFEST

Rund geht es Ende Juli auf dem Konzertplatz und der Promenade Ahlbecks bis in die »Lange Nacht der Musik«: mit Bands, Mitmachzirkus für Kinder, einer historischen Bademodenschau und Marktständen.
www.kaiserbaeder-auf-usedom.de

MORGENITZER TÖPFERMARKT

Keramiker aus ganz Deutschland zeigen ihre Kunst im Juli beim Sommertöpfermarkt in Morgenitz.
www.astriddannegger.de/ toepfermarkt.htm

WOLGASTER SOMMERMUSIKEN

Die Akustik der St.-Petri-Kirche begeistert von Juli bis September bei Orgel- und anderen Konzerten. Im Okt. folgen »Konzerte bei Kerzenschein« in der Südkapelle der Kirche.
www.kirche-wolgast.de

AUGUST

HERINGSDORFER KAISERTAGE

Zur Zeitreise lädt das größte Straßenfest der Insel am ersten Augustwochenende ein mit einem Schauspiel zur Entstehung der drei Kaiserbäder, Konzerten und Kuriositätenschau, Festumzug in historischen Kostümen wie um 1900, Künstlern, Musikern und Bands, Kunsthandwerker- und Gastronomiemarkt. Das Highlight ist der Empfang des »Kaiserpaars«.
www.kaisertage.de

FISCHERFEST FREEST

Jenseits des Peenestroms wird das traditionelle Leben der Fischer am ersten Augustwochenende lebendig mit Fahrgeschäften, Imbissbuden, Krämermarkt und Kutterfahrten, Riesenrad und einem großen Feuerwerk zwischen Hafen und Strand.
www.freester-fischerfest.de

USEDOM BEACHCUP

Pritschen, baggern, schmettern – mehr als 1200 Volleyball-Spieler nehmen Anfang August bei dem laut Guinnessbuch der Rekorde weltweit

größten Beachvolleyballturnier auf knapp 90 Feldern in Karlshagen teil.
www.usedom-beachcup.de

WINZER ON TOUR
Winzer aus verschiedenen deutschen Anbaugebieten wie Main, Franken, Mosel und Rheingau bieten Mitte August an der Konzertmuschel in Zinnowitz ihre Weine zur Verkostung an mit passenden kulinarischen Spezialitäten.
www.zinnowitz.de

SEPTEMBER

WOCHE DER BÄDERARCHITEKTUR
Die Kaiserbäder auf Usedom besitzen das größte Ensemble erhaltener Bäderarchitektur in Europa. Jedes Jahr wird ein anderes Seebad in den Fokus gerückt – 2021 ist es Ahlbeck.
▸Das ist Usedom, S. 10, www.kaiserbaeder-auf-usedom.de

THEATERFEST »DIE PEENE BRENNT«
An die lange Teilung der Stadt in der Schwedenzeit erinnert Anklams Theaterspektakel am Peeneufer.
https://vorpommersche-landesbuehne.de

USEDOMER MUSIKFESTIVAL
Drei Wochen, bis in den Oktober, stehen jeweils im Zeichen der Musik eines Nachbarlandes aus dem Ostseeraum: von der Klassik bis zum Jazz. So kann die ganze musikalische Vielfalt Nordeuropas in Kirchen, Schlössern und historischen Bauten mit Konzerten, Lesungen, Kunstausstellungen und Vorträgen gefeiert werden. Besonders eindrucksvoll: die Events im Kraftwerk auf dem Peenemünder Raketengelände.
Tickets unter www.adticket.de/Usedomer-Musikfestival.html

OKTOBER

XXL USEDOMER STRANDFEUERWERK
Am Tag der Deutschen Einheit am 3. Oktober begeistert ein außergewöhnliches Strandfeuerwerk entlang der Seebäderküste. Im 10-Minuten-Takt werden ohne Unterbrechung nacheinander, beginnend in Heringsdorf (19.30 Uhr) bis nach Karlshagen (20.40 Uhr), Feuerwerkskörper gezündet. Gemeinsam gestaltete Lampions beleuchten die schöne Bäderarchitektur an der Strandpromenade.
www.kaiserbaeder-auf-usedom.de

DRACHENFESTIVAL
Als Familienfest angelegt ist das große Drachensteigen am Strand und auf der Bühne von Karlshagen am ersten Oktoberwochenende.
www.karlshagen.de/drachenfestival

DEZEMBER

ADVENTSMÄRKTE
Der Duft von Glühwein, Plätzchen und gebrannten Mandeln liegt in der Luft auf dem Weihnachtsmarkt am Konzertplatz in Ahlbeck und auf den Adventsmärkten in Usedom Stadt, Heringsdorf und Stolpe.
www.kaiserbaeder-auf-usedom.de

WINTERWELT AM MEER
Beschaulicher Wintermarkt hinter den Dünen unweit der Heringsdorfer Strandpromenade mit Eisbahn, Live-Musik, Lasershow und Feuerwerk
www.kaiserbaeder-auf-usedom.de

SILVESTER-FEUERWERK
Den Jahresabschluss feiert man groß in den Seebädern.

NEUJAHRSKONZERTE
Neujahrskonzerte locken in Konzerthallen, Dome und Kirchen.

SHOPPEN

Einkaufen gehört auf Usedom zum Urlaub. Stöbern Sie an den Ostseepromenaden in kleinen Läden, schicken Modegeschäften und Lifestyleboutiquen. Bummeln Sie über bunte Wochenmärkte und entdecken Sie im Achterland hübsche Hofläden, Keramik-werkstätten und Kunsthandwerkerateliers mit Inselspezialitäten zur Erinnerung an eine unvergesslich schöne Zeit.

Stilvoll und besonders

Es sind nicht nur die schicken Schaufenster, die in den **Kaiserbädern** zum Shoppen einladen. An der **Strandpromenade** und rund um die Seebrücken hat sich mancher Modetempel im Hochparterre kaiser-zeitlicher Prachtbauten eingerichtet. Klassiker und angesagte Design-ermode finden Sie in den Fashion-Stores von **Pier 14** in Zinnowitz und Heringsdorf (https://pier14.de). Für lässige Mode und ein smar-tes Gastronomiekonzept steht das **Marc O'Polo Strandcasino** in He-ringsdorf (https://strandcasino-marc-o-polo.com). Heimische Delika-tessen und hochwertige Produkte familiengeführter Manufakturen aus der Region und dem Rest der Republik hat das **Kontor 1** in Bansin (www.usedomtravel.de/kontor1.html). Jede Menge Souvenirs, witzi-ge Geschenke, junge Mode und Wellensteyn-Jacken gibt es an und auf der **Seebrücke in Heringsdorf**.

Einkaufen in historischem Ambiente

Gotische Wohnspeicher und elegante Bürgerhäuser verleihen dem **Greifswalder Marktplatz** mit seinen einladenden Straßencafés ei-nen wirkungsvollen Rahmen. Donnerstag bis Samstag ist hier **Wo-chenmarkt**. Kleine Boutiquen und große Modeketten bietet die be-lebte Fußgängerzone der Langen Straße, die den Marktplatz kreuzt.

Kulinari-sches, Strandkörbe und Keramik

Bernsteinschmuck ist an der gesamten Ostseeküste zu haben, u.a. bei Thomas Reich in Zinnowitz (▶Das ist Usedom S. 15). **Kulinari-sche Souvenirs** sind handgemachte Fruchtaufstriche, Honig, Sand-dornsaft und -Spirituosen, Usedom-Schokolade, Mecklenburger Landschinken und **geräucherter Seefisch**, den Sie an Häfen, in Hof-läden und auf Märkten bekommen. Treibgut in Bansin hat maritime Mitbringsel und **Sanddornspezialitäten** (▶Das ist Usedom, S. 26). Sie wissen nicht was Sie schenken sollen? Selbst Landratten lieben Henrys **maritimen** Laden in Wolgast (www.schiffsausruester.de). Klassiker oder eigenes Design, wer selbst gern einen **Strandkorb** hätte, kann sich im Korbwerk beraten lassen (▶Das ist Usedom, S. 19). Hochwertige Keramik und originelles **Kunsthandwerk** haben die Galerie Werth in Benz (https://galerie-werth.de) und die Kerami-kerin Astrid Dannegger in Morgenitz (▶Magischer Moment S. 119).

Lässige junge Mode hat das Marc O'Polo Strandcasino in Heringsdorf.

ÜBERNACHTEN

Hip, edel oder Budget? Ob stilvolles Schlosshotel, Wellnessoase mit Meerblick oder gemütliche Familienpension im Achterland, liebevoll restaurierter Gutshof, reetgedecktes Ferienhäuschen oder Naturcamping in den Dünen, auf Usedom finden Sie Unterkünfte für jeden Geschmack und jeden Geldbeutel.

Reservieren! In der **sommerlichen Hochsaison**, aber auch während der Weihnachts- und Neujahrstage sind die Unterkünfte in den Ostseebädern schnell ausgebucht, sodass eine rechtzeitige Reservierung ratsam ist.

Gutshäuser und Schlosshotels In Mecklenburg-Vorpommern, seit Jahrhunderten das »Land der Schlösser und Katen«, stehen heute über 1000 Adelssitze, Guts- und Herrenhäuser unter Denkmalschutz. Seit der Wende haben Staat, Private und Stiftungen ein Gutteil dieses Architekturschatzes restauriert. Die Anwesen laden dazu ein, sich in frühere Zeiten zu versetzen und von einem Leben im Luxus zu träumen. In einem zum Hotel umgebauten früheren Adelsdomizil können Sie diesen Traum auf Urlaubslänge ausdehnen. Im stilvollen **Gutshaus Stolpe** bringt Sternekoch Stephan Krogmann elegante Aromen leicht und modern auf den Teller (www.gutshaus-stolpe.de). **Schloss Neetzow** bei Anklam begeistert mit romantischen Himmelbetten, Kaminrestaurant, Som-

Zimmer mit Aussicht im Strandhotel Ostseeblick in Heringsdorf

merterrasse und traumhaftem Landschaftspark (www.schloss-neet zow.de). Mit viel Liebe zum Detail sind das **Gutshaus Neuendorf** auf dem Lepelschen Anwesen (https://gutshaus-neuendorf-usedom.de) und der **Gutshof Warthe** im Lieper Winkel mit regionaltypischen Baustoffen für schöne Ferienwohnungen unterm Reetdach saniert worden. Mit mittelalterlichem Ambiente begeistern Hotelzimmer und Restaurant im **Wasserschloss Mellenthin** (www.wasserschloss-mel lenthin.de). Das erste Biohotel von Usedom ist der **Gutshof Insel Usedom** mit Heilfasten nach Buchinger und gesunder Vollwertküche (https://gutshof-usedom.de). **Schloss Stolpe** verbindet bei Übernachtungen im Westflügel die Romantik historischer Mauern mit exquisiter Küche in der Remise (www.schlossamhaff.com).

Die europaweit **höchste Dichte an zertifizierten Wellnesshotels** macht die Sonneninsel zum Wohlfühlparadies ersten Ranges an der deutschen Ostseeküste. Die meisten dieser Hotels trennen nur wenige Gehminuten vom breiten Sandstrand und der Promenade, viele befinden sich in prachtvollen Gründerzeitvillen der Seebäder, andere liegen naturnah an Golfplätzen oder dem idyllischen Achterwasser. Alle verwöhnen ihre Gäste mit hohem Komfort, leckerer Vitalküche und wohltuenden Wellnessbehandlungen (▶Das ist Usedom S. 22).

Wellness-oasen

Abseits vom Trubel im Grünen unterm Reetdach, ganz nah am Strand direkt hinter den Dünen oder lieber in einer historischen Seebadvilla im Stil der Bäderarchitektur? Die Auswahl an schönen Ferienhäusern, Apartments und privaten Unterkünften ist groß und bietet für jeden Geschmack die perfekte Bleibe, ▶S. 226. Für Aktivurlauber gibt es Reiterhöfe, Segelschulen und Golfhotels am Balmer See, ▶S. 208. Fahrradfreundliche Unterkünfte stehen auf www.bettundbike.de.

Ferien-wohnungen und private Unterkünfte

Abenteuerspielplatz, Treckerfahren, Ponyreiten und Hoftiere, die sich über streichelnde Kinderhände freuen – Bauernhöfe eignen sich wunderbar für den **Familienurlaub**, ▶S. 226. Kühe, Schweine, Hühner, Zwergponys, Kamerunschafe, Katzen und Meerschweinchen leben auf dem **Stolperhof** zwischen Haff und Achterwasser, keine halbe Stunde von der Ostsee entfernt. Beim Essen sitzen alle Familien zusammen am langen Tisch, mittwochs wird Brot gebacken, Bier gebraut oder Wolle gesponnen (https://stolperhof.wordpress.com).

Urlaub auf dem Bauernhof

Wildcampen ist verboten. Manche Gemeinden erlauben Wohnmobilen für eine Nacht auf einem Parkplatz zu stehen. Die 12 **Campingplätze** liegen im Küstenwald hinter den Dünen der Ostsee, am Achterwasser oder in fast unberührter Natur im Inselinnern. Sie sind **von April bis Oktober** geöffnet, haben moderne Sanitäranlagen, Restaurants und Einkaufsmöglichkeiten. Auch Blockhütten und Ferienhäuser können hier gemietet werden. Die schönsten Plätze: ▶S. 226.

Camping und Wohn-mobile

NÜTZLICHE ADRESSEN

HOTELS, PENSIONEN, FERIENWOHNUNGEN

www.airbnb.com
www.bettundbike.de
www.booking.com
www.insel-usedom-abc.de
www.urlaub-usedom.de
https://usedom.de/hotels
www.usedomtravel.de
www.usedom-usedom.de

FERIEN AUF DEM BAUERNHOF

www.bauernhofurlaub.de
www.landreise.de

JUGENDHERBERGE

Altes Villenensemble direkt an der Heringsdorfer Promenade, 600 m von der Ostseetherme und 1 km vom Bahnhof. Kostenloser Parkplatz.
Puschkinstr. 7 – 9, Heringsdorf
Tel. 038378 223 25, www.herings dorf.jugendherbergen-mv.de

DIE SCHÖNSTEN CAMPINGPLÄTZE

AM WIESENRAND IN AHLBECK

Familienunternehmen 500 m von der Ostseetherme und 800 m vom Strand
Gothenweg 5a, Tel. 038378 303 73
www.caravan-camping-usedom.de

NATURCAMPINGPLATZ LASSAN

Seeadler beobachten, Stand-up-Paddeln, Angeln lernen, wandern oder surfen – großzügige, naturbelassene Stellplätze im Lassaner Winkel für das eigene Zelt, Wohnmobil, Mietwohnwagen oder buchen Sie ein urig-rustikales Schlaffass und die Sauna.
Garthof 5-6, Tel. 038374 55 99 51
https://campingplatz-lassan.de

MOBILCAMP HERINGSDORF

Kleiner, ruhiger Platz an der Ostsee mit 72 Stellplätzen für Caravans und Wohnmobile zwischen den Seebrücken von Heringsdorf und Bansin. Außerdem 9 Ferienwohnungen.
Triftstr. 10a, Tel. 038378 49 80 73
www.mobilcamp-heringsdorf.de

DÜNENCAMP KARLSHAGEN

Familienfreundlicher Fünf-Sterne-Platz mit 340 Stellplätzen und Abenteuerspielplatz hinter den Dünen im Küstenwald am Ostseestrand
Zeltplatzstraße
Tel. 038371 202 91
www.duenencamp.de

CAMPINGPLATZ LODDIN-STUBBENFELDE

In einem Buchenwald zwischen Meer und Kölpinsee gelegener Platz, der Fahrradverleih, Sauna, Massagen und Fußpflege, Blockhäuser und Bungalows, Shop, Bistro, Restaurant und Fischräucherei am Strand bietet.
Waldstr. 12, Tel. 038375 206 06
www.stubbenfelde.de

NATURCAMPING USEDOM

Familienfreundlicher Platz abseits vom Trubel im Naturschutzgebiet am Weißen Berg direkt an der Steilküste zur Krumminer Wiek. Vermietet werden Blockhütten und Ferienhäuser in unterschiedlicher Größe. Kinderprogramm, Kreativkurse, Wildkräuterwanderungen, Schnupperkurse Surfen, Kiten und Segeln, Kanuverleih, griechisches Restaurant und Shop.
Zeltplatzstr. 20, Lütow (Gnitz)
Tel. 038377 405 81
www.natur-camping-usedom.de

NATURCAMPING HAFEN STAGNIESS IN ÜCKERITZ

Wiesenplatz mit 200 Stellplätzen für Caravane, Wohnmobile und Zelte, friedlich am Achterwasser gelegen
Hauptstr. 10a
Tel. 038375 20423
www.camping-surfen-usedom.de

OBEN: Entspannte Zeit und Ostseeweite bis zum Horizont verspricht das moderne Ahlbeck Hotel & Spa mit Infinity-Pool. UNTEN: Im Naturhafen Krummin setzen schwimmende Ferienhäuser mit Terrasse zum Wasser den besonderen Wohnakzent.

P
PRAKTISCHE INFOS

Wichtig, hilfreich, präzise

Unsere Praktischen Infos
helfen in (fast) allen Situationen
auf Usedom weiter.

Erkunden Sie mit einem traditionellen Zeesenboot
von Krummin aus das Achterwasser. ▶

KURZ & BÜNDIG

SPERRNOTRUF
Notrufnummer für alle sperrbaren
Medien wie Bank- und Kreditkarte,
Handy oder Krankenversicherungs-
karte ist die **11 61 16**.
www.sperr-notruf.de

NOTDIENSTE

POLIZEI
Tel. 110

FEUERWEHR
Tel. 112

PANNENDIENST
ADAC Tel. 0180 222 22 22
ACE Tel. 0711 530 34 35 36
AvD Tel. 0800 990 99 09
VCD Tel. 0228 965 42 30

PREISE
Preise für Restaurants ▶S. 4
Preise für Hotels ▶S. 4

ANREISE · REISEPLANUNG

Mit dem Auto
Von Westen **aus Richtung Hamburg** kommend nehmen Sie die Au-
tobahn (A1 – A20) bis Abfahrt Gützkow (27), fahren dann über die
B111 nach Wolgast und dort über die Klappbrücke auf die Insel. Von
Süden **aus Richtung Berlin** nehmen Sie die Autobahn (A11 – A20)
bis Abfahrt Friedland (33), folgen dann der B197 nach Anklam und
weiter der B109/B110 über die Zecheriner Brücke auf die Insel. Zwei
Brücken verbinden das Festland mit Usedom: Die Wolgaster und die
Zecheriner Brücke öffnen für den Schiffsverkehr jeweils 15 bis 20
Minuten. Öffnungszeiten: **Wolgaster Brücke** (»Blaues Wunder«,
B111) tgl. 5.45, 7.45, 12.45, 17.45, 20.45 und 23.45 Uhr, **Zecheriner
Brücke** (B110): tgl. 5.45, 8.45, 12.45, 16.45 und 20.45 Uhr.

Mit Bahn und Bus
Sie erreichen Usedom per Bahn **über Stralsund oder Berlin**. In Züs-
sow haben Sie stündlich Anschluss an die Züge der **Usedomer Bäder-
bahn** (**UBB**). Ab Stralsund können Sie im Zwei-Stunden-Takt mit der
Usedomer Bäderbahn auch direkt nach Usedom fahren. Die Züge
überqueren die **Wolgaster Brücke** und verkehren als **DB Regio
Nordost** entlang der Ostseeküste über Zinnowitz bis Peenemünde
(RB 24) und über Ahlbeck bis Swinemünde (RB 23). **Fernbusse der
UBB** pendeln täglich von Usedom nach Berlin und über Rostock nach
Hamburg. Die **Regionalbusse der UBB** fahren die gesamte Insel an.
Usedomer Bäderbahn: www.ubb-online.de, DB: www.bahn.de

In **Zirchow** befindet sich Usedoms regionaler **Flughafen Herings-dorf** mit saisonalem Linienverkehr von Düsseldorf, Dortmund, Stuttgart, Frankfurt/Main und Zürich.
www.flughafen-heringsdorf.de

Mit dem Flugzeug

Die Sonneninsel verfügt über rund zwei Dutzend **Marinas, Jachthäfen und Wasserwanderplätze** für Freizeitkapitäne. Bei frischer Brise bietet das Achterwasser Schutz vor hohem Seegang.
Häfen und Segelreviere: ▶S. 207, www.usedomsail.com

Mit dem Schiff

Die **Usedomer Bäderbahn (UBB)** fährt in nur 3 Minuten vom Bahnhof **Ahlbeck Grenze** bis zum Bahnhof **Świnoujście Centrum** im Stadtzentrum von Swinemünde – zu Fuß brauchen Sie für die 2,5 km eine gute halbe Stunde.
Bezahlen kann man in den meisten Geschäften, Restaurants und Hotels mit **Euro und Zloty.** Für einen Euro erhalten Sie etwa 4,50 Zloty. Geldautomaten heißen auf Polnisch Bankomat. Viele Lebensmittel, Benzin und der Friseur sind deutlich günstiger als in Deutschland. Mitführen sollten Sie einen **Personalausweis** Da es innerhalb der EU keine Roaming-Gebühren mehr gibt, können Sie in Polen wie zu Hause telefonieren und im Internet surfen.

Ausflug nach Polen

AUSKUNFT

TOURISTINFORMATION
Touristeninformationen und Kurverwaltungen stehen bei den **Reisezielen von A bis Z**. Sie sind Mo.– Fr., in der Saison auch Sa. und So. geöffnet.

INFOS IM INTERNET

HTTPS://USEDOM.DE
Offizielle Website der Usedom Tourismus GmbH mit Links zu allen Inselorten, Unterkünften, Sehenswürdigkeiten, Aktivitäten und Events

WWW.KAISERBAEDER-AUF-USEDOM.DE
Veranstaltungen, Gastgeber, Unterkünfte, Bäderarchitektur und Wellness in den drei Kaiserbädern Ahlbeck, Heringsdorf und Bansin

WWW.BALTICPORTAL.PL
Welcher chinesische Riesenbohrer gräbt in Świnoujście bis 2022 den Swine-Tunnel und was ist der neue Gastrotipp? Infos zu Swinemünde auf Deutsch, auch aktuelle Spritpreise

WWW.INSEL-USEDOM.INFO
Unterkünfte, Restauranttipps, Kunst und Kultur, Wellness, Shopping

WWW.NDR.DE/RATGEBER/REISE/INSELN
Von verträumt bis mondän: Ausflugstipps und kurze Clips zu Usedom

WWW.NORDKURIER.DE/USEDOM
Nachrichten zu Politik, Wirtschaft und Kultur Usedoms und der Region

WWW.OSTSEE-ZEITUNG.DE/
VORPOMMERN/USEDOM
Größte Tageszeitung in Mecklen-
burg-Vorpommern

WWW.USEDOM-GUIDE.DE
Blog, spannende Artikel, aktuelle
Entwicklungen, Tourenvorschläge
und interessante Links

WWW.MEER-USEDOM.DE
Portal des Touristenverbandes mit
einem Porträt der Insel, Freizeitange-
boten, Häfen, Veranstaltungen und
Zimmervermittlung

WWW.VORPOMMERN.DE
Gastgeber, Urlaubsideen, Rad-, Kanu-
und Segeltouren, Hausbootferien
und Events auf Usedom, in Greifswald
und im Peenetal

LESETIPPS

Klassiker, Krimis und Schmöker

Martin Bartels: Papileo auf Usedom – Eine Feininger-Radtour. Der informative Band verrät die Malstandorte des Künstlers, zeigt die Originalmotive und Kunstwerke, hrsg. von der Gemeinde Benz. www.papileo.de/papileobuch.html

Volkhard Bode und Gerhard Kaiser: Raketenspuren. Waffenschmiede und Militärstandort Peenemünde. Ch. Links 2020. 10. Auflage des Standardwerks über die Wiege der Raumfahrt, die Entwicklung von V1 und V2 und die Denkmal-Landschaft Peenemünde.

Theodor Fontane: Meine Kinderjahre. Henricus 2019. Im autobiografischen Roman erkennt man an vielen Stellen die Heimat des Schriftstellers, der in Swinemünde aufwuchs.

Kathleen Freitag: Die Seebadvilla. HarperCollins 2020. Drei Frauen. Drei Generationen. Ein Schicksal. Grete führt Anfang der 1950er mit ihren Töchtern eine kleine Pension in Ahlbeck. Das Leben in der DDR ist nicht einfach, denn private Unternehmen sind der Regierung ein Dorn im Auge. 40 Jahre später entdeckt Caroline in den Sachen ihrer Mutter die Rückeignung einer Villa auf Usedom ... Ein bewegender Familienroman deutsch-deutscher Geschichte.

Jürgen Grambow und Wolfgang Müns: Bernsteinhexe und Kaiserbäder. Lesen von Usedom. Hinstorff 2017. Dokumentarisches und Literarisches zu Usedom von Theodor Fontane bis Carola Stern.

Klaus Haese: Caspar David Friedrich und Philipp Otto Runge, Heimatraum und Lauf der Zeit. Nordlicht 2007. Der persönliche und künstlerische Werdegang der beiden bedeutendsten Vertreter der deutschen Romantik, ihre wichtigsten Bilder und die innere Nähe zur gemeinsamen pommerschen Heimat.

Lena Johannson: Die Bernsteinhexe. Aufbau Tb 2017. Während des Dreißigjährigen Krieges entdeckt die Pfarrerstochter Maria 1629 auf Usedom eine Bernsteinader. Mit dem Erlös hilft sie Armen und Hungernden. Sehr zum Missfallen des Amtshauptmannes, der seine Macht schwinden sieht und das Gerücht streut, Maria sei eine Hexe. Kann Rüdiger sie vor dem sicheren Flammentod retten?

Jürgen Lüder gen. Lühr: Usedomer Maler des 20. Jahrhunderts. Die Würde des Lebendigen. Hirnstorff 2015. Drei Künstlergenerationen und ihre gestalterische Fantasie weitab von Europas großen Zentren.

Elke Pupke: Ein tödlich heißer Sommer in Ahlbeck. Hinstorff 2019. Im siebten Usedom-Krimi von Elke Pupke kehren drei Schwestern nach Schicksalsschlägen in der Fremde nach Ahlbeck zurück. Mit der Leiche einer Obdachlosen am Strand beginnt das Rätselspiel um ein grausames Familiendrama.

Achim Roscher: Lüttenort – Geschichten aus dem Leben Otto Niemeyer-Holsteins. Aufbau Tb 2006. Der langjährige Freund und Biograf hat sehr persönlich und mit Humor aufgeschrieben, was ihm der Maler aus seinem abenteuerlichen Leben erzählte.

George Tenner: Insel der Vergänglichkeit. epubli 2020. Eine junge Frau wird vermisst, deren wahre Identität sich nicht klären lässt. Gleichzeitig erschüttert ein grausamer Leichenfund die Ermittler. Haben beide Ereignisse etwas miteinander zu tun? Kommissar Lasse Larsson geht zum Nachdenken gern auf die Heringsdorfer Seebrücke und kauft seine Brötchen beim Stadtbäcker – die Schauplätze der acht Usedom-Krimis können Urlauber problemlos wiederfinden.

Zur Einstimmung

DuMont **Bildatlas Ostseeküste**, **Mecklenburg-Vorpommern**. DuMont 2021. Stimmungsvolle Bilder von Olaf Meinhardt mit Reportagen von Dina Stahn machen Appetit auf Usedom und die Region.

Usedom-Krimis im Ersten

Nasskalte Herbst-Winter-Stimmung auf Usedom. Das passt zu den Dramen der **Donnerstag-Krimis im Ersten** mit Katrin Sass in der Rolle der Ex-Staatsanwältin Karin Lossow, die versucht, den Fehler ihres Lebens wieder gutzumachen, indem sie der Gemeinschaft etwas zurückgibt (▶ Magischer Moment S. 119).

>>
Die Ostsee ist schon toll und
die Insel Usedom ist ziemlich großartig.
Das ist schon ein bisschen Heimat geworden.
<<
Katrin Sass, Hauptdarstellerin der Usedom-Krimis

PREISE UND VERGÜNSTIGUNGEN

Kurtaxe Für alle Inselbesucher wird eine Kurtaxe erhoben, die je nach Saison zwischen 1 und 3 € pro Tag variiert. Mit der Kurtaxe werden die Strände und Promenaden sauber gehalten, aber auch Rettungsschwimmer und kulturelle Veranstaltungen finanziert. Meist zahlt man direkt beim Vermieter oder in der Touristinformation und erhält dafür eine **Kurkarte**, die stichprobenartig kontrolliert wird. An den Promenaden kann an Automaten die Kurkarte gezogen werden.

Bahntickets Das **Usedom-Ticket** berechtigt zu Fahrten in den UBB-Zügen und -Bussen zwischen Swinemünde, Ahlbeck Grenze und Züssow, Zinnowitz und Peenemünde sowie in den UBB-Regionalbussen auf Usedom einschließlich Wolgast und Lubmin. Beim Kauf eines Usedom-Tickets ist pro Person der Ausleihcode für ein UsedomRad gratis inklusive – den Ausleihcode finden Sie auf dem Ticket.
Mit der Kurabgabe erhalten alle Gäste in Ahlbeck, Heringsdorf und Bansin die **KaiserbäderCard**, mit der sie das gesamte Busstreckennetz der UBB von den Kaiserbädern bis nach Wolgast und Lubmin nutzen können. Auch zahlreiche Konzerte, Führungen und Wanderungen sowie der Sportstrand sind mit der KaiserbäderCard gratis.
Usedom-Ticket: 18 €/Tag, www.ubb-online.com
KaiserbäderCard: www.kaiserbaeder-auf-usedom.de/kaiserbaedercard

REISEZEIT

Sonneninsel Mit 1906 Sonnenstunden im Jahr ist Usedom die **sonnenreichste Region Deutschlands**. Im langfristigen Mittel scheint also jeden Tag ungefähr fünf Stunden die Sonne. Das Klima auf Usedom zeichnet sich durch kontinentale und maritime Einflüsse aus. Urlauber müssen mit plötzlichem Wetterwechsel rechnen. Am strahlend blauen Himmel kann schnell eine Wolken- oder Regenfront aufziehen, sodass wetterfeste Kleidung immer ins Gepäck gehört.

Beste Reisezeit Das **gesunde Seeklima** lohnt zu jeder Jahreszeit den Besuch. Von **Mai bis in den September** zieht es vor allem Badegäste auf die Insel. Die Strände sind dann ebenso voll wie die Hotels. Die **Sommer** mit kaum bis wenig Niederschlag sind mäßig warm. Die Höchsttemperatur im Juli/August liegt bei 21 Grad. Bei stabilem Hochdruckwetter sind jedoch auch Tageshöchstwerte von 35 Grad möglich. Extreme Hitze ist aber eher selten, da die Ostsee wie ein riesiger Kühlakku wirkt und frische Meeresbrisen die Sommertemperaturen mildern. Richtig windstill wird es auf der Insel nie. Mit 18 Grad lädt die Ostsee im August zum erfrischenden Baden ein. Im flachen Wasser der Buchten und Bodden liegen die **Badetemperaturen** etwas höher bei gut 20 Grad.

Wer nicht auf Ferienzeiten angewiesen ist und wie Küstenkinder auch in kalte Fluten springt, sollte im **Frühjahr oder Herbst** anreisen. Einer der trockensten Monate ist der **Mai** mit durchschnittlich 8 Regentagen und der größten Sonnenscheindauer von mehr als 9 Stunden. Wer lange Strandspaziergänge mit steifer Brise und schaumgekrönten Wellen, viel Platz und wenig Trubel mag, ist im goldenen **Oktober** auf Usedom richtig. Die dann noch relativ warme Ostsee sorgt dafür, dass die Luft nur langsam auf angenehme 13 Grad abkühlt.

Im **Winter** sind raue Seewinde häufig, die Schnee und Regen mit sich bringen. Die Temperaturen können zwischen Dezember und Februar deutlich unter den Gefrierpunkt sinken. Mit den Temperaturen fallen auch die Gästezahlen und Hotelpreise, und auf der Insel kehrt langsam Ruhe ein, die sich – abgesehen von Weihnachten und Silvester – bis in den Frühling zieht.

VERKEHR

Mit den gut vernetzten Zügen und Bussen der **Usedomer Bäderbahn** (**UBB**) kommen Sie problemlos aufs Festland und in jeden Winkel der Insel (▶S. 230, 234). Alle 30 Minuten pendelt der **Kaiserbäder-Express** zwischen Ahlbeck, Heringsdorf und Bansin.

Nahverkehr

UBB-Busse: www.ubb-online.com/nahverkehr/liniennetz-nahverkehr
Kaiserbäder-Express: www.kaiserbaeder-express.de

Wer die Sommerstaus auf der B111/B110 vermeiden will, fährt los, wenn andere frühstücken. Strandnahe **Parkplätze** gibt es viele, promenadennahe in den Seebädern seltener. Sparen Sie nicht am Parkschein, Kontrollen sind häufig. Letzteres gilt auch für Blitzkisten. Am Flughafen Heringsdorf gibt es **Mietwagen** – am besten vorab buchen.

Mit dem Pkw

Mit einem **Zeesenboot** das Achterwasser erkunden (▶Abb. S. 229) oder mit den **Adler-Ausflugsschiffen** zu den Kaiserbädern und rund Usedom – entdecken Sie die Insel auch von der Wasserseite!

Mit dem Schiff

Zeesenboot: https://naturhafen.de, www.adler-schiffe.de/usedom

REGISTER

VERZEICHNIS DER KARTEN UND GRAFIKEN

BILDNACHWEIS

IMPRESSUM

Ausstattung:
89 Abbildungen, 20 Karten und
grafische Darstellungen, eine
große Reisekarte

Text:
Dr. Madeleine Reincke
mit Beiträgen von Beate Szerelmy
und Wieland Höhne

Bearbeitung:
Baedeker-Redaktion
(Dr. Madeleine Reincke)

Kartografie:
Christoph Gallus, Hohberg;
Kartografie Huber, München;
Klaus-Peter Lawall, Unterensingen
MAIRDUMONT Ostfildern
(Reisekarte)

Infografiken:
Infographics Group GmbH, Berlin

Gestalterisches Konzept:
RUPA GbR, München

Chefredaktion:
Rainer Eisenschmid
Baedeker Ostfildern

1. Auflage 2021

© MAIRDUMONT GmbH & Co KG,
Ostfildern

Anzeigenvermarktung:
MAIRDUMONT MEDIA
Tel. +49 711 450 20
Fax +49 711 450 23 55
media@mairdumont.com
http://media.mairdumont.com

Trotz aller Sorgfalt von Redaktion und Autoren zeigt die Erfahrung, dass Fehler
und Änderungen nach Drucklegung nicht ausgeschlossen werden können.
Dafür kann der Verlag leider keine Haftung übernehmen. Infolge der Corona-
Pandemie kann es darüber hinaus zu kurzfristigen Geschäftsschließungen und
anderen Änderungen vor Ort gekommen sein.
Kritik, Berichtigungen und Verbesserungsvorschläge sind
jederzeit willkommen. Schreiben Sie uns, mailen Sie oder
rufen Sie an:

Baedeker-Redaktion
Postfach 3162, D-73751 Ostfildern
Tel. 0711 4502-262, www.baedeker.com
baedeker@mairdumont.com

Printed in China

MIX
Papier aus verantwor-
tungsvollen Quellen
FSC® C124385

ATMOSFAIR

Reisen verbindet Menschen und Kulturen. Doch wer reist, erzeugt auch CO_2. Der Flugverkehr trägt mit bis zu 10% zur globalen Erwärmung bei. Wer das Klima schützen will, sollte sich nach Möglichkeit für die schonendere Reiseform entscheiden (wie z.B. die Bahn). Gibt es keine Alternative zum Fliegen, kann man mit atmosfair klimafördernde Projekte unterstützen.

atmosfair ist eine gemeinnützige Klimaschutzorganisation unter der Schirmherrschaft von Klaus Töpfer. Flugpassagiere spenden einen kilometerabhängigen Betrag und finanzieren damit Projekte in Entwicklungsländern, die helfen, den Aus-

nachdenken · klimabewusst reisen

stoß von Klimagasen zu verringern. Dazu berechnet man mit dem Emissionsrechner auf **www.atmosfair.de** wieviel CO_2 der Flug produziert und was es kostet, eine vergleichbare Menge Klimagase einzusparen (z.B. Berlin – London – Berlin 13 €). atmosfair garantiert die sorgfältige Verwendung Ihres Beitrags. Alle Informationen dazu auf www.atmos fair.de. Auch der Karl Baedeker Verlag fliegt mit atmosfair.

BAEDEKER VERLAGSPROGRAMM

Viele Baedeker-Titel sind als E-Book erhältlich.

A
Ägypten
Algarve
Allgäu
Amsterdam
Andalusien
Australien

B
Bali
Baltikum
Barcelona

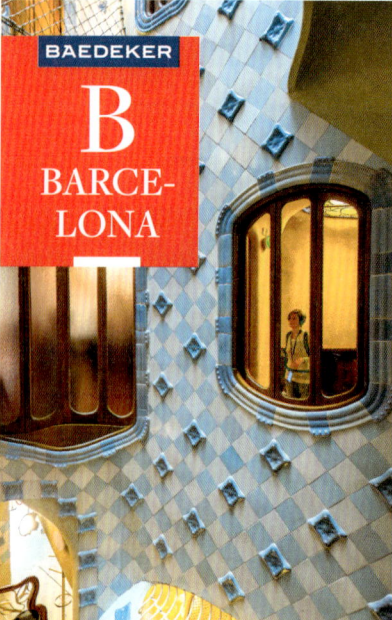

Belgien
Berlin · Potsdam
Bodensee
Böhmen
Bretagne
Brüssel
Budapest
Burgund

C
China

D
Dänemark
Deutsche
   Nordseeküste
Deutschland
Dresden
Dubai · VAE

E
Elba
Elsass · Vogesen
England

F
Finnland
Florenz
Florida
Frankreich
Fuerteventura

G
Gardasee
Golf von Neapel
Gomera
Gran Canaria
Griechenland

H
Hamburg
Harz
Hongkong · Macao

I
Indien
Irland
Island
Israel · Palästina

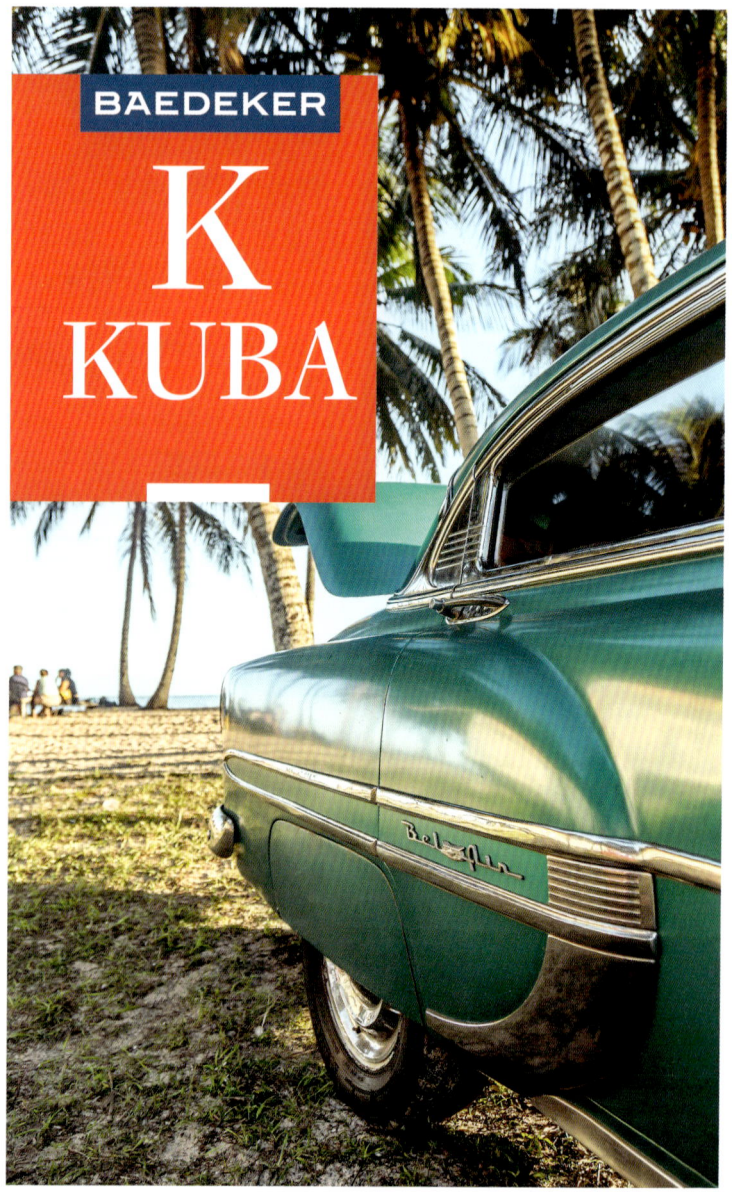

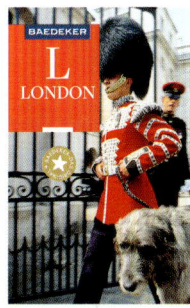
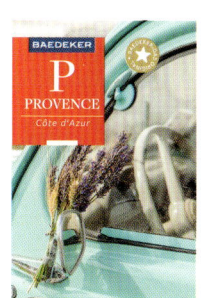

Meine persönlichen Notizen

Meine persönlichen Notizen

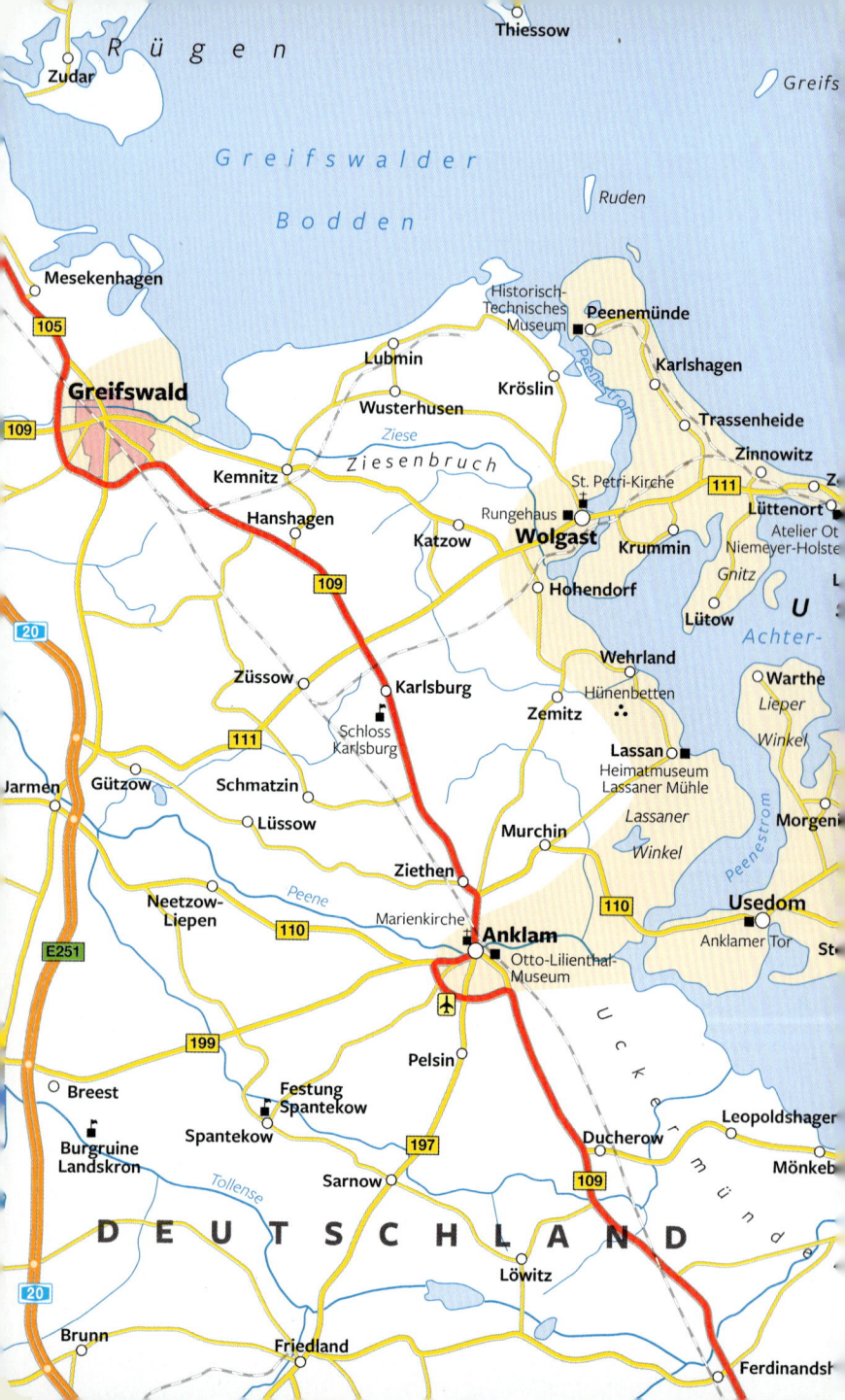